河南省软科学项目：注册制背景下资本市场严监管对股价崩盘风险的影响研究（项目编号：232400412002）
河南工程学院博士培育基金：资本市场信息披露严监管对股价崩盘风险的影响研究——基于新《证券法》实施的经验证据（项目编号：D2022038）
河南省高等学校重点科研项目：资本市场法制建设与企业现金持有——基于新《证券法》出台的准自然实验（项目编号：24A790007）

上市公司风险承担对股价崩盘风险的影响研究

陈晓辉　著

中国财经出版传媒集团
中国财政经济出版社
北京

图书在版编目（CIP）数据

上市公司风险承担对股价崩盘风险的影响研究 / 陈晓辉著. -- 北京：中国财政经济出版社，2023.6
ISBN 978-7-5223-2140-0

Ⅰ. ①上… Ⅱ. ①陈… Ⅲ. ①上市公司－企业管理－影响－股票价格－研究－中国 Ⅳ. ①F832.51

中国国家版本馆CIP数据核字（2023）第061407号

责任编辑：彭　波　　　　责任校对：张　凡
封面设计：卜建辰　　　　责任印制：史大鹏

上市公司风险承担对股价崩盘风险的影响研究
SHANGSHI GONGSI FENGXIAN CHENGDAN DUI GUJIA BENGPAN FENGXIAN DE YINGXIANG YANJIU
中国财政经济出版社 出版
URL：http：//www.cfeph.cn
E-mail：cfeph @cfemg.cn

社址：北京市海淀区阜成路甲28号　邮政编码：100142
营销中心电话：010-88191522
天猫网店：中国财政经济出版社旗舰店
网址：https：//zgczjjcbs.tmall.com
北京财经印刷厂印刷　各地新华书店经销
成品尺寸：170mm × 240mm　16开　13.5印张　200 000字
2023年6月第1版　2023年6月北京第1次印刷
定价：68.00元
ISBN 978-7-5223-2140-0
（图书出现印装问题，本社负责调换，电话：010-88190548）
本社质量投诉电话：010-88190744
打击盗版举报热线：010-88191661　QQ：2242791300

PREFACE 前言

股价崩盘是影响金融市场健康稳定发展的重要因素。2020年7月30日中央政治局召开会议，要推进资本市场基础制度建设，依法从严打击证券违法活动，促进资本市场平稳健康发展。在促进资本市场健康稳定发展成为政府重要监管目标后，探究股价崩盘风险的影响因素成为理论和实务界关注的焦点问题。传统观点认为，股价崩盘风险产生的基本原因是“坏消息的隐藏及随后的集中释放”。已有文献主要从宏观、行业及微观层面，探究股价崩盘风险的影响因素。但对于影响“坏消息源”的公司风险承担行为如何影响股价崩盘风险的问题关注不足。此外，有关公司风险承担的研究普遍认为，公司风险承担对公司价值有积极影响。但任何行为都是“双刃剑”，具有高风险、高收益率特征的公司风险承担行为更是如此。从资本市场角度看，公司风险承担行为的价值效应最终体现在公司股价变化上，如风险承担行为失败导致股价短期内快速下跌。鉴于此，本书把公司风险承担行为如何影响股价崩盘风险作为探究的核心问题，以揭示公司风险承担是否影响股价崩盘风险及其内在机理。

首先，本书通过全面、系统的文献梳理，识别了已有研究在公司风险承担经济后果及有关股价崩盘风险影响因素等方面的不足及潜在的研究机会；其次，运用相关理论并立足中国A股市场实际情况，进行了全面的理论分析，厘清并构建了公司风险承担影响股价崩盘风险的机制框架，在此基础上提出了相关研究假设；最后，以中国A股上市公司为样本，综合运用多种实证检验方法，对公司风险承担与股价崩盘风险间的关系进行了实证检验、稳健性检验、调节效应检验及中介效应检验，获取了相关实践证据，证实了本书的基本假设。研究结果表明，投资、融资、资产配置和财务报告公司风险承担水平显著正向影响股价崩盘风险，其中，资产配置决策公司风险承担水平对股价崩盘风险的影响最大，财务报告决策公司风险承担水平对股价崩盘风险的影响最小，显著性水平也最低。经过更换被解释变量、更换解释变量、更换样本年份等稳健性检验后，公司风险承担对股价崩盘风险的正向影响仍然显著存在。调节效应检验结果表明，管理层能力、机构投资者持股对公司风险承担与股价崩盘风险的正相关关系具有负向调节作用，而产品市场竞争、投资者情绪则正向调节公司风险承担与股价崩盘风险的正相关关系。中介效应检验结果显示，管理层薪酬绩效敏感性与信息不透明度在公司风险承担与股价崩盘风险间起部分中介作用，即公司风险承担通过改变管理层隐瞒坏消息的动机与能力影响股价崩盘风险。

本书的主要工作和创新性成果体现在以下方面：

第一，通过文献梳理，发现现有股价崩盘风险的文献集中在股价崩盘风险影响因素研究上，忽略了股价崩盘风险的本源是公司承担了过高的风险。公司股价崩盘风险的直接原因或表面原因是高管隐藏“坏消息”的集中爆发，但“坏消息”的形成或多或少应该与公司风险承担密切相关。从源头上探究股价崩盘风险的影响因素有助于更好地防范和化解股价崩盘风险。

第二，公司风险承担经济后果的研究多认为公司风险承担是公司代理问题缓和的重要结果，对公司价值会产生积极影响，忽视了其可能的潜在“消极效应”，尤其是公司风险承担导致高损失的潜在不利影响。本书关注公司风险承担的消极后果，认为公司风险承担是股价崩盘风险的“源头活水”，同已有学术观点共同构成了有关股价崩盘风险影响因素研究的逻辑严谨的学术思想体系。

第三，构建能更直接、更全面地衡量公司风险承担行为的指标体系。现有研究多采用单一指标衡量公司风险承担，不能全面反映公司风险承担水平。本书从投资决策、融资决策、资产配置决策、财务信息披露决策等财务行为出发，采用单项、综合指标相结合的方法，能更直接、全面地衡量公司风险承担水平。

第四，在全面文献梳理的基础上，构建系统、全面的公司风险承担影响股价崩盘风险的理论逻辑路径，认为公司风险承担可能通过管理层隐藏坏消息的动机与能力影响股价崩盘风险。本书通过中介效应检验，实证检验公司风险承担是否以及如何通过上述机制影响股价崩盘风险，实证结果表明，资产配置决策维度公司风险承担对股价崩盘风险影响最大，从资产存量的角度印证了投资是公司风险承担的主要来源；管理层薪酬绩效敏感性与信息透明度在公司风险承担与股价崩盘风险间起部分中介作用。

本书关注股价崩盘风险的本源——公司风险承担，并从具体的公司风险承担行为视角构建了反映公司风险承担的指标体系，探究了公司风险承担是否以及如何影响股价崩盘风险，厘清了公司风险承担影响股价崩盘风险的作用机理。从理论来看，本书丰富了有关公司风险承担经济后果及股价崩盘风险影响因素研究。从实践来看，本书不仅对提高股票市场监管效率、针对性及强化投资者教育，防范系统性金融风险及提高公司风险承担行为管理水平均有重要政策启示意义，还有助于公司更全面、客观地评价公司风险承担的经济后果及市值管理。

本书由陈晓辉担任主编，参与各章编写的老师还有：第1章张悦参与编写；第2章和第3章叶建华参与编写；第4章和第5章赵忱喆参与编写；第6章和第7章韩路茜参与编写。在本书的出版过程中，中国财政经济出版社的编辑们提出了宝贵的意见，为提高本著作的质量，保证修订工作的顺利完成，付出了辛勤的劳动，谨向他们提出衷心的感谢。

CONTENTS

目录

| 第1章 |
绪 论

本章介绍研究的现实背景与理论背景，指出公司在投资、融资、资产配置与财务报告等决策的过度风险承担行为可能会导致股价崩盘风险，阐述研究背景，梳理研究目的和研究意义，并提出本书的研究内容，概述本书的研究方法，并以技术路线图的形式对上述内容进行呈现。

1.1 研究背景

1.1.1 现实背景

（1）公司为了获取高额收益盲目追求风险承担。

传统观点认为，公司风险承担是管理层为了抓住市场机会获得高额回报而愿意做出的巨大而有风险的资源承诺的程度（Lumpkin and Dess，1996）[1]。风险承担是公司战略及决策的重要影响因素，对公司生存、发展发挥着至关重要的作用（Bromiley，1991）[2]。现有文献认为，公司风险承担主要表现为在投资决策中不愿意放弃风险较大但预期净现值大于零的投资项目。公司风险承担水平较高的投资项目一旦成功，将会给公司带来盈利，能够提高企业价值，提升竞争力，从而使企业实现资本积累（Nguyen，2011；余明桂等，2013）[3, 4]。与此同时，高风险项目中存在大量的创新项目，促进了技术的不断进步。已有研究表明，公司风险承担与企业资产增长率、销售收入增长率呈显著正相关（John et al.，2008）[5]，为公司带来了较高成长性。公司风险承担促进了社会生产率的提高，实现了更有效的资源配置（余明桂等，2013）[4]，推动了经济的长期持续增长（Acemoglu and Zilibotti，1997；Faccio et al.，2011）[6, 7]。

正是由于公司风险承担在提高企业价值、促进企业成长方面发挥积极作用，大量上市公司为了获得超额收益，过度追求高水平的公司风险承担，例如，过度投资、实体企业金融化，盲目投资于高风险项目；为了满足过度投资的资金需求，不惜大规模举债，使公司暴露于过高的财务风险之下；盲目扩张，随着公司固定资产规模的不断增大，流动性风险不断提高；当业绩不良等负面消息无法掩盖时，通过盈余管理、财务舞弊等方式对财务报表进行粉饰，等等。当公司过度追求风险承担时，公司往往处于较高的风险水平下，而公司的经营过程是一个有机整体，各项决策互相影响，一旦某项决策行为出现问题，公司就会面临被无限放大的风险，使公司“坏消息”发生的可能性增大。现实中，类似的例子不胜枚举。例如，雏鹰农牧高负债、快速多元化扩张的模式，最终导致公司股价暴跌至1元以下，被迫退市；獐子岛、科融环境、豫金刚石等上市公司为掩盖业绩下滑事实，不惜铤而走险进行财务造假，遭受处罚。

（2）股价崩盘事件频频发生，影响了资本市场稳定。

近年来，股价崩盘事件频频发生，严重损害了股东的利益，动摇投资者对资本市场的信心，不利于金融市场的稳定健康发展，甚至造成资源错配，危及实体经济的发展。我国资本市场股价崩盘现象时有发生。上市公司獐子岛为了避免连续亏损被强制退市，从2017年起先后三次上演了扇贝死亡或者逃跑事件，通过财务手段“扭亏为盈”或者“转盈为亏”。2020年6月25日，证监会发布对獐子岛业绩造假的处罚后，6月29日獐子岛首日复盘就迎来了开盘即跌停。2020年4月，瑞幸咖啡自曝其在2019年第二季度至2019年第四季度捏造虚假交易合同，涉及金额高达22亿元，造假丑闻一经公开，盘前股价跌幅超过80%。银禧科技因屡次投资亏损，导致股价下跌35.11%。ST康美通过虚构利润及现金流和虚增货币资金等手段进行财务造假，造假公布后股价继续跌停，股价缩水近八成。ST众泰因流动资金短缺导致业绩下滑，股价暴跌92%。本书以“中国养猪第一股”雏鹰农牧为例，说明公司在投资、融资、资产配置及财务报告等环节的不当决策行为会导致股价崩盘。

雏鹰农牧在上市之初便备受关注，市值一度飙升接近300亿元，却在

2019年因未能按时回复深交所的问询函而股价暴跌，最终黯然退市。通过对雏鹰农牧股价崩盘及退市的失败案例进行分析，发现雏鹰农牧经营过程存在以下问题：

①盲目多元化经营和过度扩张。雏鹰农牧从“农业互联网+”，到投资电竞、沙县小吃、入股农商行，以及各种产业基金，在多元化的路上越走越远。然而，据雏鹰农牧2017年半年报披露，电竞业务并未给雏鹰农牧带来利润增长，反而净资产为负。除此之外，雏鹰农牧还进行了大规模扩张收购，2012年以来，雏鹰农牧共进行16起并购事件。这些多元化业务挤占了公司资金，为雏鹰农牧后来的巨额债务无力偿付埋下伏笔。

②过度依赖债务融资，财务风险过高，难以偿还到期本息。截至2019年第一季度，雏鹰农牧公布总负债近182亿元，负债率高达92%，现有现金资产仅4亿多元，并且都是受限资金，陷入了几乎没钱可用的地步。2018年6月，财务舞弊丑闻使雏鹰农牧陷入危机，信用评级下调、经营活动现金流大幅下降等，导致雏鹰农牧现金周转较为紧张。当2019年债务集中到期时，雏鹰农牧的短期偿债压力陡增。因此，雏鹰农牧与部分债权人约定以公司火腿、生态肉礼盒等产品偿付利息。生猪养殖行业发生疫情，融资渠道减少，现金周转紧张的雏鹰农牧经营更加困难，甚至因为饲料供应不足导致生猪被饿死。

③大量投建固定资产，建设“豪华猪圈”。雏鹰农牧的盲目扩张还体现在重金建设“豪华猪圈”。截至2014年末，雏鹰农牧投建的固定资产和在建工程总额占总资产的57.7%，而消耗性生物资产仅占总资产的6.91%。即使雏鹰农牧以“雏鹰模式3.0”的方式将负债移出表外，靠吸纳合作社、银行的钱建造猪舍，至2018年9月30日，雏鹰农牧仍然为合作社垫付了近12亿元的猪圈建设款项。

④财务报告涉嫌造假。2018年6月，雏鹰农牧在可供出售金融资产、投资收益、非流动资产科目等年报数据的真实性等问题受到质疑，陷入财务舞弊丑闻。2019年4月，雏鹰农牧发布的财务报告显示业绩亏损严重，同时被出具了无法表示意见的审计意见。随即，其被实施退市风险警示特别处理，证券简称此后变为“ST雏鹰”。2019年5月，因雏鹰农牧未能按期回复

深交所关于2018年年报的问询函，导致股票一个月跌幅超50%。最终，雏鹰农牧因股票连续20个交易日的每日收盘价均低于股票面值而被强制退市。

从上述股价崩盘事件可以看出，多数股价崩盘是由突然爆出的财务造假丑闻引起。然而，上市公司的财务造假多是为了掩盖决策失误导致的业绩不佳。本质而言，公司的投资、融资、资产配置决策都可能会给公司带来负面消息，出于保持业绩、避免退市等考虑，上市公司通过虚增收入、关联交易等手段进行财务造假，以达到掩盖公司在投资、融资、资产配置决策等环节的负面消息的目的。

（3）公司风险承担行为可能会对股价崩盘风险产生影响。

2008年金融危机之后，越来越多的学者认为，过高的公司风险承担水平是金融危机的主要原因。公司风险承担本身是一把“双刃剑”，虽然具有提高企业价值、促进企业成长等积极作用，但是也会给企业带来危机。公司风险承担导致公司过度的风险暴露，公司的风险承担水平越高，公司发生坏消息的可能性就越大，公司在投资、融资、资产配置与财务报告决策等环节的风险承担行为都有可能会增加公司“坏消息”发生的可能性。因此，过度的风险承担不仅不利于提高企业价值和促进企业成长，反而会因为过高的风险暴露使公司陷入危机，严重的甚至会导致破产。过高的公司风险承担水平增大了“坏消息”发生的概率，而坏消息的发生正是股价崩盘风险的诱因。公司管理层在薪酬契约、商业帝国等自利动机下，具有隐瞒或推迟公布坏消息的倾向，因此坏消息在公司内部不断积累，达到阈值时股价崩盘。

公司风险承担是否、如何以及通过何种路径影响股价崩盘风险？探究公司风险承担与股价崩盘风险的关系，对公司提高决策效率，降低股价崩盘风险，监管部门更好地监管公司信息披露、维护资本市场稳定，以及投资者理性决策等方面具有重要的现实指导意义。

1.1.2 理论背景

（1）股价崩盘风险是理论界与实务界关注的热点问题。

从世界范围来看，股价崩盘事件时有发生，已经成为学界关注的热点问题。学者们对股价崩盘风险进行了大量研究。本书对股价崩盘风险相关文献进行归类整理，发现股价崩盘风险的文献主要集中在股价崩盘风险的成因、影响因素与经济后果等方面。

股价崩盘风险的成因方面，形成了六种假说——“杠杆效应假说”“波动率反馈假说”“信息不对称假说”“股价泡沫假说”“异质信念假说”“信息阻塞假说”和“坏消息窖藏假说”。其中，“坏消息窖藏假说”从公司层面解释了股价崩盘风险的成因，认为公司高管与股东存在利益冲突，高管为了控制权、现金流、职业生涯等隐藏或推迟公布坏消息，并寄希望于随后的公司事件会让他们“埋葬”坏消息。公司信息的不透明为管理层隐藏坏消息提供了条件。公司信息不透明度越高，隐藏的坏消息就越多。而管理层愿意吸纳坏消息和公司对信息的承载能力有限，当坏消息的数量超过了管理层的吸纳能力，或者公司内部积累的坏消息导致公司内在价值与股价之间的差额达到临界值，积累的坏消息就会被公布，导致股价崩盘（Jin and Myers，2006）[8]。“坏消息窖藏理论”为股价崩盘风险研究开启了新思路，后续研究多以此为理论基础在代理理论框架下展开。

股价崩盘风险影响因素研究，多在代理理论、高阶梯队理论、市场参与者非完全理性理论、有限套利理论框架下展开。①基于代理理论的研究从信息环境、激励机制、治理机制、非正式制度等视角展开。不透明的信息环境为管理层隐瞒坏消息提供了机会与便利，带来更高的股价崩盘风险（Hutton et al.，2009）[9]，企业避税（Kim et al.，2011a）[10]、财务重述（谢盛纹和廖佳，2017）[11]、高溢价并购（王文姣等，2017）[12]、研发创新（Jia，2018a）[13]等盈余管理手段隐瞒或推迟坏消息披露，从而增大了信息不对称程度和股价崩盘风险。会计谨慎性原则（Kim and Zhang，2016）[14]、财务报告可比性（Kim et al.，2016）[15]、采用国际财务报告准则（DeFond et al.，2015）[16]、会计准则更新（Hsu and Wu，2019）[17]有助于提高财务信息质量和信息披露质量，提高了信息透明度，使管理层隐匿坏消息的可能性降低，从而导致股价崩盘风险降低。激励机制的相关文献研究了股权激励（Benmelech et al.，2010）[18]、员工福利（Ben-Nasr and Ghouma，2018）[19, 20]、额外津贴（Xu et al.，2014）[20]、在职消费（汪顺，2017）[21]等高管薪酬对股价崩盘风险的影响，认为激励机制通过强化或弱化代理问题对管理层隐瞒坏消息的动机产生影响，从而股价崩盘风险降低或者提高。公司治理机制的相关文献包括董事会独立性（梁权熙和曾海舰，2016）[22]、内部控制质量（Zhou et al.，2013）[23]、机构投资者（An and Zhang，2013）[24]、大股东（王化成等，2015）[25]、分析师关注（Xu et al.，2013）[26]、媒体报道（Aman，2013）[27]、政治关联（袁军和潘慧峰，2018）[28]、社会责任（权小锋等，2015）[29]等，研究结果表明，良好的公司治理会提高信息披露质量、减少管理层机会主义动机、抑制管理层隐瞒坏消息的可能性，从而降低股价崩盘风险。非正式制度的相关文献研究了信任（刘宝华等，2016）[30]、宗教（Callen and Fang，2015）[31]、文化（Jebran et al.，2019）[32]等对股价崩盘风险的影响，发现非正式制度提高了公司高管的道德水准，因此高管隐瞒坏消息的可能性降低，导致股价崩盘风险降低。②基于高阶梯队理论的研究探究高管个人特征对公司风险承担的影响，其中高管个人特征包括性别（Li and Zeng，2019）[33]、教育背景和社会背景（郑建明，2018）[34]等特征，以及过度自信（Kim et al.，2016a）[35]等心理特征。③基于市场参与者非理性理论的研究认为分析师与投资者的不完全理性导致了股价泡沫的形成。分析师的过度乐观导致负面信息无法及时被披露并反映到股价中，导致公司股价被高估，负面信息不断积累，达到阈值时被集中释放，发生股价下跌甚至股价崩盘（许年行等，2012）[36]。投资者意见分歧（陈国进和张贻军，2009）[37]、从众心理（李昊洋等，2017）[38]、过度反应（杨威等，2018）[39]导致股价泡沫，一旦泡沫破灭就会引起股价崩盘。④基于有限套利理论的研究探讨了卖空受限（陈国进和张贻军，2009）[37]、融资融券制度（褚剑和方军雄，2016）[40]等卖空机制对股价崩盘风险的影响。

在股价崩盘风险的经济后果方面，研究表明，股价崩盘风险导致收入差距不断扩大（宋光辉等，2018）[41]、公司资本成本提高（杨棉之等，2015；胡松明等，2019）[42, 43]、破产风险增大（潘俊等，2019）[44]、更快的杠杆调整速度（An et al.，2015）[45]和现金调整速度（白旻和王仁祥，2018）[46]，随着股价崩盘风险的提高，审计师可能会提高审计收费（褚剑和方军雄，2017）[47]，更倾向于出具非标准审计意见（谢盛纹和陈黄悦，2017）[48]，也会吸引更多的分析师关注（王爱群等，2019）[49]。股价崩盘风险增大后，公司会采取对管理层建立奖惩制度（于传荣等，2017）[50]、合理配置CEO权力（Harper et al.，2020）[51]等措施以降低股价崩盘风险。

从已有文献来看，股价崩盘风险的成因、影响因素及经济后果是学界关注的热点问题。探究股价崩盘风险的成因和影响因素，思考如何降低股价崩盘风险，值得未来研究进一步深化。

（2）公司风险承担的负面经济后果研究不足。

公司风险承担相关文献多是从公司所处环境、公司治理特征及高管行为认知三个层面探究公司风险承担的影响因素，少数文献探究了公司风险承担的经济后果，这些文献普遍认为公司风险承担对经济发展有积极作用。公司风险承担往往意味着公司对高风险项目的投资，而高风险项目包含大量创新项目，从而促进了技术不断进步。而投资的高风险项目的成功伴随着高额收益，有助于公司和社会的资本积累。社会生产率不断提高，实现了更有效的资源配置，推动了经济长期持续增长（Acemoglu and Zilibotti，1997；Faccio et al.，2011）[6, 7]。同时，公司风险承担还对股东财富、企业资本配置效率、企业绩效和企业决策等产生重要影响。在股东财富方面，公司风险承担对股东财富产生正向影响（Fisher and Hall，1967）[52]。在资本配置效率方面，公司风险承担往往意味着公司管理层能够充分识别、利用现有投资机会，从而使公司的资本配置效率得到提高。余明桂等（2013）[4]实证研究发现，公司风险承担水平与资本配置效率、企业价值正相关，为公司风险承担促进经济增长提供了微观证据。王栋和吴德胜（2016）[53]发现高管财富—股票收益波动率敏感性（Vega）与公司风险承担水平显著正相关，即公司风险承担行为提高了资本配置效率，但是这种作用更多地体现在民营企业。一些学者认为风险承担可以提升企业价值（Nguyen，2011；余明桂等，2013）[3, 4]。John等（2008）[5]的研究结果表明，公司风险承担与企业资产增长率、销售收入增长率呈显著正相关。

显然，公司风险承担经济后果的研究多看重了公司风险承担的积极影响而忽视了另一方面。根据《辞海》的定义，“风险是指可能发生的危险”，现代公司财务中风险的核心含义是“未来结果的不确定性或损失”。风险承担是对与预期结果相关的各种不确定性的项目进行分析和选择（Wright et al.，1996）[54]。最新文献将公司风险承担定义为管理层为了抓住市场机会获得高额回报而愿意做出的巨大而有风险的资源承诺的程度（Lumpkin and Dess，1996）[1]。这意味着公司承担风险不可能只产生“好结果”，同样可能产生“坏结果”。近年来，有少量文献关注了公司风险承担的负面后果。Acemoglu和Zilibotti（1997）[6]认为，风险规避的管理层只能投资一部分不完全相关的低风险、低收益的项目，公司高管避免高风险投资的倾向减缓了资本积累。李海霞（2017）[55]认为公司风险承担对公司成长性具有显著的拖累效应。李文贵和余明桂（2012）[56]认为，公司风险承担水平高意味着企业将大量资金投入高风险的正净现值项目中，企业为了维持正常经营就需要大量举债，导致较高的财务杠杆。Dong等（2010）[57]认为较高的公司风险承担水平会导致较高的债务融资。苏坤（2016）[58]则发现公司风险承担水平与更短的平均债务期限相关。王阳和郑春艳（2012）[59]与Wang（2012）[60]的研究认为，公司风险承担会导致公司经营风险性提高，因此引起股价大幅波动。

从现有研究来看，公司风险承担研究主要从公司风险承担的影响因素、经济后果等方面展开，但是对公司风险承担的负面经济后果明显关注不足。而股价崩盘风险即为最严重的负面经济后果之一，探究公司风险承担是否以及如何影响股价崩盘风险，对公司的经营决策、公司生存与发展具有重要意义。

（3）公司风险承担影响股价崩盘风险的作用路径有待深入研究。

近年来涌现了大量股价崩盘风险的相关文献，但是鲜有文献关注股价崩盘风险的“坏消息源”——公司风险承担。股价崩盘风险的直接原因或表面原因是高管隐藏“坏消息”的集中爆发，但“坏消息”的形成或多或少应该同公司风险承担密切相关。已有研究表明，公司风险承担增加了潜在坏消息“本源”的数量，加剧了公司信息不透明程度，增加了管理层操纵坏消息的机会，进而更可能导致大量坏消息在短期内集中爆发，导致股价崩盘。近几年来，有学者开始关注公司风险承担对股价崩盘风险的影响。孙艳梅等（2018，2019）[61，62]的研究发现公司风险承担显著加剧了企业未来个股崩盘风险，但该研究并没有对公司风险承担行为进行细分，未探究不同的公司风险承担行为对股价崩盘风险的影响，也没有深入探究该影响的内在机理。田高良等（2020）[63]基于投资视角，检验了盲目投资、私有信息隐匿在公司风险承担与股价崩盘风险间的中介作用，研究表明，管理层对坏消息的隐藏是公司风险承担导致股价崩盘风险的重要路径。然而，该研究仅从投资角度定义和衡量公司风险承担，使公司风险承担的内涵过于狭隘，同时，虽然田高良等（2020）[63]验证了管理层隐藏坏消息的中介作用，却忽略了管理层隐藏坏消息的程度可能受到管理层隐藏坏消息的动机与能力的影响。

从以上研究可以看出，现有文献认为公司风险承担通过管理层隐瞒坏消息的程度来影响股价崩盘风险，然而，却忽略了管理层隐瞒坏消息的程度既受到主观因素的影响，也受到客观条件的影响。其中，主观因素指管理层隐瞒坏消息意愿的强烈程度，即管理层隐瞒坏消息的动机；客观条件是指管理隐瞒坏消息的便利程度，即管理层隐瞒坏消息的能力。那么，公司风险承担是否以及如何影响股价崩盘风险，是通过管理层隐瞒坏消息的动机还是能力来影响股价崩盘风险？这一问题需要在后续研究中进一步揭示。

1.2　研究问题

结合股价崩盘事件频频发生、公司出于对高额收益的偏好过度追求风险承担等现实背景，以及对公司风险承担与股价崩盘风险间关系的研究较少，且对两者关系的作用路径缺乏系统研究的理论背景，不难发现，上市公司需要进行适度的公司风险承担行为，在追求高收益的同时，避免过高的股价崩盘风险。但是公司风险承担影响股价崩盘风险的作用路径，尚未得到有效研究。当前文献集中在公司风险承担、股价崩盘风险的影响因素，对公司风险承担与股价崩盘风险间的关系、两者的作用路径研究尚处于起步阶段。鉴于此，本书在对公司风险承担与股价崩盘风险的现实关注和文献研究的基础上，运用委托代理理论、坏消息窖藏理论、激励理论等，对公司风险承担进行合理界定，探究公司风险承担是否以及如何影响股价崩盘风险，从而希冀能够发现公司风险承担影响股价崩盘风险的作用路径，丰富公司风险承担的经济后果研究、股价崩盘风险的影响因素研究，为上市公司合理决策、降低股价崩盘风险提供指导。为了厘清上述研究内容，本书认为需要对以下问题进行深入探讨。

问题一：如何界定与衡量公司风险承担？

投资决策是公司经营活动中最大的风险来源，是公司其他决策的基础，对公司资产结构、未来现金流能够产生重要影响（王菁华和茅宁，2015）[64]。因此，现有研究多基于投资视角，用会计业绩波动率来衡量公司风险承担，认为公司风险承担是公司管理层在投资决策中的选择，主要是对与预期结果和相应现金流有不同不确定性的项目的分析与选择（Wright，1996）[54]。然而在公司经营过程中，投资、融资、资产配置、财务报告等决策行为是一个有机整体，它们互相依存、互相影响。公司投资决策依赖相应的融资决策才能得以实现，否则缺乏资金支持的投资决策注定要走向失败。资产配置决策又受到投资决策影响，当公司决定扩大生产规模时，固定资产配置必然会增大；当公司决定进行研发活动时，无形资产配置就会相应增加。反过来，融资决策又会受到投资、资产配置决策影响。当公司将大量资金投入获利能力差、现金流量少的项目中时，公司资产流动性降低，支付能力减弱，公司融资能力也可能随之下降，违约及破产风险加大。而财务报告决策则是投资、融资、资产配置决策的外在、最终表现。当公司在投资、融资、资产配置决策表现不佳时，出于避免退市等目的，可能会选择财务造假。概括来说，公司决策行为是一个有机整体，互相影响，都会对公司风险承担产生影响，仅从投资视角定义和衡量公司风险承担，就会过于狭隘和片面。因此，准确界定和衡量公司风险承担，是后续研究有待解决的重要问题。准确认识公司风险承担，使公司风险承担在发挥对经济增长和公司发展促进作用的同时，降低公司风险承担的负面作用，对现实层面也具有重要的指导意义。

问题二：不同维度公司风险承担对股价崩盘风险的影响是否一致？

现有文献多是基于投资视角，探究公司风险承担与股价崩盘风险的关系，并且这些研究普遍认为公司风险承担能够显著正向影响股价崩盘风险。然而除了投资决策之外，融资、资产配置、财务报告等决策行为互相影响，也是公司风险承担行为的具体体现，这些不同维度的公司风险承担行为相关的风险存在较大差异。仅从投资维度衡量公司风险承担，探讨公司风险承担对股价崩盘风险的影响，就会导致其他维度公司风险承担对股价崩盘风险的影响被忽视。将这些不同性质、不同来源的风险混为一谈，可能会导致公司风险承担水平最终被中和或者相互抵销，从而不能形成准确的研究结论，不能将现有研究形成完整的理论体系。因此，准确界定、衡量公司风险承担，并在此基础上探究不同维度公司风险承担与股价崩盘风险的关系很有必要。

问题三：公司风险承担对股价崩盘风险的作用路径是什么？

管理层隐瞒坏消息被认为是股价崩盘风险产生的原因。现有研究发现，公司风险承担对股价崩盘风险的影响路径是管理层隐瞒坏消息（田高良等，2020）[63]。然而，管理层对坏消息的隐瞒一方面受公司信息环境的影响，另一方面受公司激励机制的影响。当公司信息环境越差、信息不对称程度越高时，管理层隐藏坏消息的机会越多，隐瞒坏消息的能力就越强。而激励机制则影响了管理层隐瞒坏消息的动机强弱。以往研究把激励机制看作解决管理层与股东间代理问题的重要工具，然而，近期文献认为激励机制增加了管理层的逆向选择和道德风险，从而加剧了两者间的代理问题。存在与业绩相关的激励机制时公司业绩是确定管理层薪酬的重要依据。管理层为防止公司业绩下滑对自身财富的影响，具有隐瞒坏消息的动机。管理层薪酬对公司业绩挂钩程度越大，管理层隐瞒坏消息的动机就越强。忽略管理层隐瞒坏消息的能力或者管理层隐瞒坏消息的动机，都不能深刻揭示管理层隐瞒坏消息这一作用路径。因此，想要探究管理层隐瞒坏消息是否是公司风险承担影响股价崩盘风险的作用路径，还需要进一步探究管理层隐瞒坏消息的能力、管理层隐瞒坏消息的动机在公司风险承担与股价崩盘风险间的中介作用。

问题四：公司风险承担对股价崩盘风险的影响受到哪些调节因素的影响?

公司风险承担通过公司管理层隐藏坏消息的动机与能力对股价崩盘风险产生影响，而这种影响的大小可能受到公司内外部因素的影响。其中，管理层能力、产品市场竞争、机构投资者持股与投资者情绪分别代表了公司内部管理、外部市场环境、公司外部监督与股市环境。因此，本书探究管理层能力、产品市场竞争、机构投资者持股与投资者情绪等变量在公司风险承担与股价崩盘风险的关系间中是否起调节作用。

1.3 研究目的与研究意义

1.3.1 研究目的

本书研究目的主要体现在以下几个方面。

（1）厘清公司风险承担经济后果及股价崩盘风险影响因素相关的理论研究进展，识别已有研究存在的不足及潜在的研究机会。有关公司风险承担经济后果的研究多在代理理论框架下把公司风险承担视为公司代理问题缓解的表现，并多侧重探究公司风险承担的积极后果，任何事物都具有两面性，探究有关公司风险承担的经济后果尤其是消极后果的研究势在必行。有关股价崩盘风险的研究多在代理框架下展开，认为高管隐藏坏消息是影响股价崩盘风险的关键因素，但对于“坏消息源”如何影响股价崩盘风险的关注明显不足。厘清有关公司风险承担经济后果及股价崩盘风险影响因素的研究发展脉络及进展，有利于识别现有研究存在的不足及潜在的机会，并突出本书的学术价值和边际学术贡献。

（2）基于行为视角下构建能够更加准确地衡量公司风险承担水平的指标。从投资、融资、资产配置与财务报告等决策行为出发，构建能全面反映公司风险承担的衡量指标，解决公司风险承担衡量指标单一维度的问题。现有衡量公司风险承担水平的指标多为业绩波动率指标，但这些指标过于综合或“噪音”过多，难以准确、具体地衡量公司风险承担的真实状况。

（3）厘清公司风险承担对股价崩盘风险的影响及其作用机理。公司风险承担是把“双刃剑”，可能给公司带来超额收益，也可能给公司带来巨大损失。公司风险承担对股价崩盘风险的影响既与风险承担行为本身的有效性相关，还与管理层隐瞒与风险承担相关的坏消息的动机及公司信息透明度相关。构建基本的理论逻辑框架，立足中国A股市场实际情况，寻求相关的基础理论和实践证据支持，在此基础上形成有关公司风险承担如何影响股价崩盘风险，以及公司风险承担通过何种渠道影响股价崩盘风险的观点。

（4）厘清管理层能力、机构投资者持股、产品市场竞争、投资者情绪如何影响公司风险承担有效性。管理层能力、机构投资者持股、产品市场竞争、投资者情绪能够影响公司坏消息发生的概率、管理层隐瞒坏消息的动机和难度，因此，在管理层能力、产品市场竞争、机构投资者持股与投资者情绪不同的公司中，公司风险承担对股价崩盘风险的影响存在差异。

（5）对研究结论进行归纳总结、提炼升华，形成对公司风险承担决策及资本市场监管决策、投资者投资决策等方面的建议。公司风险承担如何“扬长避短”，公司风险承担决策及管理层激励制度设计如何相互协调，资本市场监管部门应该如何对待和监管公司风险承担及相关的信息披露行为；资本市场投资者应该如何规避公司风险承担的潜在风险。在对本书的研究结论进行提炼和升华的基础上，可以为上述相关决策提供一定的启示和借鉴意义。

1.3.2 研究意义

（1）理论意义。

以往研究通常从投资视角界定和衡量公司风险承担。通过理论分析，本书认为除了投资决策之外，融资、资产配置、财务报告决策等财务行为也会导致公司风险承担，因此，本书基于行为视角，从投资、融资、资产配置、财务报告决策四个维度衡量公司风险承担，探讨公司风险承担与股价崩盘风险的关系，对两者间的作用路径进行检验。具体地，构建公司风险承担、管理层隐藏坏消息的动机与能力、股价崩盘风险的中介效应模型，检验公司风险承担与股价崩盘风险间的直接效应、管理薪酬绩效敏感性与信息不透明度在公司风险承担与股价崩盘风险间的中介效应。本书的理论贡献体现在以下几个方面：

首先，通过文献梳理与理论分析，构建了公司风险承担影响股价崩盘风险的理论模型，丰富了股价崩盘风险影响因素、公司风险承担经济后果的相关研究。本书以公司风险源为切入点，认为公司风险承担是产生股价崩盘风险的“坏消息源”，并从行为视角构建公司风险承担衡量指标，探究公司风险承担对股价崩盘风险的影响。构建公司风险承担通过管理层隐藏坏消息的动机与能力影响股价崩盘风险的理论逻辑路径，并通过中介效应检验对上述路径进行验证。上述论证揭示了公司风险承担与股价崩盘风险的关系，厘清了公司风险承担影响股价崩盘风险的作用机理，构建的中介效应模型与现有研究构成统一体系，拓展了公司风险承担、股价崩盘风险的相关研究，为股价崩盘风险形成机制提供进一步证据。

其次，通过文献梳理，对公司风险承担与股价崩盘风险重新界定，使这两个核心概念的内涵更为清晰、衡量方式更为全面。针对现有研究普遍存在的将股价崩盘风险与股价崩盘混为一谈的问题，本书认为股价崩盘是市场指数或个股价格在短期内突然大幅下降的一种现象，而股价崩盘风险则是市场指数或者个股价格发生崩盘的可能性，股价崩盘发生的可能性越高，股价崩盘风险就越大。针对大多数现有文献都从投资决策视角来对公司风险承担进行定义、衡量，导致公司风险承担水平不能得到准确、全面衡量的问题，本书认为公司风险承担是公司为了抓住市场机会获得高额回报，所做出的投资、融资、资产配置与财务报告决策等行为引起的公司风险水平。上述论述辨明了公司风险承担与股价崩盘风险的内涵，能够为后续研究提供支持。

再次，从投资、融资、资产配置与财务报告决策四个维度衡量公司风险承担，为公司风险承担的衡量方法提供了新思路。现有研究多从单一维度衡量公司风险承担，不仅不能全面衡量公司风险承担水平，还会因为包含噪音因素，导致研究结论的不一致。本书基于行为视角，从公司具体财务行为出发，从投资、融资、资产配置与财务报告决策四个维度衡量公司风险承担，并构建反映公司风险承担水平的综合指标，有助于全面衡量公司风险承担，为后续研究的展开提供新思路。

最后，本书探究影响公司风险承担与股价崩盘风险间关系的内外部条件。现有公司风险承担与股价崩盘风险关系的相关文献，较少注意到两者关系还受到公司内外部条件的影响。公司风险承担通过公司管理层隐藏坏消息的动机与能力影响股价崩盘风险，而管理层隐藏坏消息的动机与能力会受到公司内部管理、外部市场环境、公司外部监督与股市环境等因素的影响。基于此，本书提出了管理层能力、产品市场竞争、机构投资者持股与投资者情绪在公司风险承担与股价崩盘风险间起调节作用的假设。实证结果表明，管理层能力等变量在公司风险承担与股价崩盘风险间起调节作用，拓展了现有公司风险承担与股价崩盘风险关系的研究。

（2）现实意义。

本书对公司风险承担与股价崩盘风险的关系进行实证检验，研究发现公司风险承担影响股价崩盘风险的作用路径是管理层隐藏坏消息的动机与能力，对公司进行风险管理、制定合理适度的激励机制与监督机制、政府部门提高监管效率和针对性、强化投资者教育、维护资本市场稳定具有重要意义。

首先，揭示了公司风险承担是股价崩盘风险的“坏消息源”，为公司财务决策行为提供指导。本书基于行为视角，从投资、融资、资产配置与财务报告决策四个维度衡量公司风险承担，理论分析发现，公司风险承担影响股价崩盘风险的作用路径是管理层隐藏坏消息的动机与能力，并且这一发现得到了实证检验的证实。公司降低股价崩盘风险需要从投资、融资、资产配置与财务报告等具体财务决策行为入手，多方面降低公司风险水平。研究结论对公司降低股价崩盘风险提供了一定指导。

其次，为公司制定合理适度的激励机制与监督机制提供依据。本书发现公司风险承担影响股价崩盘风险的作用路径是管理层隐藏坏消息的动机与能力，当管理层薪酬与企业绩效相关时，管理层就有动机为了获取高额薪酬隐瞒坏消息，管理层薪酬与企业绩效相关程度越高（管理层薪酬绩效敏感性越大）时，管理层隐瞒坏消息的动机就越强。因此，公司应制定合理适度的激励机制，既使管理层利益与股东利益一致，又使管理层隐瞒坏消息的动机降低。对于管理层隐瞒坏消息的能力而言，当公司信息不透明度越高时，管理层隐瞒坏消息的能力就越强，因此，公司应制定内外部监督机制，提高公司透明度，削弱管理层隐瞒坏消息的能力。基于此，本书为公司制定合理适度的激励机制与监督机制提供了理论依据。

最后，为政府部门提高监管效率和针对性、强化投资者教育提供依据。公司风险承担既是上市公司都要面临的问题，也是影响资本市场波动的重要因素，投资、融资、资产配置、财务报告决策都能导致公司风险承担增加，从而提高股价崩盘风险。因此，政府部门需要对上市公司的相应财务决策行为进行监督，降低股价崩盘风险。同时，应加强对投资者教育，避免投资者过度追求高回报而投资于高公司风险承担水平的公司，最终因股价崩盘导致投资者财富受损。

1.4 研究内容与研究方法

1.4.1 研究内容

针对上述研究问题，本书主要内容包括以下几点。

（1）本书对股价崩盘风险影响因素、公司风险承担经济后果等方面的文献进行了全面、深度地梳理，识别了当前研究存在的不足及机会，凸显了本书的边际学术贡献。

（2）基于已有研究成果优化公司风险承担指标。在对现有研究进行梳理的基础上，基于行为视角界定和衡量公司风险承担。

（3）理论研究公司风险承担与股价崩盘风险的关系及作用路径。理论分析公司风险承担对股价崩盘风险的影响并深度探究管理层隐瞒坏消息的动机与能力对公司风险承担与股价崩盘风险间关系的中介作用。

（4）实证检验公司风险承担对股价崩盘风险的影响、作用机理及相关因素对公司风险承担与股价崩盘风险间关系的调节作用。

围绕上述基本研究内容，本书共设计七章，各章内容如下：

第1章　绪论。在对股价崩盘风险现实问题关注及梳理现有文献的基础上，提出本书的研究问题，在此基础上确立研究目的并阐述研究意义，根据本书的研究内容，选择适当的研究方法，并对研究技术路线进行详细说明。

第2章　文献综述。围绕公司风险承担、股价崩盘风险等核心概念，以代理理论、高阶梯队理论、市场参与者非理性理论及有限套利理论，对相关文献进行梳理、归纳与总结，将相关文献分为股价崩盘风险成因、影响因素与经济后果，公司风险承担影响因素、经济后果与衡量方法，以及公司风险承担对股价崩盘风险的影响等几个方面。在文献梳理过程中，发现现有研究的不足之处，识别研究机会，提炼了本书的边际贡献。

第3章　机理分析与研究假设。首先，对公司风险承担、股价崩盘风险等核心概念进行界定；其次，依据委托代理理论、坏消息窖藏理论等理论基础，对投资、融资、资产配置与财务报告决策四个维度的公司风险承担与股价崩盘风险的关系进行理论分析，根据管理层隐藏坏消息是股价崩盘风险的成因这一观点，结合高管激励理论与信息不对称理论，推论管理层隐藏坏消息的动机与能力在公司风险承担与股价崩盘风险间起"桥梁作用"；最后，在前述概念模型的基础上，对现有研究进行归纳总结并提出研究假设。

第4章　研究设计。围绕第3章的概念模型与研究假说，对数据来源与样本选择、变量选取与测度，以及后续实证研究将采用的分析方法进行说明，并构建相应的实证模型。

第5章　实证检验。首先，对主要变量进行描述性统计和相关性分析，得到变量分布特征，初步获得变量间相关关系的证据；其次，通过线性回归分析分别对直接效应、中介效应、调节效应的研究假设进行验证；最后，采用处理效应模型和倾向得分匹配检验内生性问题，并进行稳健性检验，以确保本书的研究结论稳健。

第6章　结果讨论。本章对实证检验的结果进行讨论，将本书的研究结论与现有文献研究结论的异同进行比较。

第7章　研究结论与研究展望。本章在对研究结论进行简要阐述的基础上，总结本书的创新之处，根据研究结论提出管理启示，为上市公司、投资者、监管部门提供建议，并归纳本书的不足之处，对未来研究进行展望。

1.4.2 研究方法

为了对该主题进行较为深入的研究，本书采用案例分析法、文献研究法、逻辑演绎法、统计分析法等多种研究方法，探究公司风险承担对股价崩盘风险的影响，以及公司风险承担影响股价崩盘风险的作用路径，以期寻找股价崩盘风险的本源，保护投资者利益不受损害，维护资本市场和实体经济的平稳发展。

（1）案例分析法。采用案例分析法从投资、融资、资产配置与财务报告决策等风险承担行为对上市公司雏鹰农牧的股价崩盘案例进行分析，揭示了本书的现实背景。

（2）文献研究法。在广泛搜集相关文献的基础上，逐篇阅读了重要文献，并对核心内容做了摘要，在此基础上厘清了公司风险承担经济后果、股价崩盘风险影响因素相关研究的理论框架及文献演进逻辑，识别了现有研究的不足及潜在研究机会，确定了本书“公司风险承担对股价崩盘风险影响的实证研究”的主题。

（3）逻辑演绎法。本书在梳理文献的基础上，采用逻辑演绎法分析公司风险承担对股价崩盘风险的影响、管理层薪酬绩效敏感性与公司信息透明度的中介作用、管理层能力等变量在公司风险承担与股价崩盘风险间的调节作用，提出研究假设，并构建概念模型。

（4）统计分析法。采用回归分析法实证检验了公司在投资、融资、资产配置、财务报告决策等公司风险承担对股价崩盘风险的影响，获取了相关证据，验证了本书的基本假设；采用中介效应检验实证检验了公司风险承担是否通过影响管理层薪酬绩效敏感性与信息透明度两个渠道影响股价崩盘风险；采用调节效应检验方法实证验证管理层能力等变量在公司风险承担与股价崩盘风险间的调节作用。

1.5 研究技术路线

本书坚持问题导向，通过对股价崩盘频频发生的现实关注、对现有相关研究的梳理，发现公司风险承担作为坏消息的“根源”，可能会通过公司管理层隐藏坏消息的动机与能力，来影响股价崩盘风险。同时，由于公司内外部环境等存在显著差异，管理层隐藏坏消息的动机与能力在公司风险承担与股价崩盘风险间的作用也可能存在差异。在此基础上，提出本书的概念模型与研究假设，搜集与整理数据，构建实证检验模型、公司风险承担指标，通过实证检验的方法验证本书的概念模型与研究假设。在对实证结果分析的基础上，为上市公司、投资者、监管部门提出建议，概括本书的不足之处并对未来研究进行展望。本书的研究技术路线如图1-1所示。

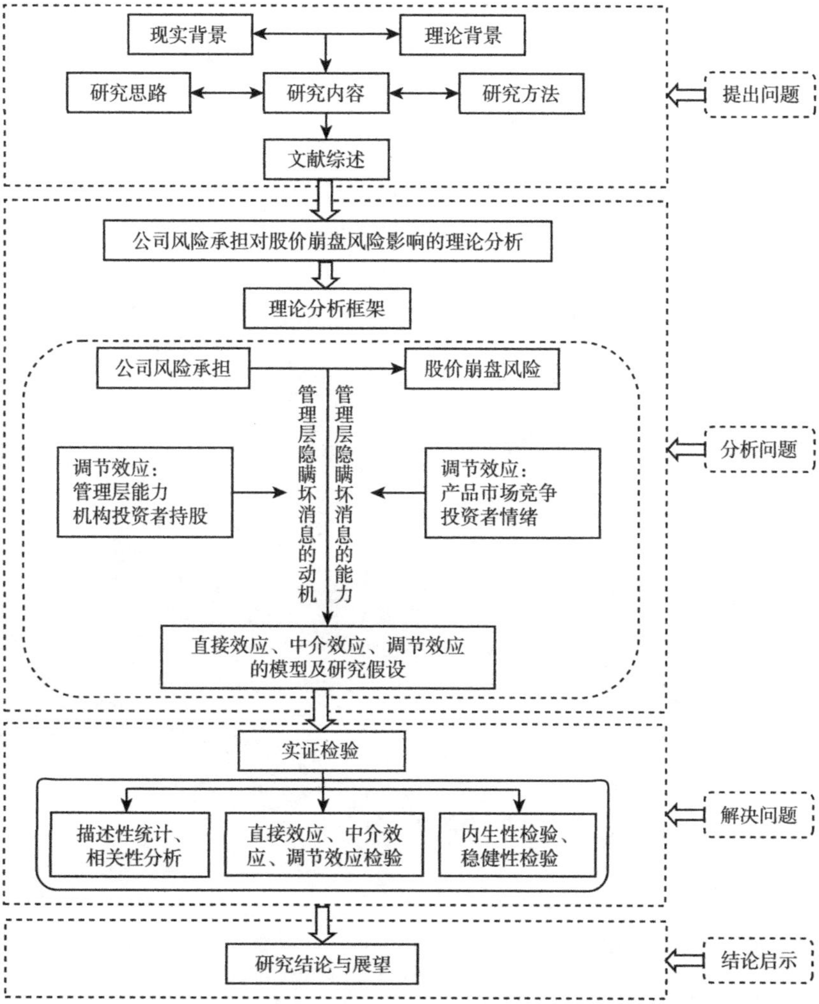

图1-1　本书的技术路线

1.6 本章小结

本章在对股价崩盘频发的现实问题关注和相关文献的梳理的基础上，明确了研究问题及研究目标。本书具体需要解决的问题包括：如何界定、衡量公司风险承担？不同维度的公司风险承担对股价崩盘风险的影响是否一致？公司风险承担对股价崩盘风险的作用路径是什么？公司风险承担对股价崩盘风险的作用路径受到哪些调节因素的影响？为解决这些问题，本部分设计了主要研究内容，构建本书的研究框架和技术路线。

| 第2章 |

文献综述

2.1　股价崩盘风险相关研究

2.1.1　股价崩盘风险的内涵及特征

现有文献将股价崩盘风险定义为个股收益分布中一个较大的负离群值（Callen and Fang，2015；Kim et al.，2014）[31, 65]。陈国进等（2008）[66]认为股价崩盘风险是短期内市场指数或股价在没有任何信息先兆情况下的突然大幅下跌。Hong和Stein（2003）[67]从股价崩盘风险的特征角度，将股价崩盘风险定义为在没有明显重大消息发生的情况下，股价出现异常大的、负向波动的、具有“传染性”的市场现象，即股价崩盘风险具有无信息支撑、价格变化的非对称性与传染性三个特征。股价崩盘风险的无信息支撑特征是指股价崩盘是在没有相应的大型公共新闻事件的情况下发生的异常大的波动现象。股价崩盘风险的价格变化非对称性特征是指股价暴跌出现的次数远远高于股价暴涨的次数。股价崩盘风险的传染性特征是指股价崩盘不仅涉及某只股票价格的突然下跌，还涉及同类别价格高度相关的股票价格的下跌，即股价崩盘会在一定程度上造成跨股传染。

股价崩盘不同于一般的市场波动或者股市风险，它可能会造成巨大的经济损失，损害投资者的个人财富，破坏资本市场的稳定发展，危害实体经济的正常运行（陈国进等，2008）[66]。股价崩盘风险作为一种金融市场上普遍存在，并具有广泛影响力和重要经济后果的现象，是包括资本市场投资者、企业以及监管部门在内的所有市场参与者在决策过程中都应该重点关注的风险之一（刘圣尧等，2016）[68]。因此，探究股价崩盘风险的成因，以便更好地防范和化解股价崩盘风险，已成为理论与实务界关注的热点问题。

2.1.2 股价崩盘风险的成因

（1）市场层面股价崩盘风险成因研究。

股价崩盘风险的相关研究始于20世纪七八十年代，基于“有效市场理论”的研究从市场层面探究股价崩盘风险的成因。该阶段对股价崩盘风险成因的解释形成了两种假说——“杠杆效应假说”和“波动率反馈假说”。Black（1976）[69]率先以“杠杆效应假说”对股价崩盘风险的成因进行解释，他认为，公司价值下降会导致股票负收益，通常会增加公司的杠杆率，而杠杆率上升则会导致股票风险增大、波动率上升，甚至引起股价崩盘。Schwert（1989）[70]发现股市波动随着财务杠杆的增加而增加，但是这一因素只能解释股市波动的一小部分变化。Bekaert和Wu(2000)[71]对“杠杆效应假说”提出了质疑，认为股票价格下降很难立即对股价波动率产生巨大影响。Pindyck（1984）[72]提出“波动率反馈假说”，将股价下跌的主要原因归咎于股票波动率增加引起的风险溢价增加。French等（1987）[73]发现股票收益与股票波动率存在很强的负相关关系，这不能仅仅用“杠杆效应假说”来解释，同时他们的研究支持了“波动率反馈假说”的观点。Campbell和Hentschel(1992)[74]对“波动率反馈假说”做了更详细的阐述，他认为，关于未来股利巨大的好消息到达市场时，风险溢价效应部分抵销了消息的正面影响；关于未来股利巨大的坏消息到达市场时，风险溢价效应放大了消息的负面影响。因此，“波动率反馈假说”解释了股票价格变化的非对称性特征——股价暴跌出现的次数远远高于股价暴涨的次数。也有一些学者对“波动率反馈假说”提出了批评，Poterba和Summers（1987）[75]认为波动率反馈可能并不能发挥那么大的作用，因为波动率变化太短暂，无法对股价产生重大影响，难以解释股票收益非对称性变化的持续性特征。

“杠杆效应假说”和“波动率反馈假说”都在一定程度上解释了股价崩盘风险的非对称性波动特征，但都无法对股价崩盘风险的无信息支撑特征和传染性特征作出合理解释。同时，在1987年股价崩盘发生后，越来越多的文献质疑“有效市场理论”，即所有价格变动都必须以有关基本面的信息加以解释。因此，随后的研究开始突破有效市场理论的研究框架，逐渐放松“理性人”假设，主要观点是，资产价格中的一部分与基本面无关，因此价格的变化既可以反映基本面的变化，也可以反映非基本面的变化。这一阶段，学者们从信息不对称性和投资者不完全理性两个视角对股价崩盘风险的成因作出了新的解释——“信息不对称假说”“股价泡沫假说”和“异质信念假说”。

Gennotte和Leland（1990）[76]基于信息不对称理论提出了“信息不对称假说”，他认为证券投资组合不能用于解释相对少量的抛售导致股价暴跌，信息的披露是股价崩盘的重要原因。由于投资者从价格中推断信息，未观察到的信息对价格的影响更大，未观察到的信息导致股价下跌，而股价下跌又导致不知情投资者下调预期。同时，这又限制了投资者继续购入股票的意愿，并导致价格反应的放大，最终导致股价崩盘。Caplin和Leahy（1994）[77]提出了一个市场动态的三阶段模型。个体在收集信息过程中行为发生改变，当足够多的个体改变行为时，他们的行为将产生新的信息。这个过程导致市场情绪发生变化，而市场情绪的变化表现为所有个体放弃市场——股价崩盘。Romer（1993）[78]通过构建两个模型探讨资产价格波动的原因，解释了没有重大外部消息的股价崩盘和没有明显消息的较小的股价波动。

Blanchard和Watson（1982）[79]在行为金融框架下提出了“股价泡沫假说”来解释股价崩盘风险的成因。当股价低于基本面价值时，投资者将购买并持有股票，而不是出售股票，因此不会存在股价泡沫；当股价高于基本面价值时，投资者将做空股票，理性和活跃的代理人的存在，导致股价泡沫不会出现；当市场理性和活跃的代理人缺位时，市场必须由连续“几代”投资者组成，就可能会出现泡沫。当股价出现泡沫时，价格上涨，引起资本存量增加，资本边际产量下降，从而导致市场基本面价值下降，股票价格再次下跌，严重时导致股价崩盘。Shiller（1987）[80]的问卷调查结果显示，市场以外的新闻或任何其他可识别的事件并不是导致股价崩盘的原因，投资者非理性心理和投资者对价格的反应是导致股价崩盘的主要原因。

上述假说部分解释了股价崩盘风险的成因，随着行为金融理论的兴起，从投资者异质信念视角解释股价崩盘风险的成因开始出现。Hong和Stein（2003）[67]提出了“异质信念假说”，构建了包括看涨投资者、看跌投资者和套利者在内的面临卖空限制的模型，对股价崩盘风险的无信息支撑特征、价格变化的非对称性特征和传染性特征进行解释。他们认为投资者之间存在类似于过度自信的意见分歧，每个投资者都错误地认为自己的私人信息比其他人的更准确，因此每个投资者对股票价值的看法都不同。交易过程使被隐瞒的私人信息得以披露。当投资者的意见分歧最为明显时，交易量往往会异常高。

（2）公司层面股价崩盘风险成因研究。

上述研究都是从市场层面对股价崩盘风险成因进行探讨的，即股票市场指数无信息前兆的突然暴跌现象。Chen等（2001）[81]首次将股价崩盘风险的研究视角从市场层面转向了公司层面。他们以Hong和Stein（1999）[82]的研究为基础，对公司层面数据进行截面回归，对市场层面数据进行时间序列回归。他们将股价崩盘风险定义为股票收益率的条件偏态分布程度，以交易量作为意见分歧的代理变量，构建了个股股价崩盘风险的衡量指标——负收益偏态系数（NCSKEW）和上下收益波动指数（DUVOLE），上述指标被广泛应用于后续股价崩盘风险的相关研究中。实证结果表明交易量增大导致了股票收益的负偏度增大，即投资者异质信念导致了股价崩盘风险，支持了Hong和Stein（1999）[82]的观点。然而，该研究并没有对股价崩盘风险形成的作用机理进行深入分析。

直到Jin和Myers（2006）[8]提出了“坏消息窖藏假说”，才形成了对公司层面股价崩盘风险成因的系统性解释。Jin和Myers（2006）[8]基于代理理论和信息不对称理论，揭示了个股股价崩盘风险的形成机理。管理层和投资者利益不一致，管理层为了控制权、现金流、职业生涯等，隐藏或推迟公布坏消息。公司信息不透明为管理层隐藏坏消息提供了条件。公司信息不透明度越高，坏消息隐藏程度就越高，但是公司管理层对坏消息的吸纳能力有限，当公司坏消息的数量超过了管理层的吸纳能力，或者公司内部积累的坏消息导致公司内在价值与股价之间的差额达到临界值，积累的坏消息就会被公布，导致股价崩盘。Jin和Myers（2006）[2]为股价崩盘风险的研究开启了新思路，后续研究多以此为基础在代理理论框架下展开。Kothari等（2009）[83]系统地分析了管理层不对称信息披露行为的动机，其中诉讼风险会促使管理层迅速披露坏消息，职业关注（管理层薪酬、期权薪酬、职业晋升、职业声誉、退休福利等）会促使管理层隐瞒坏消息，并寄希望于随后的公司事件能让他们“埋葬”坏消息。

Cao等（2002）[84]提出了“信息阻塞”模型作为解释股价暴跌的另一个理论框架。在这个模型中，固定的交易成本会使信息传输到市场的管道阻塞。因为信息管道的间歇性阻塞，边缘化投资者的个人信息不会被立即纳入市场价格，而交易过程中的事件会触发投资者所拥有的信息被纳入价格。这种被边缘化的投资者会导致波动性和偏斜度发生有条件的变化，这是过去回报率的一个函数。因此，证券价格变化具有路径依赖的分布，在价格上涨后呈负偏态，在价格下跌后呈正偏态。

2.1.3 股价崩盘风险的影响因素

近年来，基于代理理论、高阶梯队理论、市场参与者非理性理论和有限套利理论等视角，学界对股价崩盘风险影响因素展开了大量研究，这些研究多是以高管隐瞒坏消息及坏消息集中释放为成因前提。目前多数相关研究认为股价崩盘的本质原因在于上市公司高管出于薪酬契约、声誉维护、职业担忧及构建帝国等机会主义动机，在信息披露过程中策略性地隐瞒或推迟坏消息的发布、加速好消息的发布，这种对好消息和坏消息的不对称性披露行为使坏消息不断积累，达到一定程度时，隐瞒成本超过收益或者高管失去继续隐瞒的动机时，坏消息超过临界值就会集中释放，导致股价下跌甚至崩盘。

还有少部分文献将股价崩盘归因于股价泡沫的形成及破灭，这类文献认为，卖空机制受限、投资者过度反应导致股价偏离基本面价值，形成股价泡沫，随着坏消息发布，投资者行为恢复正常，就会导致股价下跌或股价崩盘。之后本书将根据理论基础，对股价崩盘风险的影响因素的相关研究进行综述。

（1）基于代理理论的研究。

基于代理理论视角的研究认为，管理层出于超额薪酬、职业晋升、构建帝国、管理层期权和声誉维护等动机，在信息披露中经常会“报喜不报忧”（Kothari et al.，2009；Piotroski et al.，2015）[83, 85]，从而导致股价崩盘。近期股价崩盘风险影响因素的文献多在Jin和Myers（2006）[8]的理论模型基础上展开，对各影响因素进行验证。公司内部人操纵信息发布，隐藏坏信息并积累到一定阈值后股价崩盘爆发。管理层隐藏坏消息是股价崩盘风险的主要诱因（Jin and Myers，2006；Hutton et al.，2009）[8, 9]，这一理论的核心内容就是管理者隐藏坏消息的动机和能力。基于代理理论的股价崩盘风险影响因素研究主要内容如图2-1所示。

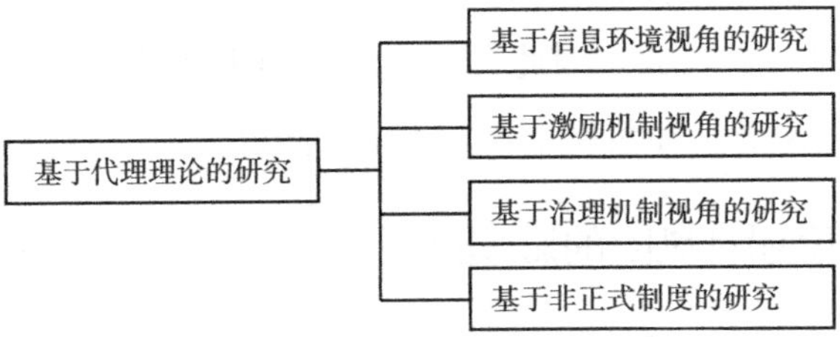

图2-1　基于代理理论研究的主要内容

①基于信息环境视角的相关研究。

研究表明，财务报告环境是股价崩盘风险的一个重要决定因素（Jin and Myers，2006）[8]，不透明的信息环境为管理层隐瞒坏消息提供了机会与便利。

Hutton等（2009）[9]的研究结果表明，财务报告不透明程度高的公司更容易出现股价崩盘。Francis等（2016）[37]对这一主题进行深入研究，他们发现真实盈余管理的公司与未来股价崩盘风险呈正相关关系，在萨班斯—奥克斯利法案（SOX）后，管理层从应计盈余管理转向了真实盈余管理。周爱民和遥远（2018）[86]的研究发现，因分析师跟踪、机构持股等外部监督机制的压力，使管理层从应计盈余管理转向了更加隐蔽的真实盈余管理，支持了Francis等（2016）[37]的研究结论。

企业避税、财务重述、高溢价并购、研发创新等都可以作为盈余管理的手段，同样可以起到隐瞒坏消息的作用。Kim等（2011a）[10]认为避税行为促进管理机会主义行为，使管理层能够在公司内部隐藏和积累坏消息，导致股价崩盘。江轩宇（2013）[87]的研究表明，企业的税收激进程度正向影响未来股价崩盘风险，证实了Kim等（2011a）[10]的研究结论。除了企业避税行为之外，财务重述也是企业盈余管理的重要手段。谢盛纹和廖佳（2017）[11]认为管理层通过财务重述隐瞒或推迟坏消息的披露，而投资者并不能从公司已披露的财务信息获得真实业绩信息，导致股价被高估并产生股价泡沫，投资者一旦获得了真实的会计信息，会调低对公司的估值，股价下跌甚至崩盘。高溢价并购增大股价崩盘风险，除了源于管理层过度投资倾向和过度自信心理之外，还体现为企业信息不透明程度较高和会计稳健性缺失（王文姣等，2017）[12]。研发创新活动对股价崩盘风险的影响除了其失败概率更大的基本特征之外，还可能是因为企业可通过研发创新活动加剧隐瞒坏消息，从而造成更加不透明的信息环境，使自私自利的管理层更容易囤积坏消息，进而会增加股价暴跌的风险（Jia，2018a）[13]。Kim和Zhang（2016）[14]认为研发投入越高，管理层为了避免研发信息泄露，向投资者披露的信息就越少，从而增大了信息不对称程度和股价崩盘风险。然而周铭山等（2017）[88]实证检验了中国创业板上市公司研发投入对股价崩盘风险的影响，得出了与Kim和Zhang（2016）[14]相悖的结论。该研究认为我国对创业板市场上的创新企业研发信息披露要求高于主板市场，研发投入越高，向投资者披露的信息就越多，即信息不对称程度越小，股价崩盘风险越低。两者研究结论的不同可能是因为创业板市场与主板市场具有不同的创新和研发以及融资需求。

如前所述，不透明的信息环境带来更高水平的股价崩盘风险。那么高质量的财务信息、有效的信息披露提高信息透明度，降低公司管理层隐藏坏消息的可能性，从而使股价崩盘风险降低。Kim和Zhang（2016）[14]的研究证实，会计谨慎性原则降低了管理层隐藏坏消息的可能性，坏消息的积累程度降低，股价崩盘风险也因此降低。Kim等（2016）[15]认为，财务报告可比性有助于外部投资者获得并理解可比企业的信息，囤积坏消息给管理者带来的好处更少，信息囤积成本提高，可比性的提高使管理者出现囤积坏消息行为的可能性降低，即财务报告可比性降低了管理层隐瞒坏消息的激励和能力。DeFond等（2015）[16]发现，对于非金融企业而言，采用国际财务报告准则（IFRs）通过增加会计信息披露、改善财务报告可比性来提高财务报告透明度，从而降低股价崩盘风险。Bleck和Liu(2007)[89]表明，历史成本计量给管理层提供了一个掩盖公司真实业绩的“面纱”。在历史成本计量模式下，资本市场存在更大程度的信息不透明性，引发更为频繁、更为严峻的股价崩盘。Hsu和Wu（2018）[90]认为，会计准则更新对第3级公允价值计量提出了更高的信息披露要求，提高了公司信息透明度，降低了股价崩盘风险。

与以往文献通过构建财务指标反映公司信息透明度不同，肖土盛等（2017）[91]以上市公司的年度信息披露考评作为信息披露质量的代理指标，研究发现高质量信息披露能够缓解投资者与公司间的信息不对称，降低股价崩盘发生的可能性。黄宏斌等（2019）[92]认为企业通过微博等自媒体方式进行信息披露，通过加速信息传播与扩散，提高了信息透明度，最终股价崩盘风险降低。企业信息环境影响股价崩盘风险的基本思路如图2-2所示。

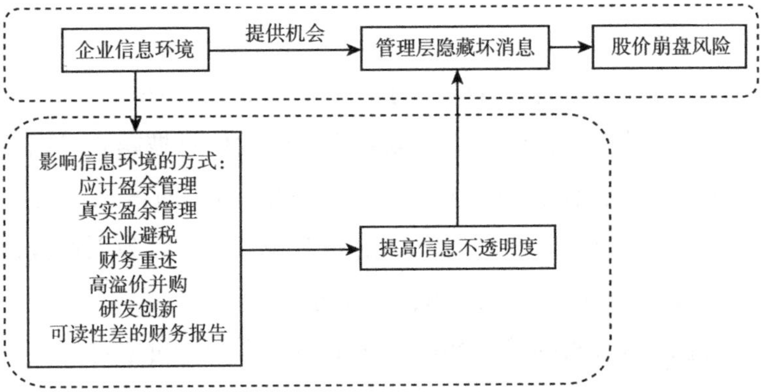

图 2-2　企业信息环境影响股价崩盘风险基本思路

②基于激励机制视角的相关研究。

后续一些研究从影响代理问题的激励机制视角探究影响股价崩盘风险的具体因素。从代理理论的角度看，高管薪酬契约被认为是协调股东和管理层利益的一种潜在机制。高管超额薪酬作为有效激励的方式，使公司管理层与股东间利益一致，因此管理层道德风险与逆向选择的可能性降低，双方的代理冲突减少，管理层出于自利动机的坏消息隐藏行为减少，股价崩盘风险也会降低（傅颀等，2017）[93]。

然而越来越多文献认为，股权激励会诱使管理层采取囤积坏消息等短视行为，以抬高短期股价（Benmelech et al.，2010）[18]。Benmelech等（2010）[18]认为股权激励使管理层为了推高股价，保持业绩高增长假象，进行过度投资，并隐瞒业绩下降的坏消息，导致股价估值过高，坏消息集中爆发时股价崩盘。Kim等（2011b）[94]发现CEO期权激励正向影响股价崩盘风险，由于糟糕的激励机制使管理层故意保留糟糕的项目，并隐瞒业绩的负面消息，从而使股价被高估，股价崩盘风险增大。Bolton等（2006）[95]认为股权激励的负面作用是由于现任投资者与未来投资者之间的利益冲突。我国学者何孝星和叶展（2017）[96]、任莉莉和张瑞君（2019）[97]的研究发现我国上市公司股权激励水平与股价崩盘风险间存在显著的正相关关系，支持了股权激励诱使管理层囤积坏消息的观点。程新生等（2015）[98]研究发现，实施股权激励计划的公司中，管理层通过管理层分析与讨论隐藏坏消息。苏冬蔚和倪博（2018）[99]研究了股权分置改革后股权激励对股价崩盘风险的影响，他们认为管理层为了达到行权条件，加大了正向盈余管理行为，行权后企业业绩会发生大幅下降。坏消息积压导致其突然爆发和公司业绩下滑严重，造成股市较大波动，加剧了股价崩盘风险。

Lazear和Rosen（1981）[100]为了促进高管之间的竞争提出锦标赛激励，在竞争中取胜的一方将获得更多的货币奖励、更高的公司职位以及更多的特权。关于锦标赛激励到底是加剧还是降低了股价崩盘风险，存在相互矛盾的观点。Zhang等（2018）[101]的研究认为，锦标赛激励作为一种隐性的内部激励机制，能够激励非CEO高管更加努力地提高企业绩效，基于晋升的薪酬激励会鼓励非CEO高管揭露CEO的错误行为，从而减少盈余操纵。Chen等（2017）[102]发现，以管理层政治等级为代表的锦标赛激励对中国上市国有企业的股价暴跌具有约束作用。然而也有学者认为锦标赛激励导致了更多欺诈行为，因为管理者可以通过操纵财务报告中的收益来增加升职机会（Bryan and Mason，2017；Park，2017）[103, 104]。Jia（2018b）[105]发现，锦标赛激励导致了更高风险的投资和融资选择，以及更大的现金流不确定性，即面对锦标赛激励时，高管们会在业绩报告中高度不诚实，因此锦标赛激励加剧了股价崩盘风险。

还有一些学者研究了内部债务、声誉激励、员工福利、额外津贴、在职消费等高管薪酬激励对股价崩盘风险的影响。Kim等（2015）[106]研究了内部债务对股价崩盘风险的影响，内部债务主要是指养老金和递延薪酬等类似于债务的合同或契约，代表公司未来向CEO支付薪酬的固定义务，研究结果表明，内部债务能够激励管理层提高财务报告质量，股价崩盘风险降低。Ben-Nasr和Ghouma（2018）[19]认为，管理层通过慷慨的员工福利减少管理错误被揭发的可能性，因此，员工福利与股价崩盘风险正相关，而盈余管理和员工泄密的可能性则是员工福利影响股价崩盘风险的渠道。在国有企业高管“限薪令”的约束下，额外津贴成为激励现任高管、吸引潜在高管的一种有效工具，Xu等（2014）[20]研究发现高管为了享受额外津贴、保护现有职位，向股东隐瞒坏消息直到临界点。额外津贴还会导致高管短视行为，高管为了享受更高的额外津贴，具有构建商业帝国的倾向，拥有大量自由现金流的公司高管可能会在假装拥有良好投资机会的同时进行浪费性支出，高管们隐藏了与公司长期增长相关的坏消息以掩盖这一行为。在职消费这一隐性激励具有“替代性薪酬”的作用，汪顺（2017）[21]认为在职消费是一种代理成本，也是管理机会主义的一种表现，是管理层需要隐藏的一种“坏消息”，在挤占公司资源的同时，诱导了管理层进行不当决策，最终造成股价崩盘。薪酬激励机制影响股价崩盘风险基本思路如图2-3所示。

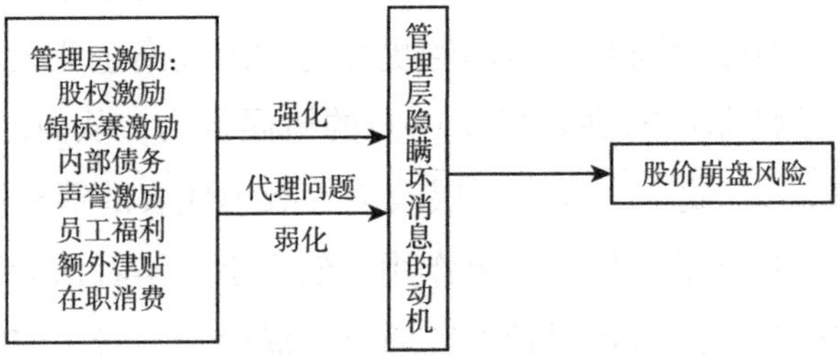

图2-3 薪酬激励机制影响股价崩盘风险基本思路

③基于公司内外部治理机制视角的相关研究。

已有大量文献表明，高质量的会计信息披露会削弱双方的信息不对称程度，降低管理层的道德风险，从而减少高管隐藏坏消息的动机，降低股价崩盘风险。然而，高质量的会计信息披露依赖于公司治理机制的实施。

现有研究认为，良好的公司治理机制能够抑制坏消息的囤积，从而降低股价崩盘风险。Andreou等（2016）[107]的研究发现，审计委员会中较高的独立董事占比、审计师行业专长和明确定义的公司治理政策，降低了股价崩盘的可能性。梁权熙和曾海舰（2016）[22]的研究结果表明，董事会独立性与股价崩盘风险负相关。

上述机制能否有效抑制股价崩盘风险，在很大程度上取决于公司内部控制水平。现有研究普遍认为内部控制质量能够有效降低股价崩盘风险（Zhou et al., 2013）[23]。Zhou等（2013）[23]认为无效的内部控制或重大内部控制缺陷在财务报告中诱发了管理机会主义，为管理者提供了更大的能力和更多的机会来长期隐瞒关于公司业绩的坏消息或不利信息。叶康涛等（2015）[108]研究发现，在降低股价崩盘风险方面，内部控制信息披露比内部控制发挥更多作用。Chen等（2017）[109]探究了内部控制质量与股价崩盘风险间关系，发现内部控制质量越高，股价崩盘风险越低。总之，高质量的内部控制与更高的信息披露质量相关，有助于降低管理层隐藏坏消息的可能性，使股价崩盘风险降低。公司内部治理机制影响公司股价崩盘风险的基本逻辑如图2-4所示。

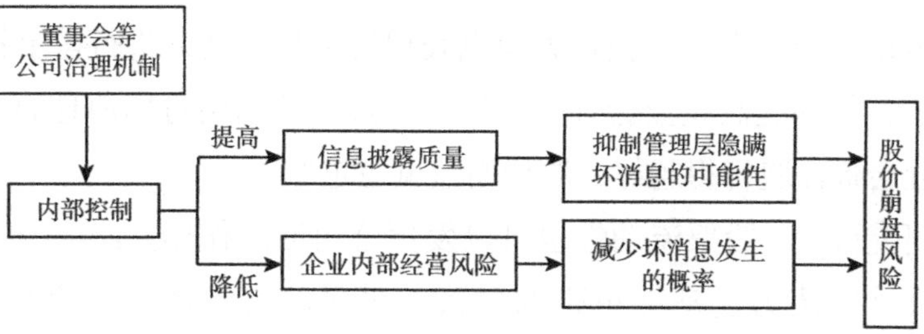

图2-4 内部监督机制影响股价崩盘风险基本思路

除了内部监督机制之外，机构投资者、大股东、分析师、外部审计等外部监督机制也发挥着监督作用，从而影响股价崩盘风险。学术界对机构投资者与股价崩盘风险的关系有两种不同观点。一种观点认为，大量持股的机构投资者具有监督作用。An和Zhang（2013）[24]的研究发现，机构投资者对管理层的监督作用限制了管理层对企业现金流的控制权，从而降低了管理层所吸收的企业特质风险，同时，机构投资者的监督作用降低了管理层囤积坏消息的能力。Callen等（2013）[31]认为稳定的机构投资者发挥监督者的作用，抑制管理层的坏消息囤积行为，削弱了股价崩盘风险发生的可能性。刘秋平（2015）[110]基于中国上市公司数据得到了同样结论。另一种观点认为，机构投资者的非理性行为导致其监督作用难以有效发挥。许年行等（2013）[111]的研究证实，机构投资者的“羊群行为”导致股价崩盘风险增大。代昀昊等（2015）[112]认为机构投资者的非理性行为会推高股价，由此形成的股价泡沫推高了股价崩盘风险。曹丰等（2015）[113]认为，我国机构投资者具有明显的短期投机倾向，不仅难以发挥其监督作用，反而会进一步恶化信息环境，导致信息透明度降低，股价崩盘风险增大。王化成等（2015）[25]的研究认为大股东持股显著负向影响股价崩盘风险，为大股东“监督效应”和“更少掏空效应”提供了证据。

一些学者研究了企业社会责任与股价崩盘风险的关系。权小锋等（2015）[29]的研究证实了企业社会责任的工具假说。Wu和Hu（2019）[114]认为，企业社会责任履行更好的企业信息披露的质量往往更高，从而降低股价崩盘风险。Kim等（2014）[115]的研究表明，更具社会责任的企业具有更高的道德标准，在财务报告方面也表现得更负责任，进行盈余管理的可能性更低，能够提高企业会计信息质量，减少管理层对坏消息的囤积，因此企业社会责任履行得越好，股价崩盘风险越低。

有研究认为，股票流动性也可以发挥公司治理作用。Easley和O’Hara（2004）[116]认为流动性更强的股票，更多的交易由知情交易者进行，从而提高了股价的信息含量，并导致公司管理层隐瞒坏消息的意愿降低，抑制了管理层囤积坏消息。熊家财（2015）[117]的研究发现，股票流动性可以削弱管理层的机会主义动机，降低股价崩盘风险。Chauhan等（2017）[118]认为股票流动性可能会通过直接干预或退出威胁使股价崩盘风险降低。

一些研究探讨了分析师关注与股价崩盘风险的关系，认为更多的分析师关注降低了信息不对称，但更多的分析师关注也导致管理层更多的短视行为和坏消息的囤积行为。Xu等（2013）[26]认为分析师倾向于发布乐观的收益预测，公司的坏消息不能及时传递到外部，当坏消息积累达到临界点时集中释放到股市，最终股价泡沫破裂引起股价崩盘。

媒体报道作为一种外部监督机制，能够对股价崩盘产生重大影响（Aman，2013）[27]。Aman（2013）[27]认为如果大量的媒体报道在较短的时间内提供，活跃的媒体报道应该会提高股价崩盘频率。媒体信息能够被及时纳入股价中，股票会被更及时地定价，媒体报道的监督作用抑制了管理层隐瞒坏消息的行为，那么股价调整将更加频繁，且剧烈程度更低（罗进辉和杜兴强，2014）[119]。Zhao（2020）[120]发现传统媒体与股价崩盘风险存在正相关关系，而网络媒体对股价崩盘风险没有显著影响。

一些研究以中国上市公司为对象探究政治关联对股价崩盘风险的影响，研究发现政治关联通过产权保护机制和政府偏袒机制降低股价崩盘风险（袁军和潘慧峰，2018）[28]。Piotroski等（2015）[85]研究了重大政治事件前后的股价行为，在政治事件期间发布企业负面消息会使政客与企业管理层付出高昂代价，因此压制企业坏消息披露的动机就很强烈。Li和Chan（2016）[121]发现，董事中有党委委员可以有效降低未来股价崩盘风险。

还有一些学者研究了预防性监管（张俊生等，2018）[122]、税收征管（江宇轩，2013）[87]、董监高责任保险（胡国柳和宛晴，2015）[123]、投资者保护（张宏亮和王靖宇，2018）[124]、退市监管（林乐和郑登津，2016）[125]等外部治理机制对股价崩盘风险的影响。外部监督机制影响股价崩盘风险基本思路如图2-5所示。

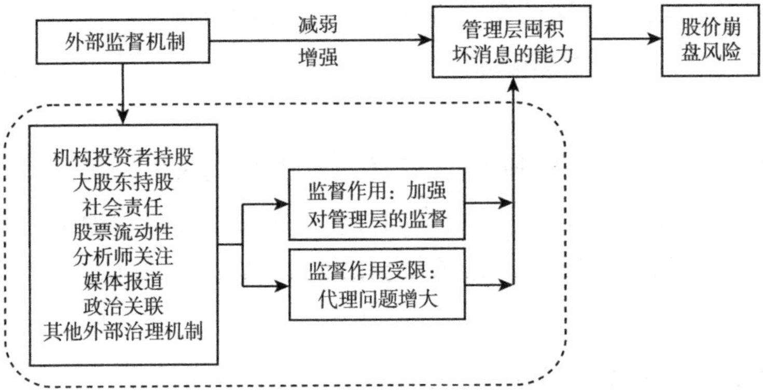

图 2–5　外部监督机制影响股价崩盘风险基本思路

④基于非正式制度的相关研究。

目前现有文献主要关注了正式制度对股价崩盘风险的影响。然而中国作为一个新兴市场，投资者保护制度、公司治理和会计准则等正式制度不完善，不能有效降低股价崩盘风险。非正式制度能否替代或补充正式制度，发挥其公司治理作用，从而对股价崩盘风险产生影响。此类研究的基本逻辑如图2–6所示。

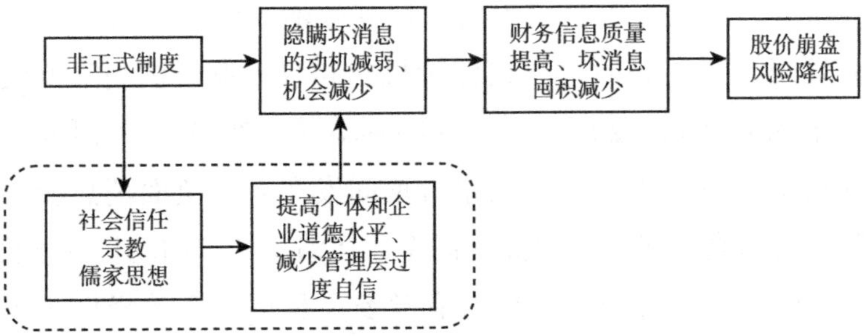

图 2–6　非正式制度影响股价崩盘风险基本思路

刘宝华等（2016）[30]的研究发现位于高度信任地区的上市公司隐瞒坏消息的动机较弱；位于高度信任地区上市公司的利益相关者由于较高的诚信水平会更加严格监督管理层的行为，使管理层隐藏坏消息的机会减少。Li等（2017）[126]的研究结论与刘宝华等（2016）[30]一致。Cao等（2016）[127]认为非正式制度与正式制度存在替代作用，企业处于强有力的正式制度监督下，社会信任对股价崩盘风险的影响较弱。

Callen和Fang（2015）[31]从宗教的社会规范视角探讨宗教是否以及如何影响股价崩盘风险。研究发现，公司总部所在地区的宗教虔诚程度与股价崩盘风险负相关，这一结论认为宗教可以约束公司管理层囤积坏消息的行为。Li和Cai（2016）[128]的研究发现，宗教影响股价崩盘风险的机制是通过减少盈余管理和高管的额外津贴消费来实现的，而不同类型的宗教对股价崩盘风险的影响不尽相同，这取决于公司治理水平与外部法律环境。近几年来，一些学者开始关注儒家思想的公司治理作用。Jebran等（2019）[32]认为处于浓厚的儒学环境中的企业，管理层的道德水平更高，隐瞒坏消息的可能性更低。

（2）基于高阶梯队理论的研究。

除了公司内部治理机制、外部公司治理机制及非正式制度安排影响股价崩盘风险外，一些学者在行为公司财务框架下，基于高阶梯队理论的文献，对管理者行为等因素与股价崩盘风险的关系进行研究。此类研究的基本逻辑框架如图2–7所示。

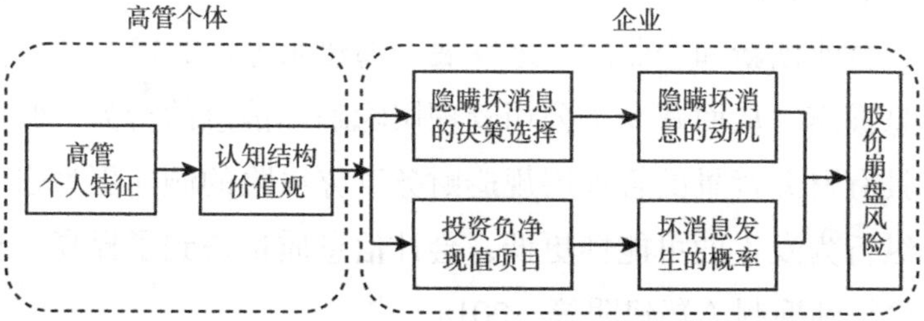

图2–7 基于高阶梯队理论的股价崩盘风险影响因素基本思路

Hambrick和Mason（1984）[129]提出的高阶梯队理论强调高管特征对公司战略选择的决定性作用，认为由于企业内外部环境非常复杂，管理层的决策受其认知结构和价值观的影响。高管特征是指可观察到的管理者特征，这些特征包括年龄、任期、职能背景、教育背景、社会背景和财务状况。有研究表明，正是公司管理层的个人特质决定了他们在面对坏消息时公布或者隐瞒的决策选择，即高管的个人特征是影响股价崩盘风险的重要影响因素（Demerjian et al.，2013）[130]。Kim等（2016a）[35]认为过度自信的管理者倾向于高估他们投资的（负净现值）项目的未来现金流和自己带来良好业绩的能力，因此过度自信的管理层可能会忽略坏消息和潜在的风险，从而引起过度投资等，导致坏消息不断囤积，从而增加股价崩盘风险。

随着越来越多的女性走上管理层岗位，管理层性别能否降低股价崩盘风险成了学者们研究的热点。Li和Zeng（2018）[33]认为，女性高管除了具有更高的道德水平和更高的风险规避程度外，还具有更低程度的过度自信。与男性高管相比，女性高管的管理风格更倾向于柔性管理，强调沟通、合作与和谐，更多不同的意见可以得到表达和倾听，提高了董事会决策质量和信息披露质量。同时，女性高管风险规避倾向更强烈，她们不会投资于负净现值的高风险项目，产生坏消息的机会降低（李小荣和刘行，2012）[131]。

除了管理者特征、高管性别外，学者们对高管的学历、海外经历、专业背景等管理层个人特征进行了大量研究。高学历的高管更能识别出负净现值的投资项目，坏消息发生的概率降低。因此，高学历的高管与较低水平的股价崩盘风险相关（郑建明等，2018）[34]。有海外背景的高管具有更高的道德标准、更强的投资者保护意识（王德宏等，2018）[132]，也更注重个人声誉、企业创新和企业的长远发展（郑建明等，2018）[34]，能有效监督企业信息披露，从而减少了公司管理层隐瞒坏消息的行为，股价崩盘风险降低。具有财务背景的管理层规避财务舞弊风险的倾向更为强烈，因此其信息操纵行为发生的可能性更低，会计信息质量得到了提高，从而使股价崩盘风险得到抑制（郑建明等，2018）[34]。

一些研究关注了董事会多样性对股价崩盘风险的治理作用。Jebran等（2019）[32]发现董事会的多样性可以降低股票崩盘风险。从董事会多样性的具体方面来说，性别多样化的董事会通过减少盈余管理（Kyaw et al.，2015）[133]、财务操纵（Wahid，2019）[134]和证券欺诈（Cumming et al.，2015）[135]来提高公司财务报告质量（Krishnan and Parsons，2008）[136]，提高股票价格信息性来提高透明度——增加自愿公开披露，从而提高信息效率（Gul et al.，2011）[137]，减少市场中的信息不对称（Abad et al.，2017）[138]。年龄多样化则表现为，年轻管理层倾向于更高的研发投入，他们的收益波动更大，因此年轻管理层与更高的股价崩盘风险相关；并且年长的管理层的财务重述水平较低（Huang et al.，2012）[139]，他们能带来更高的财务报告质量，与之相应的股价崩盘风险更低。任务导向的董事会多样化能提高董事会监督效率。任期多样化的董事会更加独立，监管效率更高（Li and Wahid，2018）[140]，减少了负面新闻的压制，从而降低股价崩盘风险。因此，任务导向的董事会多样化提高了董事会的监控效率，管理层进行盈余管理和隐瞒坏消息的可能性降低，股价崩盘风险降低。

（3）市场参与者非理性框架下的研究。

大量文献认为负面消息的隐藏及集中爆发是股价崩盘风险的成因，但是也有文献把加剧股价崩盘的机制归因于股价泡沫（Chen et al.，2001；褚健和方军雄，2016）[40, 81]。在一个卖空受限、投资者对资产基本面意见不一致的市场中，投资者愿意支付高于自身预期的价格购买资产，并希望以更高的价格将该资产转售给乐观主义者，这一行为导致了资产价格中的泡沫成分。因此，泡沫是建立在投资者异质信念基础上的。即使投资者的总体信念是无偏的，其异质信念的剧烈波动也会通过疯狂的交易导致显著的价格泡沫（Bolton et al.，2006）[95]。因此，从市场层面来看，股价崩盘的本质是资产定价问题，股价泡沫是加剧股价崩盘的机制（Chen et al.，2001；褚剑和方军雄，2016）[40, 81]。基于股价泡沫形成及破灭视角的研究在行为金融框架内展开，并从市场参与者非理性行为和套利机制两大方面进行研究。

基于市场参与者非理性理论的相关研究主要从分析师非理性和投资者非理性两个角度进行研究。目前文献普遍发现分析师往往对好消息和坏消息的反应不同，表现为过度乐观的预测倾向（Easterwood and Nutt，1999）[141]。分析师过度乐观导致负面信息无法及时被披露进而反映到股价中，导致公司股价被高估，负面信息不断积累，达到阈值被集中释放，发生股价下跌甚至股价崩盘（许年行等，2012）[36]。叶康涛等（2018）[142]发现，公司在入选成为股指成分股之后，股价崩盘风险上升，分析师预测偏差及分析师跟踪在两者关系中起中介作用。李颖和伊志宏（2017）[143]的研究认为女性分析师能更好地捕捉到公司的负面信息，也能更好地披露公司负面信息。

经典文献认为投资者是同质化的，行为金融学放松了这一假设，认为投资者预期的不一致是股价崩盘的重要原因（Chen et al.，2001；Hong and Stein，2003）[67, 81]。Chen等（2001）[81]认为当投资者意见分歧很大时，收益的负不对称更有可能发生。即使存在理性套利者，股价泡沫仍然会存在。Brunnermeier（2003）[144]认为理性套利者明白市场最终将崩溃，但与此同时，他们希望借股价泡沫继续增长产生高回报。套利者退出策略的分散，以及随之而来的不同步，正是导致泡沫扩大的原因，一旦有足够多的股票抛售，泡沫就会破灭。在此基础上，国内学者以中国上市公司为研究样本检验了上述结论。陈国进和张贻军（2009）[37]在Hong和Stein（2003）[67]的异质信念模型基础上，检验了意见分歧成因在中国市场的适用性。丁慧等（2018）[145]认为投资者信息能力决定了投资者对基本面价值的认知，当投资者对基本面价值的预期与基本面价值的偏离程度增大时，股价崩盘风险就会增大。

投资者从众心理等非理性情绪推动股价泡沫形成及积累。唐斯圆和李丹（2018）[146]的研究发现，相对于情绪乐观时投资者对正面消息的反应，悲观情绪下对负面消息的反映更为强烈。因此，当投资者面临股价暴跌时，又会产生“杀跌”情绪，股价崩盘风险进一步加剧（李昊洋等，2017）[38]。杨威等（2018）[39]以并购重组市场为背景，发现投资者对并购这一利好消息的过度反应导致股价高于基本面价值，形成股价泡沫，从而引发股价崩盘。

此类研究的基本逻辑框架如图2-8所示。

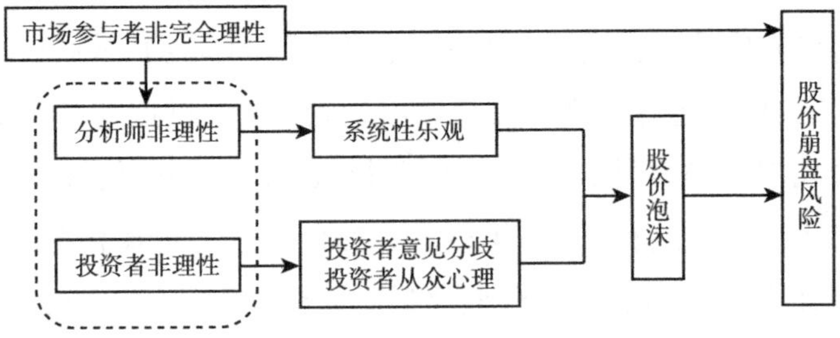

图2-8　基于市场参与者非完全理性的股价崩盘风险影响因素基本思路

（4）基于有限套利理论的研究。

有限套利是指，市场中理性投资者通过买入低估资产并卖空高估资产以此来消除错误定价的行为，受到套利风险、套利成本等因素的限制，导致市场中错误定价持续存在。同投资者非理性并存，有限套利是导致市场非有效的另一关键因素。已有文献在行为金融的框架下，研究了有限套利因素对股价崩盘风险的影响。

基于有限套利理论的研究认为，套利受限和投资者异质信念使负面消息被隐藏，并没有被完全反映到股价中，从而造成股价高估。在股价下跌的过程中，积累的负面消息往往被暴露。当公司遭遇坏消息时，投资者可能会大量抛售公司股票，引起股价崩盘（Hong and Stein，2003）[67]。

标准资产定价理论倾向于假设投资者可以在需要时自由卖空资产，但在实践中，卖空往往代价高昂，在某些市场甚至是不可能的，因为很多国家的资本市场都存在卖空约束。陈国进和张贻军（2009）[37]认为卖空约束使乐观者的预期融入股价，而悲观投资者的预期无法融入股价，因此坏消息得以隐藏，一旦积累至无法隐瞒从而引发股价暴跌。一大批学者研究了融资融券制度能否降低股价崩盘风险。唐松等（2016）[147]认为卖空机制使坏消息及时反映到股价中，坏消息难以不断积累，因此融资融券制度有助于降低股价崩盘风险。潘凌云和董竹（2020）[148]的研究发现转融券制度通过提高企业信息透明度降低了股价崩盘风险。然而，也有学者表达了不同观点。褚剑和方军雄（2016）[40]认为融券交易的作用得不到发挥，同时融资交易加剧了股价下跌，当融资交易多于融券交易时，融资融券制度就会增大股价崩盘风险。苏冬蔚和倪博（2018）[99]认为转融券制度才能检验卖空受限对股价崩盘风险的影响。Lv和Wu（2019）[149]认为融资融券交易可能通过流动性供给机制、甩卖机制和套利风险机制三种机制影响股价崩盘风险。除了卖空受限之外，噪音交易者风险也会影响股价崩盘风险。即使没有明确的卖空限制，套利者在套利泡沫（或通常的错误定价）中仍面临各种形式的非基本面风险。每个套利者都会理性地推迟对股价泡沫的攻击，导致股价泡沫持续很长时间，泡沫一旦破灭，就会发生股价崩盘。此类研究的基本逻辑框架如图2–9所示。

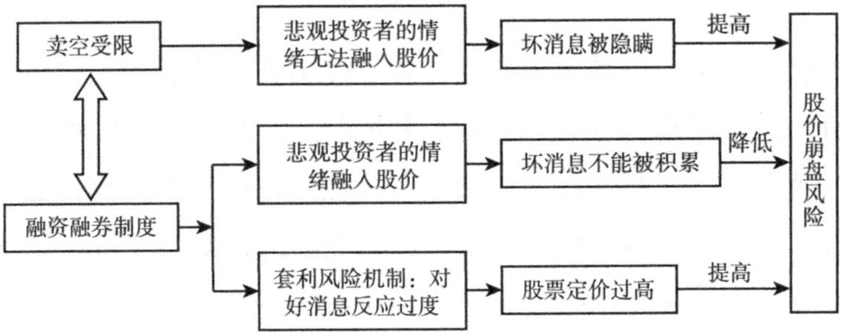

图 2-9　卖空机制与股价崩盘风险关系基本思路

2.1.4　股价崩盘风险的经济后果

现有研究股价崩盘风险的文献多数关注股价崩盘风险的影响因素。近几年来，一些最新文献开始关注股价崩盘风险的经济后果。

有研究表明，股价崩盘风险造成了收入差距不断扩大。宋光辉等（2018）[41]的研究发现，股价崩盘现象导致股票收益在不同投资者间的不合理分配，从而使收入差距扩大。董永琦等（2017）[150]的研究也得到了类似结论。

一些学者认为股价崩盘风险导致企业资本成本提高。杨棉之等（2015）[42]和喻灵（2017）[151]的研究均证实了股价崩盘风险导致了权益资本成本上升。胡松明等（2019）[43]认为股价崩盘风险不仅增加了权益资本成本，还增加了债务资本成本。王宜峰等（2018）[152]认为企业股价崩盘风险增大，利益相关者出于谨慎考虑，会选择终止合作、提高信用标准等途径，导致企业经营与财务状况不断恶化，资本成本提高。当企业股价崩盘风险增大时，管理层可能会损害债权人利益，导致破产风险增大（潘俊等，2019）[44]。

An 等（2015）[45]研究了股价崩盘风险对企业杠杆调整速度的影响，他们认为，当即时调整收益被交易成本所抵消时，企业就应该等到累积的调整收益足以弥补资本重组成本时再进行调整。因此，股价崩盘风险较高的企业倾向于采用较低的杠杆调整速度。白旻和王仁祥（2018）[46]则发现企业股价崩盘风险增大时，外部融资成本随之增加，企业需要更快地调整现金以应对股价崩盘风险。褚剑和方军雄（2017）[47]认为，当股价崩盘风险较高时，审计师会提高审计收费以弥补较高股价崩盘风险给审计师带来的超额风险。谢盛纹和陈黄悦（2017）[48]则认为对于股价崩盘风险较高的公司，审计师更倾向于出具非标准审计意见。

股价崩盘风险增大后，企业会采取消除股价崩盘风险影响因素的行为，如对管理层建立奖惩制度、合理配置CEO权力等。于传荣等（2017）[176]认为一旦发生股价崩盘，董事会为了补救受损的企业声誉，选择解聘或者降薪等惩罚机制。Harper等（2020）[51]认为，理性的公司会消除能够增加股价崩盘风险的因素，而过多的CEO权力意味着高度的代理冲突，因此股价暴跌之后，股东会削弱CEO权力。除此之外，王爱群等（2019）[49]发现股价崩盘风险会导致更多的分析师关注。

股价崩盘风险的经济后果的主要研究内容如图2-10所示。

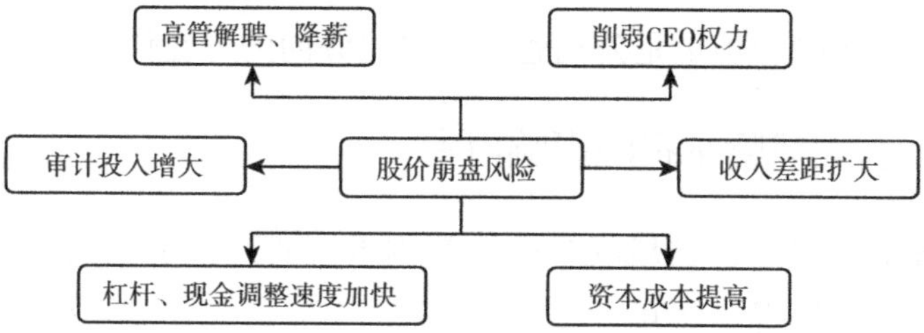

图2-10 股价崩盘风险的经济后果

2.2 公司风险承担相关研究

2.2.1 公司风险承担的内涵

风险是指与决策相关的潜在结果产生极端损失的可能性。风险承担是对与预期结果相关的各种不确定性的项目进行分析和选择（Wright et al.，1996）[54]。最新的文献将公司风险承担定义为管理层为了抓住市场机会获得高额回报而愿意做出的巨大且有风险的资源承诺的程度（Lumpkin and Dess，1996）[1]。

公司在经营过程中，将面临各种来源的风险，而投资决策会对公司资产结构、现金流等产生重大影响，所以投资被认为是公司最大的风险来源，目前公司风险承担相关文献也多从投资决策角度展开（John et al.,

2008；Faccio et al.，2011）[5, 7]。因此，公司风险承担被定义为公司管理层在投资决策中的决策选择，主要是对预期结果和相应现金流有不同不确定性的项目的分析与选择（Wright，1996）[54]。理性的管理层在公司投资决策中会根据“净现值法则”选择所有净现值为正的项目，以实现企业价值增值。公司风险承担水平越高，就意味着公司放弃的正净现值的高风险项目越少。同时，公司风险承担行为还会带来更高水平的资本性支出（Bargeron et al.，2010）[153]、更高的创新积极性以及更多的研发投入（Hilary and Hui，2009）[154]。然而现实中公司管理层并非总是理性的，管理层的性别、学历、背景等个人特征影响管理层的风险倾向，从而影响管理层决策行为和公司风险选择。也就是说，公司管理层的风险承担倾向会导致资产组成的高方差；而风险规避倾向会导致相应的低方差资产结构。反过来，公司风险承担也是公司管理层风险倾向的外在体现。

2.2.2 公司风险承担的影响因素

纵观相关文献，公司风险承担影响因素的研究多基于代理理论、行为理论、制度环境等视角展开。

（1）基于代理理论的研究。

代理理论认为，管理层的个人财富和声誉等都与公司紧密相连，其资产“不够多样性”，不能够通过投资组合的方式分散风险；如果公司陷入困境或者经营失败，管理层将会损失惨重。因此，出于对下行结果的极度厌恶，管理层往往会避免承担过高的风险，具有明显的风险规避倾向，即“管理层风险规避假说”。本书从管理层激励、股权结构、企业特征和董事会特征四个公司治理机制对公司风险承担影响因素相关文献进行归纳汇总。

①管理层激励。

从理论上来看，股票期权能有效缓解股东与公司管理层代理冲突。基于美国市场的研究表明，基于股权的支付激励管理层承担风险（Sanders，2001）[155]。Smith和Stulz（1985）[156]认为，当高管财富依赖于公司业绩时，风险规避会导致公司高管放弃正净现值的高风险项目，股东通过使用普通股或者股票期权将高管财富构建为公司业绩的凸函数，从而减少管理层风险规避带来的代理问题。随后的研究认为，股票期权能否激励高管风险承担，还取决于管理者对股权期权的主观价值。Armstrong和Vashishtha（2012）[157]认为，ESOs通过高管对股票回报波动的敏感性（Vega）和对股价的敏感性（Delta）来激励高管改变公司的风险。然而有一些研究认为持有大量股票和股票期权的管理层也可能出现管理短视行为，作出某些不利于股东的决策。Cheng和Warfield（2005）[158]的研究发现，股票期权可能会诱使管理层操纵公司收益，进行会计欺诈，以提高市场估值水平，并通过在虚高的股价上出售股票或行使期权来获取私利。吴育辉和吴世农（2010）[159]发现股权激励计划草案体现出高管自利行为。

除了股权激励之外，还有一些学者研究了内部锦标赛激励、货币薪酬与内部债务等激励措施对公司风险承担的影响。Kini和Williams（2012）[160]认为，不同职位对激励的反应不同，对更高管理层职位的晋升竞赛具有期权性质，这可能会刺激高管增加用于评估和比较他们结果的风险。Goel和Thakor（2008）[161]证明更高的锦标赛激励将导致公司高管承担更大的风险，从而增加他们晋升到CEO级别的机会。张瑞君等（2013）[162]认为货币薪酬能激励管理层承担更高的风险。Sundaram和Yermack（2007）[163]认为内部债务较高公司的CEO更保守。Cassell等（2012）[164]表明，内部债务持有量同管理层保守程度正相关。Colonnello等（2017）[165]表明内部负债降低了风险承担和债务成本。管理层激励影响公司风险承担的基本逻辑框架如图2-11所示。

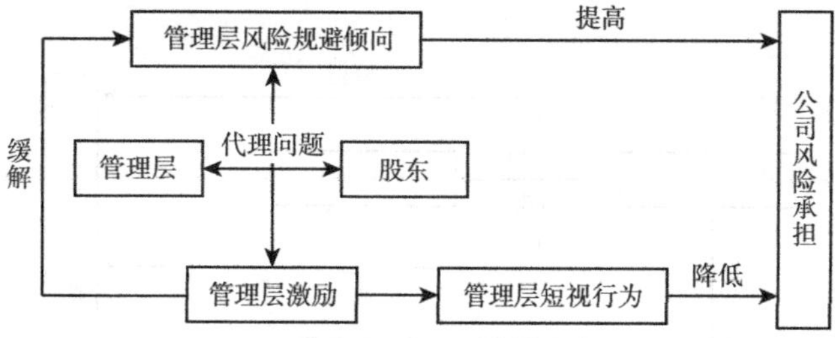

图2-11　管理层激励影响公司风险承担的基本思路

②股权结构。

股权结构能够影响公司风险承担（Paligorova，2010）[166]。Attig等

（2013）[167]发现，大股东具有监督管理层机会主义行为的动机，抑制低水平的公司风险承担。解维敏和唐清泉（2013）[168]认为，壕沟效应和协同效应共同影响大股东行为动机，因此大股东持股比例与公司风险承担之间存在正“U”形关系。王振山和石大林（2014）[169]的实证研究结果发现，股权集中度与低水平风险承担相关。然而，Faccio等（2011）[7]和Paligorova（2010）[166]认为，大股东之间也存在高度异质性，大股东控股对公司风险承担的影响取决于大股东财富的分散化程度。

股东间的控制权竞争也能激励公司通过风险承担来提升公司业绩。Koerniadi等（2014）[170]认为股权制衡提高了公司监管水平，促进了公司风险承担。然而，有文献认为，多个大股东与控股股东可能联合盘剥小股东利益，以实现自身收益最大化。Nenova（2004）[171]认为，大股东出于对谁当选董事会成员或者CEO的影响、建立商业帝国、资产转移、在职消费等目的，以牺牲公司价值为代价，获取控制权私人收益，损害其他股东的利益。Mishra（2011）[172]的研究结果表明，管理层利益与控股股东而非分散的小股东利益一致，控股股东为了维护自身利益倾向于降低公司风险承担水平，而多个大股东则可以抑制这一倾向。冯晓晴和文雯（2020）[173]认为多个大股东对大股东和管理层的监督作用能够提高公司风险承担水平。也有研究表明，股权制衡与风险承担并不存在明显关系（王振山和石大林，2014）[169]。

股权结构如何影响公司风险承担的文献研究的基本逻辑框架如图2-12所示。

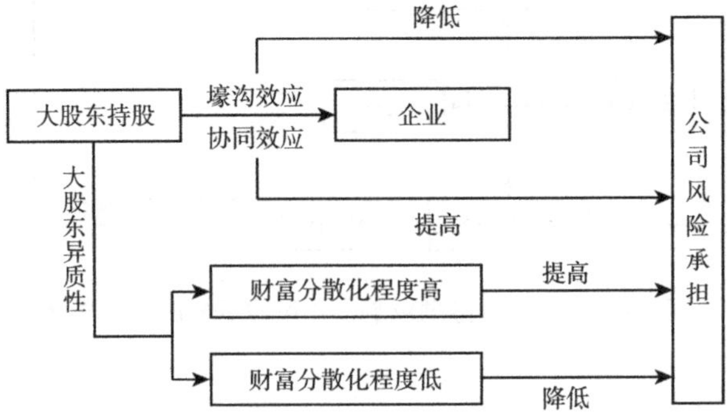

图 2-12　股权结构影响公司风险承担的基本思路

③企业特征。

从企业特征视角研究公司风险承担影响因素的文献主要是从所有权性质、企业战略、企业生命周期、内部控制和社会网络等角度展开的。有文献认为，家族企业创始家族的专业技能、财富分散程度不够，因此家族企业创始家族风险规避意愿更强烈（Anderson and Reeb，2003）[174]。也有学者持不同观点，Nguyen（2011）[3]认为家族成员的管理者角色和股东角色高度重叠，他们可能有能力进行其他公司因其投资期限较短而被迫拒绝的价值评估投资，从而促进了公司风险承担。Boubakri等（2013）[175]认为，外国投资者控股企业更可能进行重组、创新的投资项目，从而使公司收入的不确定性和公司收益的波动性增大。机构投资者持股与公司风险承担间的关系尚未形成一致结论。有文献认为，机构投资者由于集中持股，通过影响公司董事会介入公司投资决策，来提高公司风险承担水平（王振山和石大林，2014）[169]。还有一些学者认为，机构投资者持股是出于“短期主义考虑”，与公司风险承担水平负相关。朱玉杰和倪骁然（2014）[176]的研究发现，独立机构投资者比非独立机构投资者更可能支持公司的正净现值风险项目。

企业战略对公司风险承担影响的相关文献认为公司战略激进程度会影响公司经营行为，从而影响公司风险承担水平。Nguyen（2011）[3]的研究发现，家族企业与更高的风险承担水平和更好的公司业绩相关，表现为家族企业通过成本优势或产品差异化战略加强其竞争地位。张先治和柳志南（2017）[177]认为，进攻型战略比防御型战略更能提高公司风险承担水平。马宁和王雷（2018）[178]的实证研究结果表明，差异化战略比成本领先战略更能够提高公司风险承担水平。马宁（2018）[179]发现，随着董事会人数的增加，多元化战略与公司风险承担呈倒“U”形关系。

Habib和Hasan（2015）[180]与Shahzad等（2019）[181]研究了企业生命周期与公司风险承担间的关系，他们的实证结果发现企业在初创期和衰退期的风险承担水平较高，而发展期和成熟期的风险承担水平较低。马宁和王雷（2018）[178]以中国A股上市公司为研究样本，发现在成长期公司风险承担水平较低，而在衰退期公司风险承担水平较高。Bargeron等（2010）[153]

发现，遵守萨班斯—奥克斯利法案（SOX）404条款的预期成本与公司风险直接相关，从而降低了企业投资风险项目的动机。Dey（2010）[182]的研究却认为，内部控制强有力的公司比那些内部控制薄弱的公司更容易处理附加的SOX要求。吴宁等（2015）[183]发现，良好的内部控制可以有效降低公司风险承担水平。王永海和石青梅（2016）[184]却得到相反结论，认为内部控制不仅没有抑制，反而提高了公司风险承担。张敏等（2015）[185]认为，企业社会网络通过融资渠道、投资渠道和销售渠道三个途径提高企业资源获取能力，与总经理构建的社会网络相比，董事长构建的社会网络更加有助于提高公司风险承担水平。Dbouk等（2019）[186]认为社会网络通过软信息渠道、就业市场保险渠道、群体思维渠道、过度自信四个途径显著提高公司风险承担水平。

企业特征影响公司风险承担的基本逻辑框架如图2-13所示。

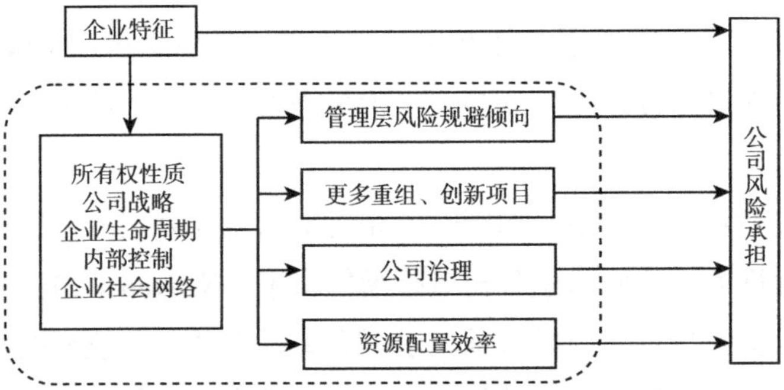

图2-13　企业特征影响公司风险承担的基本思路

④董事会特征。

董事会被认为是连接股东和管理者的桥梁，是公司治理机制的重要一环，董事会规模、是否两职合一、董事会多样性等董事会特征会对公司运营产生影响。

Huang和Wang（2015）[187]的实证结果表明，较小规模的董事会导致了较高的公司风险承担水平。Nakano和Nguyen（2012）[188]以日本企业为研究样本得到了相反结论。学术界在独立董事对公司风险承担的影响方面存在两种不同观点。Jiraporn和Lee（2018）[189]以萨班斯—奥克斯利法案（SOX）

的通过作为提高董事会独立性的外部冲击事件，实证结果表明，独立董事比例越高，公司风险承担水平越低。Ongsakul和Jiraporn（2019）[190]认为高管股票期权激励诱导管理层过多承担了风险，董事会独立性大大降低了管理层承担风险的动机。郑晓倩（2015）[191]认为独立董事比例提高，意味着董事会能更好地履行监督职能，公司风险承担水平也会越高。董事长与CEO两职合一是否削弱了公司治理的有效性，是争论两职合一对公司风险承担影响的关键。于东智和谷立日（2002）[192]认为，中国上市公司董事长与总经理分离所产生的利益或许小于两者结合所引起的成本。

现有研究认为，董事会多样性有助于董事会履行监督职能，性别多样性可以作为公司治理机制的替代品（Gul et al.，2011）[137]。男性和女性高管、董事在决策过程中的差异可以用他们过度自信、风险承受能力、勤奋程度和监控强度等方面的差异来解释（Huang and Kisgen，2013；Faccio et al.，2016）[193, 194]。因此，女性董事有助于降低公司的过度风险承担（Khaw et al.，2016）[195]。然而关于董事会成员在专业知识、任期和经验等方面多元化研究相对匮乏。Harjoto和Laksmana（2018）[196]从董事会的性别、种族、年龄、经验、任期和专业知识等维度对董事会多元化进行衡量，研究表明，董事会多元化程度较高的公司更倾向于规避风险。

董事会特征影响公司风险承担的基本思路如图2-14所示。

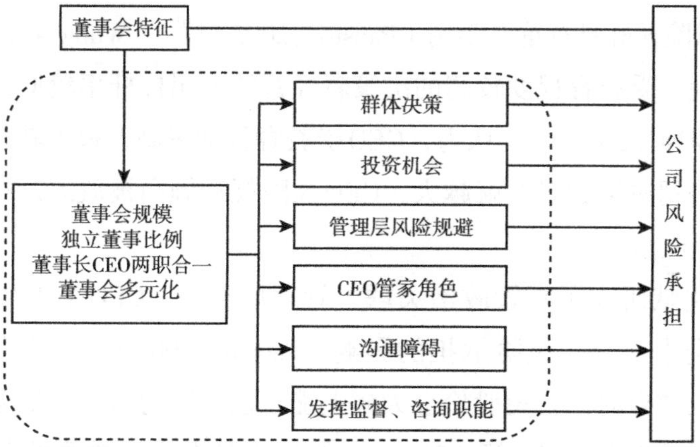

图2-14 董事会特征影响公司风险承担的基本思路

（2）基于行为理论的研究。

①高管的背景特征。

传统的公司财务理论在很大程度上忽略了特定管理者对决策的影响，关注的是企业特征而不是管理者特征。高阶梯队理论认为高管异质性特征导致了高管个体风险倾向不同，从而影响了高管决策（Hambrick and Mason，1984）[129]。

孙玥璠等（2019）[197]发现高管团队异质性与公司风险承担显著负相关。Lui等（2019）[198]的实证结果表明，更高的高管团队异质性降低了强制RFID（射频识别技术）带来的更多企业风险。同样，高管性别、年龄、教育背景等个人特征导致了不同的思维方式，也会影响了高管的认知水平、风险偏好和价值观念，从而影响了公司风险承担。Huang和Kisgen（2013）[193]研究表明，在拥有女性CFO的公司，收购倾向较低。Faccio等（2016）[194]认为女性CEO管理的公司比由男性CEO管理的公司拥有更低的杠杆率、更稳定的收入和更高的生存机会。学术界对高管年龄如何影响公司风险承担尚未达成一致。有研究认为管理层年龄对公司风险承担的影响与管理层的收入波动相关。与年轻CEO相比，年长CEO风险规避倾向更强，因此倾向于减少研发投入和多元化并购等高风险项目（谢伟峰，2016）[199]、更为保守的公司战略（Bantel and Jackson，2010）[200]和投资行为（Prendergast and Stole，1996）[201]。公司管理层的受教育程度对其决策风格与风险偏好具有重要影响（Pansiri，2005）[202]。Wang等（2013）[203]的研究发现，受教育程度较高的决策者经营的公司杠杆率较低，收入波动性较小。苏坤（2016）[58]认为，CEO受教育程度越高，权力就越大，其风险倾向对公司决策的影响就越大，CEO风险规避倾向被放大，导致较低水平的公司风险承担。

还有文献研究了高管政治关联、管理层权力、CEO个人风险偏好和CEO社会资本对公司风险承担的影响。Faccio（2006）[204]认为，当公司管理层进入政界时，公司股价会大幅上涨，这是因为这一情形会导致“寻租”问题减少。Boubakri等（2013）[175]认为具有政治关联的公司也表现出更高的业绩和杠杆比以及较高的收益波动。余明桂等（2013）[4]基于中国上市公司的数据，发现高管政治关联与公司风险承担正相关。然而，也有文献支持了政治关联与公司风险承担的负相关关系。戴娟萍和郑贤龙（2015）[205]的研究发现民营企业的政治关联反而抑制了公司风险承担。马红（2018）[206]也发现CEO政治关联会负向调节CEO权利与公司风险承担。学界对管理层权力如何影响公司风险承担观点迥异。李海霞和王振山（2015）[207]的研究发现管理层权力与公司风险承担水平正相关。而何威风等（2016）[208]从异质性管理者视角出发，发现管理层能力降低了公司风险承担水平。Cain和Mckeon（2016）[209]的研究结果表明，CEO持有飞行员驾照的公司具有更高的股票收益率波动性，而公司风险增大可能是由杠杆和收购导致。赵丽娟和张敦力（2019）[210]认为，CEO社会资本缓解了不合理的风险承担行为带来的资源约束，从而提高了公司风险承担水平。在行为公司财务框架下，高管特征如何影响公司风险承担的研究框架如图2-15所示。

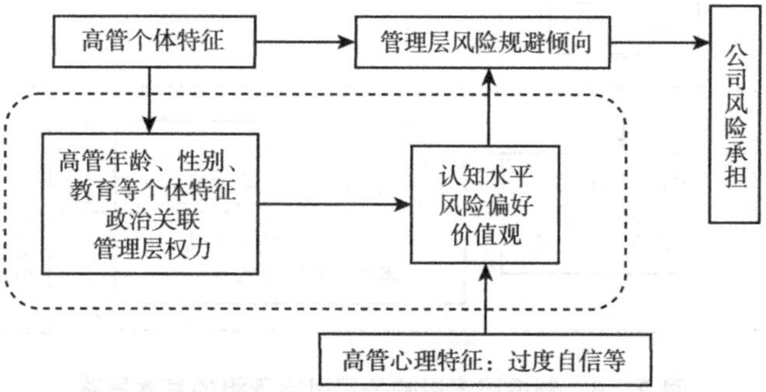

图2-15　基于高阶梯队理论的公司风险承担影响因素基本思路

②高管心理特征。

与传统决策理论的“理性人”假设不同，行为金融理论认为公司管理层的认知偏差会影响其风险偏好，从而对公司风险承担水平产生影响（Kahneman and Tversky，1979）[211]。Malmendier和Tate（2008）[212]发现，过度自信的CEO具有高估自身价值创造能力的倾向，并高估企业价值与收购回报。Li和Tang（2010）[213]的研究表明，过度自信的CEO将决策情况解释为风险低于实际情况、成功概率高于实际情况，这种认知偏差会提高CEO的“抱负水平”，导致公司绩效变差，管理层风险承担倾向更强烈，从而承担更多风险。与上述文献不同，余明桂等（2013）[214]关注了管理层过度自信的正面影响，他们认为管理层过度自信是基于对自身水平的认可，对投资环境的乐观预期，并且有助于缓解代理冲突，因此，过度自信的管理者能够更好地把握投资机会，在投资活动中承担更高的风险水平。Graham等（2013）[215]使用调查的方法研究了CEO的乐观主义和风险规避对公司行为的影响。研究结果表明，更乐观的CEO会使用更多的短期债务，风险承受能力更强的CEO会进行更多的收购。

（3）基于制度因素的研究。

大量研究表明，市场化进程、经济周期、政策变化、金融市场发展、行业结构等宏观经济环境因素，投资者保护、产权保护、债权人保护等制度因素，以及文化价值观念等非正式制度因素等，也会影响公司风险承担水平。制度因素影响公司风险承担的基本思路如图2–16所示。

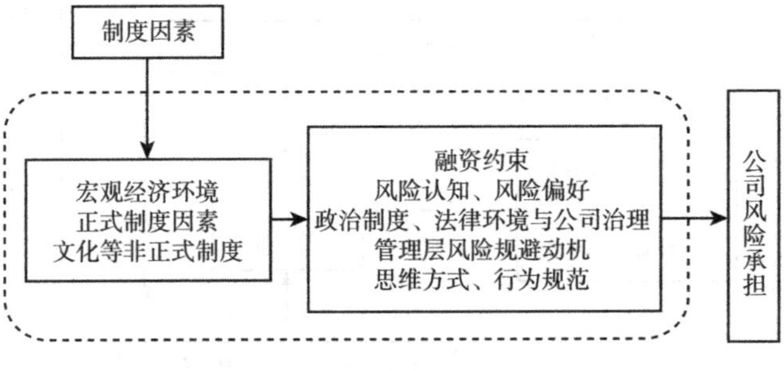

图 2–16　制度因素影响公司风险承担的基本思路

①宏观经济环境。

基于宏观经济环境的研究，主要是探究经济周期、宏观政策、市场化进程等对公司风险承担水平的影响。Mclean和Zhao（2014）[216]认为，在经济繁荣和投资者情绪高涨时期，企业拥有更多的投资机会，风险承担水平较高；在经济衰退和投资者情绪低迷期，外部融资成本较高，投资者要求的回报也会相应较高，融资约束使企业只能投资于最有价值的项目，而一些高风险项目则可能会被放弃，公司风险承担水平也会降低。张龑等（2019）[217]的研究发现，经济周期波动能够调节担保网络对公司风险承担水平的正向影响作用，当经济在上行期时，这种正向影响会更加明显。现有文献认为，宏观货币政策是影响公司风险承担的重要影响因素（李雪和冯政，2015）[218]，通过“信贷渠道”（信贷的数量）和“风险承担渠道”（信贷的质量）影响银行对风险的认知或容忍度，从而影响银行风险承担（Chen et al.，2017）[219]。

Bruno和Shin（2014）[220]认为全球化通过全球银行体系的制度结构决定了所有地区的信贷状况。与处于中心的全球流动性相关的更宽松的信贷条件会导致更低的风险调整贷款利率，从而诱使企业在其投资决策中采用更低的贴现率（从而提高净现值）。在其他条件相同的情况下，企业在预期基本现金流的任何给定情况下都会承担更多的投资项目。通过这种方式，全球因素可以诱导风险同步性，并在区域和部门之间产生更大的风险同步性。这些因素导致金融环境的跨国协同流动，同时也导致企业承担更大的风险。

纵观相关文献，探究货币政策对公司风险承担影响的研究相对较少。货币政策作为政府宏观调控的重要工具，当货币政策发生变化时，公司的外部融资约束、需求约束会随之变化，公司管理层也会根据货币政策的变化来调整经营方针。胡育蓉等（2014）[221]认为，货币政策紧缩下银行会提高信贷标准，使企业面临融资约束，企业可获得的资金减少，资金成本增加，因此企业可能会选择将资金用于更加紧急的项目，用于高风险的项目投资减少，公司风险承担水平也降低；货币政策紧缩导致的利率上涨，使一些原本净现值为正的投资项目变成净现值为负，负净现值项目被放弃，公司风险承担水平降低。周彬蕊等（2017）[222]发现，货币政策影响公司风险承担的路径是银行的事后资产核实。

与上述研究认为货币政策通过影响金融体系来影响公司风险承担不同，金雪军和徐凯翔（2018）[223]认为，货币政策对公司风险偏好产生影响，导致公司信贷行为变化，从而引发公司风险承担水平发生变化，而公司风险承担水平又反过来导致信贷规模的增加。张前程（2016）[224]认为，货币政策紧缩有助于抑制公司风险承担，体现为银行风险传递效应、资产负债表效应和央行信息沟通效应。林朝颖等（2014）[225]以非金融企业为样本，发现紧缩的货币政策降低了公司风险承担，宽松的货币政策提高了公司风险承担。

市场化进程代表市场作为资源配置方式的程度，市场化进程越高，市场发挥的作用越大，企业尤其是国有企业承担的政治和社会压力会降低，并聚焦于提高生产效率，追求企业价值最大化。市场化进程越快，经济自由化程度越高，市场发展越完善，企业间的竞争程度增加，使管理层减少利己动机下的机会主义行为，更有效率地进行投资决策，使更多的正净现值的高风险项目被采纳，从而提高了公司风险承担水平。除此之外，市场化进程提高了国有企业管理层薪酬绩效敏感度，抑制了管理层的风险规避倾向，公司风险承担水平提高（何鑫萍等，2017）[226]。同时，市场化进程意味着更完善的市场机制和法律制度，能够更好地保护投资者利益，促进金融市场发展，从而缓解了企业的融资约束，促进公司风险承担。李文贵和余明桂（2012）[56]发现，市场化进程对公司风险承担的影响在国有和非国有企业间存在差异。于洪涛（2019）[227]的研究认为，市场化进程对公司风险承担水平的促进作用在国有企业更为明显。何鑫萍等（2017）[226]的研究发现，宗教信仰能够负向影响公司风险承担水平，而市场化进程则抑制了这一关系。

②正式制度因素。

产权保护、法治和市场开发等正式制度已被证明会增加公司风险承担水平（John et al.，2008）[5]。Boubakri等（2013）[175]基于大样本的研究发现，健全的政治制度能够促进企业的风险承担行为。

John等（2008）[5]的研究发现，良好的投资者保护制度和产权保护机制能有效抑制公司管理层风险规避倾向，从而提高公司风险承担。李海霞和王振山（2015）[207]认为投资者保护制度在国有上市公司作用更为显著。Paligorova（2010）[166]认为，当大股东控制的私人利益受到限制时，他们的风险承担倾向更强烈。在投资者保护较强的国家，大股东控制的私人利益较低，这间接地增加了公司风险承担行为，而债权人保护与公司风险承担水平负相关。Chava和Roberts（2008）[228]认为较强的债权人保护会降低公司风险承担。Acharya等（2011）[229]的实证结果表明，强大的债权人权利与公司从事多样化并购、较低的现金流风险以及较低的财务杠杆相关，可能会破坏公司从事提高价值但有风险的项目的动机，并可能促使公司进行降低价值的多样化收购。

国家的法律制度是金融市场发展、资本和所有权结构、股利政策和公司股票估值的关键决定因素（Porta et al.，1996）[230]。Porta等（1998）[230]认为股东和债权人的权利取决于证券发行所在国的法律规则。Claessens等（2000）[231]的研究表明，在大陆法系国家、产权保护更有力的国家以及财务系统市场化程度更高的国家的公司承担风险较低。Bargeron等（2010）[153]认为，萨班斯—奥克斯利法案（SOX）增加了独立董事在公司治理中的作用，增大了董事和管理层的责任，以及要求公司评估和披露其内部控制的充分性，抑制了公司风险承担行为。Cohen等（2013）[232]认为，萨班斯—奥克斯利法案（SOX）实施后美国公司风险承担水平降低，是因为高管激励性薪酬下降和CEO个人成本增加，他们指出萨班斯—奥克斯利法案（SOX）通过宏观层面、内部治理机制两个方面直接或间接地影响公司风险承担。

③非正式制度因素。

近年来，行为金融学将文化、宗教等非正式制度因素纳入研究范畴，一些学者探究非正式制度因素对公司风险承担的影响（Griffin et al.，2012）[233]。

文化价值观作为一种普遍的价值倾向，在数十年乃至数百年的时间里影响正式制度和公司层面的公司治理（Licht et al.，2001）[234]。各个国家文化不同，导致公司风险承担水平也会有差异（Hilary and Hui，2009）[154]。Griffin等（2008）[235]认为文化价值观对公司风险承担的影响是直接和间接的。文化影响的直接渠道是指国与国之间的文化价值观差异影响管理者的决策，进而影响公司风险承担行为。文化影响的间接渠道包括文化价值观在一个国家的正式制度中嵌入的方式，如股东权利和法治。管理者对这些正式制度选择的反应是战略行为，决定了他们的风险程度。Griffin等（2017）[236]采用文化的两个维度——个人主义（与集体主义）和不确定性规避来衡量文化，研究发现个人主义与公司风险承担有显著的正相关关系，而不确定性规避与公司风险承担有显著的负相关关系。Díez-Esteban

等（2019）[237]以权力距离、阳刚之气、个人主义和长期导向四个维度衡量的国家文化能够提高公司风险承担水平，以不确定性规避维度衡量的国家文化降低了公司风险承担水平。金智等（2017）[238]的研究发现，儒家文化能够降低公司风险承担水平。Hilary和Hui（2008）[154]的研究发现，总部位于宗教虔诚程度高的地区的公司风险敞口较低，倾向于减少资本投资和研发活动，表现出了较低的投资率和较低的增长率，这些证据表明宗教增加了人们的风险厌恶程度，当公司深受宗教影响时，公司风险承担水平就越低。叶德珠和胡梦珂（2017）[239]发现，宗教通过价值观和社会资本约束影响公司风险承担，公司总部地区宗教氛围越浓厚，公司风险承担水平越低。王菁华和茅宁（2019）[240]与何鑫萍等（2017）[226]的研究也支持了上述结论。同时，不同的宗教群体间的公司风险承担水平也会存在差异。

2.2.3 公司风险承担的经济后果

现有文献多探究公司风险承担影响因素，对公司风险承担经济后果的关注不足。公司风险承担对企业和社会经济增长发挥了重要作用（Solow，1956）[241]。对企业而言，公司风险承担能够促进企业成长、提高生产力（Nakano and Nguyen，2012）[188]和企业价值（John et al.，2008）[5]；对国家而言，公司风险承担促进资本积累，实现更有效的资源配置和经济长期持续增长（Acemoglu and Zilibotti，1997；Faccio et al.，2011）[6, 7]。因此，公司风险承担成为理论界和实务界关注的热点问题。

公司风险承担还可能对股东财富、资本配置效率、企业绩效和企业决策等产生影响。在股东财富方面，公司风险承担对股东财富产生正向影响（Fisher and Hall，1967）[52]。公司风险承担存在巨大的性别差异（Charness and Gneezy，2012）[242]，而且这种差异具有非常大的经济重要性，女性投资于风险性金融资产的意愿较低，预期她们将积累较低的财富。再考虑她们劳动收入较低及较长的预期寿命，这会使她们在晚年陷入贫困。在资本配置效率方面，公司风险承担往往意味着公司管理层具有识别和利用投资机会的能力，能够有效提升公司资本配置效率。余明桂等（2013）[4]的实证研究发现，公司风险承担水平与资本配置效率、企业价值正相关，为公司风险承担促进经济增长提供了微观证据。Faccio等（2016）[194]认为性别差异导致的公司风险承担水平不同，女性CEO的风险规避倾向导致投资不足或者过度投资，从而降低了资本配置效率。王栋和吴德胜（2016）[53]的研究发现，高管财富—股票收益波动率敏感性（Vega）显著正向影响公司风险承担，即公司风险承担行为提高了资本配置效率，但是这种作用更多地体现在民营企业。

在企业绩效方面，其与风险承担关系未得到一致结论，一些学者认为风险承担可以提升企业价值（Nguyen，2011；余明桂，2013）[3, 4]。John等（2008）[5]发现，公司风险承担能显著正向影响企业资产增长率与销售收入增长率。王阳和郑春艳（2012）[59]、Wang（2012）[60]的研究都发现，公司风险承担水平越高意味着公司经营行为风险水平越高，股价波动程度就越高。Acemoglu和Zilibotti（1997）[6]认为，风险规避的公司高管只能投资一部分不完全相关的低风险、低收益的项目，管理层避免高风险投资的倾向减缓了资本积累。

现有研究普遍认为公司风险承担来源于企业的投资行为，然而投资决策又将影响其他决策行为。例如，公司风险承担水平高意味着企业将大量资金投入高风险的正净现值项目中，企业为了维持正常经营就需要大量举债，导致较高的财务杠杆（李文贵和余明桂，2012）[56]。Dong等（2010）[57]认为较高的公司风险承担水平导致较高的债务融资。苏坤（2016）[58]则发现公司风险承担水平与更短的债务平均期限相关。除此之外，学者们研究了公司风险承担的其他经济后果。盛明泉和车鑫（2016）[243]探究了公司风险承担水平与资本结构调整速度的关系。

2.2.4　公司风险承担的测度方法

现有公司风险承担的相关文献主要是从业绩指标、行为指标、生存指标和态度指标四个方面对公司风险承担进行衡量。

（1）基于业绩指标的公司风险承担测度。

风险往往被描述为财务业绩的波动，因此，公司风险承担水平越高就意味着公司所投资项目的风险越大，面临的未来现金流入的不确定性也越大。现有研究多采用标准差作为不确定性的衡量指标。因此，大量文献以滚动窗口期的业绩波动性（标准差）作为公司风险承担的测度指标。

①ROA波动性。

现有研究多采用滚动窗口期的ROA波动性作为公司风险承担的衡量指标。由于国外高管任期一般为5年，因此国外文献均以5年作为滚动窗口期。国内学者沿袭国外研究方法，也采用5年作为一个滚动窗口期（苏坤，2017；盛明泉和车鑫，2016）[243, 244]。部分国内学者在研究高管特征对公司风险承担的影响时，考虑到我国上市公司高管任期为3年，因此采用3年作为滚动窗口期（王菁华等，2017；何鑫萍等，2017）[226, 245]；另外，还有一些学者采用4年作为滚动窗口期（金智等，2017；刘鑫等，2014）[238, 246]。一些学者以ROA不同维度的标准差来衡量公司风险承担。李海霞和王振山（2015）[207]、李海霞（2017）[55]、马宁和王雷（2018）[178]将ROA波动性分为ROA横向波动和ROA纵向波动。除此之外，还有学者采用ROA最大值与最小值之差作为公司风险承担的代理变量（Faccio et al.，2016；何威风等，2018）[194, 208]。ROA波动性被大量研究用于衡量公司风险承担，该指标不仅反映了公司盈利能力的稳定性，还反映公司的总体风险，并且测量方法较为科学、准确。然而ROA作为财务指标，容易受到财务数据的影响，存在受公司管理层操纵的可能性。该指标主要适用于检验不同截面之间的差异。

②股票收益波动性。

Coles等（2006）[247]将股票收益波动性定义为日股票收益方差的对数。苏坤（2016）[58]采用年化日收益率标准差的对数值、年化周收益率标准差的对数值和年化月收益率标准差的对数值三种方法衡量公司风险承担。Huang和Wang等（2015）[187]考虑到与市场相关的风险，采用公司每月股票收益与价值加权市场指数月收益之差来计算经市场调整的股票收益。

还有一些研究将股票收益波动性分解为系统波动率和特质波动率。Chen和Zheng（2014）[248]基于一个常数项的市场模型将股票总波动率（Volat）分解为系统波动率和特质波动率。Vural-Yava等（2020）[249]使用了包括Fama-French三因素和Carhart’s（1997）动量因素在内的四因素市场模型，估算了股票回报特质波动率。同样地，Dasgupta等（2019）[250]

使用年化日股票收益方差的自然对数作为公司风险承担的代理变量，进一步利用市场模型将总风险分解为系统风险和非系统风险，以PACAP价值加权市场组合作为市场组合的代理变量。

与ROA波动性相比，股票收益波动性不易受到管理层操纵，但是由于我国股市不成熟、存在较强的投机性，导致我国股价变动较大，而股价大幅变动受到诸多因素影响，噪音太多，并非都是由公司风险承担行为引致的。

③Tobin' Q波动性。

除了使用股票回报作为公司业绩的衡量指标外，Adams等（2005）[251]、Cheng（2008）[252]还采用了ROA、Tobin' Q作为公司业绩的代理变量。权小锋和吴世农（2010）[253]除了选取ROA波动性之外，还选取了Tobin' Q作为公司业绩指标，从横向和纵向两个维度测度公司业绩波动性。其中，公司业绩横向波动性指的是公司业绩偏离正常业绩的程度，主要测度不同公司的业绩波动性；公司业绩纵向波动性指的是公司在不同年度的业绩波动，主要测度同一个公司在不同年度的业绩波动性。然而张瑞君等（2013）[162]认为，Tobis' Q的计算可能受到噪音干扰，因此以Tobin' Q来衡量业绩波动可能会存在一定程度的偏差。

除此之外，还有一些学者采用ROE波动性来衡量公司风险承担水平（Panta，2020；赵桂琴和仲赛末，2019）[254，255]。净资产收益率的波动既反映了企业项目的风险，也反映了在资本结构中使用杠杆所带来的附加风险。

（2）基于政策行为的公司风险承担测度。

部分文献从政策行为视角为公司风险承担构建衡量指标，主要包括研发支出、资本支出、财务杠杆、收购、公司现金持有等。这些变量是公司风险承担的直接度量，因为管理者可以通过改变企业政策和投资支出来改变企业风险。

采用研发支出作为公司风险承担测度指标的文献认为，由于研发投资成功的可能性较低，收益遥远且不确定，因此研发活动本身就是一项高风险的投资活动。Coles等（2006）[247]、Wang等（2012）[60]、史金艳等（2015）[256]、王栋和吴德胜（2016）[53]等以研发支出作为公司风险承担的代理变量。研发支出越大，公司风险承担水平越高。但是研发支出受准则影响较大，而且研发支出数据存在未披露或数据缺失等问题，因此以研发支出衡量公司风险承担也具有一定缺陷。

除了研发支出外，学者们还以资本支出、收购支出与资产剥离、推出创新产品等作为公司风险承担的代理变量。这些战略决策的结果具有高度的不确定性，因此，进行这些战略决策的公司承担了更高程度的风险。Coles等（2006）[247]以资本支出作为政策变量，将其定义为按资产划分的净资本支出（资本支出减去销售财产、厂房和设备的支出）。Bova等（2015）[257]使用资本支出（CAPEX）作为公司风险承担的代理变量。

Harjoto等（2018）[196]、Sanders和Hambrick（2007）[258]构建资本支出、研发支出和收购支出作为公司风险承担的代理变量，将这三个指标作为反映公司长期投资行为的风险与不确定性的指标。Sanders（2001）[155]以已完成的收购与资产剥离交易的数量，而非交易的价值来衡量公司风险承担。

一些研究用财务杠杆衡量公司在资本结构方面的风险承担状况，财务杠杆衡量了企业融资选择的风险程度，杠杆率越高，履行利息和其他固定债务的压力越大，冲击对公司净盈利能力（包括更高的违约概率）的（负面）影响就越大，这种杠杆效应增加了公司未来业绩的可变性。Coles等（2006）[247]使用负债占总资产的比重来衡量财务杠杆。Huang和Wang（2015）[187]认为，公司风险承担水平更适合用长期负债比率来衡量，因此，分别使用长期债务与总资产的比重、总债务与总资产的比重构建长期杠杆和总杠杆。李迎春（2012）[259]采用了经营杠杆系数、财务杠杆系数、综合杠杆系数、Beta、Sigma构建上市公司风险承担指标。Faccio等（2016）[194]对杠杆的衡量方法是金融债务除以金融债务加股本之和。Litvak（2008）[260]采用总债务除以普通股的账面价值、负债总额与现金总额之差分别作为财务杠杆的代理变量，同时还以营业收入变化百分比除以销售额变化百分比来衡量经营杠杆。

一些研究采用经营现金流来衡量公司在经营过程中的风险承担。Ding等（2015）[261]采用了经行业调整的经营现金流作为公司风险承担的代理变量。Imhof和Seavey（2014）[262]以3年为一个滚动窗口期计算经营现金流标准差，经营现金流的方差越大，与先前投资相关的预期现金流的不确定性越大，企业风险越大。Huang和Wang（2015）[187]则采用了经行业调整的经营现金流的自然对数来衡量企业经营中的风险承担。

Coles等（2006）[247]以赫芬达尔指数（Herfindahl Index）衡量各个细分市场的收入集中程度，赫芬达尔指数越高，各个细分市场的收入集中程度越高，即公司收入对单一市场的依赖程度越高，公司风险承担水平也越高。王栋和吴德胜（2016）[53]参考Coles等（2006）[247]的做法，使用前五大部门的营业收入的平方和与总营业收入的平方之比来计算赫芬达尔指数，作为衡量经营集中度的指标，经营集中程度越高，公司风险承担水平也越高。除此之外，Greve（2003）[263]以期刊对即将推出的创新产品的报道、创新产品的专利保护来作为风险承担的代理变量。

以具体的公司政策行为作为公司风险承担的代理变量，能够较为全面地反映公司在筹资、融资、投资等各项战略决策中的风险选择，但是也存在对这些政策行为的解释含糊不清的问题。例如，公司较多地使用财务杠杆，可能表明公司面临较大的还款付息压力，在筹资决策方面承担了较高的风险，同时财务杠杆也可能约束管理层消费过多的现金流，能够降低公司风险承担水平。

（3）基于企业实际财务表现的公司风险承担测度。

Faccio等（2016）[194]认为，风险承担水平更高的公司生存下来的可能性更低，因此他们以公司在5年内生存下来的可能性来衡量公司风险承担水平。Xu和Zhang（2009）[264]借鉴Z-Score模型来衡量企业的破产风险程度，然而该模型应用范围较窄，仅适用于私营制造业企业。Esteban等（2016）[265]、Li等（2012）[233]、Laeven和Levine（2009）[266]构建了一个由衡量盈利能力、杠杆率与波动性的会计指标组成的Z-Score，来衡量企业的困境和与破产的距离，计算方法为资产收益率与资本资产比率之和除以整个样本期内资产收益率的标准差。Z-Score表示企业的损失（负利润）可以增加的标准偏差的数量，直到这些资产耗尽，使企业资不抵债。因此，Z-Score越高，公司就越稳定，财务状况也就越健康。Peltomäki等（2021）[267]借鉴了Z-Score的思想，构建了包含当前销售、负债、流动性、收益的会计信息，以及关于未来盈利能力和资产价值波动的市场信息的O-Score全面反映公司风险承担水平。

以生存可能性来衡量公司风险承担水平的优点体现在：第一，幸存企业和非幸存企业都包括在内，因此不存在幸存者偏差；第二，以生存可能性来衡量公司风险承担不受会计操纵的影响。

（4）基于公司对失败容忍态度的公司风险承担测度。

Tian和Wang（2011）[268]考察了对失败的容忍是否激励企业创新。以风险投资公司在项目没有达到阶段目标的情况下继续投资的倾向来判断其失败容忍度。因此，他们将风险投资公司过去失败项目的平均投资期限作为失败容忍度的代理变量。这种方法最明显的缺点是适用范围过小，仅仅适用于初创企业。

本书对公司风险承担测度指标进行总结归纳，如表2–1所示。公司风险承担的测度方法种类繁多，各有利弊。目前，基于业绩的公司风险承担测度方法应用最为广泛，具有数据获取便捷、计算方法科学、较为全面客观等优点，但同时，其数据往往取自于财务数据，容易受到管理层会计操纵的影响，或来源于股价波动，但是股价波动受到除公司风险承担之外的诸多因素影响，导致公司风险承担测度指标中噪音过多。基于政策行为的公司风险承担测度指标，能够直观地反映公司在经营、融资、投资等单一政策行为的风险倾向，然而，反映的内容过于片面，不能全面地衡量公司风险承担水平。基于生存状况的公司风险承担测度指标不受会计制度的影响，也更加客观，但与其他方法相比，其计算方法略显粗糙。

现有公司风险承担测度指标存在一定局限性。首先，现有公司风险承担测度指标多是从单一维度来衡量，不能全面地衡量公司风险承担水平；其次，不同视角下的公司风险承担测度指标不同，不利于得出统一研究结论；再次，不同的公司风险承担测度指标可能会导致自变量与因变量混淆；最后，我国资本市场发展并不完善，且具有鲜明特征，而现有的公司风险承担测度指标多是沿用国外研究，并不一定适合我国资本市场。因此，在现有公司风险承担测度指标的基础上，结合我国资本市场，构建能够全面地反映公司风险承担水平的测度指标至关重要。考虑到公司投资决策并非孤立存在，在未来研究中可从投资、筹资等多维度构建单一指标，从而构建公司风险承担的综合测度指标。

表 2-1 公司风险承担衡量指标

维度	指标	计算方法	代表性文献	优点	缺点
业绩指标	ROA波动性	ROA的标准差	Faccio等（2011）；苏坤（2017）；王菁华等（2017）；金智等（2017）	较为全面地反映公司的总体风险，并且测量方法较为科学、准确	容易受到财务数据的影响，主要适用于检验不同截面之间的差异
		ROA横向波动和纵向波动	李海霞和王振山（2015）；李海霞（2017）；马宁和王雷（2018）		
		ROA最大值减ROA最小值	Saffar等（2013）；Faccio等（2016）；苏坤（2016）；何威风等（2018）		
	股票收益波动性	日股票收益方差的对数	Coles等（2006）；苏坤（2016）；Ying等（2015）	不易受到管理层操纵	股价大幅变动往往受到诸多因素影响
		系统波动率和特质波动率	Chen和Zheng（2012）；Vural-Yava和Idem（2020）；Sudipto等（2019）		
	Tobin' Q波动性	Tobin' Q的标准差	Adams等（2005）；Cheng（2008）	不受财务数据的影响	大量噪音会对Tobin' Q造成影响
		Tobin' Q的横向波动和纵向波动	权小锋和吴世农（2013）		
	ROE波动性	ROE的标准差	Ferris等（2017）；Vo和Vinh（2016）；Panta（2019）；Lui等（2019）；赵桂琴和仲赛末（2019）	较为全面	容易受到财务数据的影响
行为指标	研发支出	研发支出与期末总资产的比值	Coles等（2005）；Wang（2012）；史金艳等（2015）；王栋和吴德胜（2016）	能够较为全面地反映公司在筹资、融资、投资等各项战略决策中的风险选择	存在着对这些政策行为的解释含糊不清的问题
	资本支出	资本支出减去销售财产、厂房和设备的支出	Cole等（2005）；Bova等（2014）；Harjoto等（2018）；Sanders和Hambrick（2007）		
	收购支出	已完成的收购与资产剥离交易的数量	Sanders等（2001）		
	财务杠杆	负债占总资产的比重	Coles等（2006）；Wang（2012）；Huang和Wang（2015）		

续表

维度	指标	计算方法	代表性文献	优点	缺点
行为指标	经营现金流	经行业调整的经营现金流	Ding等（2015）；Imhof和Seavey（2014）	能够较为全面地反映公司在筹资、融资、投资等各项战略决策中的风险选择	存在着对这些政策行为的解释含糊不清的问题
	产品市场竞争	赫芬达尔指数	王栋和吴德胜（2016）；Coles等（2006）		
	创新	创新产品的报道、创新产品的专利保护	Greve等（2003）		
生存指标	生存可能性	公司存活时间	Faccio等（2016）	不受会计处理的影响	噪音因素多，反映不全面
	破产风险程度	Z-Score	Xu和Zhang（2008）；Li等（2013）；Kouki（2016）	较为全面	适用于私营制造业企业
态度指标	失败容忍度	公司失败项目的投资年限	Tian和Wang（2011）	较为新颖	适用于风险投资初创企业

2.3 公司风险承担对股价崩盘风险的影响相关研究

大量文献集中在股价崩盘风险与公司风险承担的影响因素研究上，少量文献研究了股价崩盘风险与公司风险承担的经济后果。近几年来，有些学者开始关注公司风险承担对股价崩盘风险的影响。孙艳梅等（2018）[61]用个股年度日收益率的标准差衡量公司风险承担，发现公司风险承担提高了股价崩盘风险，认为公司风险承担行为导致资本支出提高，经营风险增加，一旦投资失败，风险将通过资产定价机制传导到资本市场，个股崩盘风险增大。但该研究并没有考虑具体公司风险承担行为对公司股价崩盘风险的影响，也没有深入探究该影响的内在机理。孙艳梅等（2019）[62]基于投资视角，按公司风险承担的来源，将公司风险承担分为创新性投资和一般性资本支出，探究了企业创新投资对公司风险承担与股价崩盘风险间的调节作用，再次证实了公司风险承担对股价崩盘具有显著正向影响。田高良等（2020）[63]基于投资视角，检验了盲目投资与私有信息隐匿在公司风险承担与股价崩盘风险间的中介作用，实证结果表明，管理层对坏消息的隐藏是公司风险承担导致股价崩盘风险的重要路径。然而，该研究仅从投资角度定义衡量公司风险承担，使公司风险承担的内涵过于狭隘，同时，虽然田高良等（2020）[63]验证了管理层隐藏坏消息的中介作用，却忽略了管理层隐藏坏消息的程度可能受到管理层隐藏坏消息的动机与能力的影响。

2.4 研究评述

对现有文献进行梳理，发现目前对股价崩盘风险、公司风险承担的影响因素研究非常丰富，对股价崩盘风险、公司风险承担经济后果研究相对较少。现有研究尚不能揭示公司风险承担与股价崩盘风险间关系及内在作用机理，已有研究的不足之处主要体现在以下方面。

（1）对公司风险承担的认识及界定过于片面、简单。投资是公司风险的重要来源，因此已有文献多从投资决策角度定义公司风险承担，认为公司风险承担是公司管理层在投资决策中的选择，主要是对与预期结果和相应现金流有不同不确定性项目的分析与选择（Wright，1996）[54]。然而在经营过程中，公司会进行包括投资、融资、资产配置、财务报告披露等在内的多种决策行为，这些决策行为也会引致不同性质、不同方向的风险。将这些不同来源的风险混为一谈，或仅从投资决策视角探讨公司风险承担，可能会将不同性质与方向的风险相互抵销或中和，不利于形成对公司风险承担的统一认知、形成一致的研究结论。

（2）公司风险承担水平的衡量指标不够全面、具体。现有研究对公司风险承担的衡量指标比较多样，主要包括以业绩波动、行为指标、生存指标和态度指标。现有研究多从单一维度衡量公司风险承担，不仅不能全面地衡量公司风险承担水平，还会因为包含噪音因素，导致实证研究结论的不一致。

（3）对公司风险承担消极后果的研究不足。纵观公司风险承担的相关文献，大量文献从代理理论、高阶梯队理论和制度因素视角研究了公司风险承担的影响因素，少量文献研究了公司风险承担的经济后果，然而这些文献普遍认为公司风险承担具有促进经济增长和技术进步，实现社会资本积累等积极作用，忽视了公司风险承担的消极经济后果。本质而言，风险是一把“双刃剑”，为企业带来高额利润的同时，也带来了潜在巨额亏损的可能。公司风险承担水平过高也会导致企业价值的减损。

（4）股价崩盘风险的根源是坏消息，现有研究却忽略了坏消息产生多是因为公司风险承担水平过高的事实。大量文献研究了股价崩盘风险的影响因素，认为股价崩盘风险源于管理层隐匿坏消息，然而这些文献忽略了坏消息产生的根本原因在于公司风险承担水平过高，管理层隐匿坏消息是公司风险承担的一种外在表现和最终结果。离开公司风险承担，坏消息就没法发生并不断积累至爆发，股价崩盘风险就是“无源之水，无本之木”。现有文献较少关注公司风险承担对股价崩盘风险的影响。只有孙艳梅等（2018、2019）[61, 62]与田高良等（2020）[63]探究公司风险承担与股价崩盘风险间的关系。然而孙艳梅等（2018）[61]对公司风险承担与股价崩盘风险的关系进行了初步探讨，但是未对两者关系以及作用机理进行系统性研究。田高良等（2020）[63]验证了管理层隐藏坏消息在公司风险承担与股价崩盘风险间的中介作用，却忽略了管理层隐藏坏消息的程度受到管理层隐藏坏消息的动机与能力影响，公司风险承担与股价崩盘风险间的作用路径可能是管理层隐藏坏消息的动机或者能力。

针对上述研究不足，为揭示公司风险承担对股价崩盘风险的影响及作用机理，需要准确界定股价崩盘风险与公司风险承担的内涵，据此构建衡量公司风险承担水平的指标体系。因此，本书在对股价崩盘风险与公司风险承担进行界定的基础上，基于行为视角，从投资、融资、资产配置与财务报告决策四个维度衡量公司风险承担，关注公司风险承担的消极经济后果——股价崩盘风险，挖掘并深入分析公司风险承担对股价崩盘风险的影响及作用路径，进一步探究不同因素对公司风险承担与股价崩盘风险间的调节作用。

2.5　本章小结

基于本书的研究内容，本章对股价崩盘风险的成因、影响因素与经济后果，以及公司风险承担的影响因素与经济后果的相关文献进行梳理，并将公司风险承担的衡量指标进行归纳总结。通过全面、系统、逻辑严谨的文献梳理，本章发现现有研究的不足主要存在以下方面：一是对公司风险承担的定义及衡量或过于简单或不够全面；二是有关上市公司风险承担经济后果研究多关注公司风险承担的积极影响，而对公司风险承担的消极影响关注不足；三是对公司股价崩盘风险的研究多关注了公司治理等制度安排及管理者和投资者行为因素如何通过影响公司信息透明度等因素而影响公司股价崩盘风险，但对同“坏信息”本源密切相关的公司风险承担行为如何及为何影响公司股价崩盘风险的关注和研究不足。基于上述不足，本书认为探究“如何更客观全面地衡量公司风险承担”“公司风险承担如何影响股价崩盘风险”以及“公司风险承担影响公司股价崩盘风险的内在机理”等问题显得非常必要。通过文献梳理，本章厘清了现有研究的不足及存在的问题，识别了新的研究机会，凸显了本书的边际学术贡献，为后续研究奠定了坚实基础。

| 第3章 |

机理分析与研究假设

第2章对股价崩盘风险成因、影响因素、经济后果，公司风险承担影响因素、经济后果、测度方法进行了综述。本章在对股价崩盘风险、公司风险承担这两个核心概念进行界定的基础上，对公司风险承担是否影响，以及如何影响股价崩盘风险的理论逻辑进行分析，构建公司风险承担影响股价崩盘风险的概念模型，并据此提出本书的研究假设，为后续章节的研究提供理论支撑。

3.1 相关概念界定

3.1.1 股价崩盘风险

现有研究普遍认为股价崩盘风险是在没有明显重大消息发生的情况下，股票市场指数或者个股价格在短期内突然大幅度下降的现象（陈国进等，2008）[66]。股价崩盘风险具有无信息支撑、价格变化非对称性与传染性三个特征（Hong and Stein，2003）[67]。然而，通过文献梳理，本书发现，上述定义与特征均是股价崩盘的界定和描述，而不是股价崩盘风险的。在以往研究中，普遍存在将股价崩盘等同于股价崩盘风险这一现象。股价崩盘是市场指数或个股价格在短期内突然大幅下降的一种现象，股价崩盘只有发生与不发生两种可能性。而股价崩盘风险则指的是股票市场或者单一股票突然发生股价大幅下跌的可能性，所有股票都有可能会发生股价崩盘，但是决策稳健、经营状况良好的公司，股价崩盘风险较小；决策冒进、经营陷入困境的公司，股价崩盘风险较高；还有一些公司决策冒险程度和经营状况处于居中水平，股价崩盘风险居中。因此股价崩盘风险呈现离散型分布。基于上述分析，本书认为，股价崩盘是在没有明显的重要消息发生的情况下，股票市场指数或者个股价格在短期内突然大幅度下降的现象；而股价崩盘风险是市场指数或者个股价格发生崩盘的可能性，股价崩盘发生的可能性越高，股价崩盘风险就越大。目前股价崩盘风险多用经市场调整后周收益率的负偏度、股价上升和下降阶段波动性的差异来衡量。经市场调整后周收益率的负偏度衡量了股票价格负向波动的程度，股价上升和下降阶段波动性的差异衡量了在上涨与下跌阶段股价波动性的差异程度，经市场调整后周收益率的负偏度、股价上升和下降阶段波动性的差异越大，股价崩盘风险越大。

3.1.2 公司风险承担

风险是指与决策相关的潜在结果产生极端损失的可能性。风险承担是对与预期结果相关的各种不确定性的项目进行分析和选择（Wright et al.，1996）[54]。相关文献将公司风险承担定义为管理层为了抓住市场机会获得高额回报而愿意做出的巨大而有风险的资源承诺的程度（Lumpkin and Dess，1996）[1]。从上述定义可以看出，公司风险体现为公司对决策导致的极端损失的被动接受，而公司风险承担是公司为了获取利润、实现经营目标所进行的主动选择。现有文献认为，投资决策是公司风险承担的重要来源，能够影响公司资产结构、未来现金流等（王菁华等，2017）[245]，因此，已有文献多从投资决策角度定义公司风险承担，认为公司风险承担是公司管理层在投资决策中的选择，主要是对与预期结果和相应现金流有不同不确定性的项目的分析与选择（Wright et al.，1996）[54]。然而在经营过程中，公司会进行包括投资、融资、资产配置、财务报告披露等在内的多种决策行为，这些决策行为会引致不同性质、不同方向的风险。将这些不同来源的风险混为一谈，或仅从投资决策视角探讨公司风险承担，可能会将不同性质与方向的风险相互抵销或中和，不利于形成对公司风险承担的统一认知、形成一致的研究结论。而高风险水平的公司风险承担行为主要包括大量配置金融资产和非流动资产、研发投入、过度投资、高水平负债融资、低质量的财务报告披露等。因此，在上述分析的基础上，本书认为，公司风险承担是公司为了抓住市场机会获得高额回报所做出的投资、融资、资产配置与财务报告决策等决策行为引起的公司风险水平。

3.2 影响机理分析

本部分以委托代理理论、高阶梯队理论、信号传递理论、信息不对称理论、坏消息窖藏理论等为依据，结合公司决策中的投资、融资、资产配置与财务报告决策等风险承担行为，分析公司风险承担、管理层能力、产品市场竞争、机构投资者持股、投资者情绪与股价崩盘风险间的理论逻辑关系，构建公司风险承担影响股价崩盘风险的概念模型。

3.2.1 公司风险承担对股价崩盘风险的作用机理

本节基于委托代理理论、高阶梯队理论、信息不对称理论、信号传递理论、资产流动性理论、坏消息窖藏理论、管理层风险规避理论等视角，探讨公司风险承担影响股价崩盘风险的理论逻辑关系。本节基于投资、融资、资产配置与财务报告决策等公司风险承担行为，探究公司风险承担与股价崩盘风险间的关系。

第一，投资决策公司风险承担对股价崩盘风险的影响。投资决策是公司风险的重要影响因素，极大限度地影响企业现金流状况，并对公司运营、发展、存亡产生深远影响。就投资视角而言，公司风险承担是公司高管对未来收益和现金流充满不确定性的投资项目的选择（Wright et al.，1996）[54]，较高的公司风险承担水平往往意味着公司能充分利用投资机会，较少放弃高风险—收益的投资项目，因此此类公司具有更高的资本性支出（Bargeron et al.，2010）[153]、更高的创新积极性和更多的研发投入（Hilary and Hui，2009）[154]。非效率投资、并购以及并购过程中形成的大额商誉被认为是具有较高水平公司风险承担的投资行为。

委托代理理论认为，公司管理层在最大化自身利益的自利动机下，往往倾向于向外界隐瞒投资决策中非效率投资导致的负面信息。随着负面信息的隐瞒，信息透明度降低，公司管理层既不能观察到投资不足，也不能有效监督过度投资行为。投资不足或过度投资中的坏消息被隐藏下来，当这些坏消息不断积累、达到阈值时被集中释放，公司股价大跌。当公司管理层非效率投资的情况越严重时，隐瞒坏消息的动机就越强烈，股价崩盘风险提高。高阶梯队理论认为，高管的个人特征能够通过其决策选择，影响公司决策。过度自信的高管倾向于高估投资项目的未来现金流，把正在进行的负净现值项目误解为价值创造，并且还对投资过程中坏消息的反馈过度乐观，认为投资中的坏消息只是暂时的，高估他们自己带来良好业绩的能力，使负净现值项目得以存续，项目到期之时，积累的坏消息集中爆发，股价暴跌甚至崩盘。

代理理论认为，管理层与股东的利益、对企业经营活动中坏消息披露的偏好不一致（Kothari et al., 2009）[83]。活跃的控制权市场能够加强监管，并购威胁的增加会迫使管理层更好地服务于股东利益，因为一旦发生收购，管理层就会失去工作机会、个人声誉，从而抑制管理层囤积坏消息的行为。除此之外，并购威胁增加也会促使董事会有更大动力监督管理层，以防止企业因为糟糕的业绩成为潜在并购者的目标（Hirshleifer and Thakor, 2010）[269]。因此，并购活动抑制了股东与公司管理层的代理冲突，增加了对公司管理层的监督，公司管理层囤积坏消息的行为减少。然而，还有研究认为，并购活动导致管理层短视行为，活跃的控制权市场可能会加剧管理层囤积坏消息的机会主义行为。坏消息的立即公布会导致股价大幅下跌，使企业更容易成为潜在并购者的目标，管理层在薪酬契约、个人声誉、职业生涯等方面均会面临巨大损失。因此，更多的坏消息在长时间内积累，会导致更大的股价崩盘风险（Balasinghan et al., 2020）[270]。信号传递理论认为，信息不对称下，公司高管拥有信息优势，外部投资者的信息较为贫乏，处于信息劣势。因此，公司需要向外界传递公司内部信息以吸引投资者关注。并购活动中形成的商誉是目标公司在原始收购时获得了超额支付，因此商誉往往被认为是一种负面消息。商誉减值的规模越大，投资者情绪就越消极，造成股价下跌连锁反应，导致股价崩盘风险增大。同时，管理层为了促使并购活动的顺利可能会进行信息管理，积极披露利好消息，推迟或隐瞒负面消息公布，导致负面消息不断囤积，公司股价崩盘风险增大。商誉的确认与减值过程涉及大量主观判断，存在人为操纵或者成为盈余管理工具的可能性。基于信息不对称理论，商誉的确认、减值过程充满了模糊和不确定性，一方面增加了公司信息不对称程度，降低了公司信息透明度；另一方面商誉确认、减值过程带来的模糊和不确定性的信息环境为管理层隐匿负面消息提供了便利，股价崩盘风险增加。

第二，融资决策公司风险承担对股价崩盘风险的影响。融资决策决定了公司资金来源与期限结构，对未来现金流、投资决策与财务风险有重要影响。经典文献认为，债务融资在对管理层的监督和减少自由现金流而引起的代理问题方面发挥着重要监督作用（Jensen and Meckling，1976）[271]。然而，债务融资治理作用的发挥也受到公司债务水平高低的影响。当公司债务水平适当时，债务融资能够较好地发挥对公司高管的监督作用，降低代理问题。但是当公司债务水平过高时，公司就会暴露于高水平财务风险之下，一旦公司运营过程中的任一环节出现问题，公司就会面临资金链断裂，难以偿付到期债务和利息的状况，形成筹资决策的“坏消息”。当公司债务水平过高时，难以偿付到期债务和利息的可能性增大，即坏消息发生的概率增大，管理层出于机会主义动机具有隐瞒坏消息的动机，导致坏消息的不断积累并爆发，引起股价崩盘。

公开增发作为公司股权融资的重要方式，有文献研究表明，公司增发会导致股价崩盘风险增大（谢雅璐，2015）[272]。公司为了通过公开增发实现融资目标，管理层很可能会在公开增发前进行盈余管理，公司的负面消息被隐瞒，不能被外部投资者获知，公司股价被高估，形成股价泡沫。在公开增发完成后，管理层隐瞒负面消息的动机减弱，负面消息被不断释放出来，导致股价不断下跌，乃至崩盘。

第三，资产配置决策公司风险承担对股价崩盘风险的影响。资产配置决策是指公司将稀缺的、有限的资源在不同资产类别之间进行分配，决定了企业资源的配置方向。委托代理理论认为，公司管理层与股东之间存在代理冲突，管理层出于薪酬契约、在职消费、声誉、构建商业帝国等机会主义动机，具有过度投资、追求投资规模的倾向，导致企业固定资产配置水平过高。根据资产流动性理论，企业固定资产配置水平过高，会导致企业流动性减弱，一旦企业面临严峻的外部环境或重大经营决策失误、固定资产变现能力弱这一特点，将使企业难以应对财务风险和经营风险。当这些投资项目的净现值为负时，企业管理层寄希望于项目未来业绩改善以弥补决策失误，倾向于隐瞒或推迟公布投资项目的坏消息，坏消息不断积累，股价被高估程度增大，形成股价泡沫。这些坏消息被外界感知时，股价泡沫破灭，造成股价大幅下跌。随着负面信息的不断隐瞒，达到阈值并爆发，引起股价崩盘。

无形资产配置影响公司风险承担的逻辑如下所述。在无形资产研究和开发阶段中，只有开发阶段符合条件的支出可以资本化，加之无形资产研发活动失败概率较高，因此，公司无形资产过多，则表明公司在由研发活动形成的无形资产上的支出已远远高于其账面价值。根据资产流动性理论，公司无形资产过多，资产流动性减弱，现金流减少，其他正净现值项目投资机会减少。而且，与其他资产相比，无形资产风险更大，失败的可能性更高，产生坏消息的概率更大。除此之外，自制无形资产的研发活动、外购无形资产的确定带来了较为模糊的信息环境，导致自利的高管隐瞒坏消息的机会增多，从而引起股价崩盘风险。

第四，财务报告决策公司风险承担对股价崩盘风险的影响。财务报告作为公司管理层向外部投资者传递信息的最为全面、可靠的渠道之一，涵盖了包括企业生产、运营、投资、分配等在内所有经济活动的财务信息，能够为外部投资者提供重要信息、解释当前业绩变化的主要驱动力、帮助投资者预测未来公司业绩，并以此为依据指导未来的投资决策。坏消息窖藏理论认为，管理层推迟公布或者隐瞒负面消息是股价崩盘风险产生的原因。而管理层推迟或隐瞒坏消息公布的主要途径就是对财务报告进行过度修饰或者直接掩盖不好的财务指标。

已有研究表明财务报告质量越低，股价崩盘风险越大（李鸿浩，2017）[273]。从管理层隐匿坏消息的机会来看，低质量的财务报告增大了投资者了解公司真实业绩的难度，信息透明度进一步下降，管理层隐匿坏消息的机会增多，股价崩盘风险增大。从管理隐匿坏消息的方法来看，出于机会主义动机的管理层通过复杂或可读性差的财务报告、盈余管理、财务重述、年报预约披露推迟等方式来达到使坏消息长期隐藏的目的。复杂或可读性差的财务报告导致股价崩盘风险增大。管理层为了防止投资者发现其机会主义行为，可能通过撰写更复杂的财务报告来隐瞒不利信息，复杂的财务报告增加了信息不透明性，从而使管理者能够将不利信息长期隐藏到一定限度。一旦达到阈值，负面信息就会突然释放出来，导致股价暴跌。为了达到薪酬目标、维护职位安全，管理层具有模糊、隐瞒真实业绩的动机，盈余平滑成为管理层操纵财务信息的工具，为隐瞒坏消息提供了机会。而真实盈余管理通过对公司特定信息流向市场、真实决策、风险管理三种途径来影响股价崩盘风险。首先，真实盈余管理会使收入在出现负向未预期盈余后被夸大，这给管理层提供了一个掩盖坏消息、抬高公司股价的机会；其次，真实盈余管理通过实际活动来平滑盈余，限制了投资者干预；最后，真实盈余管理降低了投资者对公司经济收益和公司风险差异的感知，投资者不太可能干预风险管理，导致公司风险管理失效，股价崩盘风险增大。财务重述则反映出公司信息质量低下，使投资者感知企业负面消息的难度增加，信息不对称程度增加。年报预约披露推迟为管理层隐匿坏消息提供时间方面的便利，会计信息质量降低，投资者也难以从年报及时、准确感知公司真实业绩，从而导致股价崩盘风险增加。

综上所述，基于行为视角的投资、融资、资产配置与财务报告决策相关的公司风险承担行为与股价崩盘风险正相关，公司风险承担水平越高，股价崩盘风险越大，公司风险承担对股价崩盘风险的影响依赖于管理层隐藏坏消息的动机与能力。

3.2.2 管理层能力的调节效应作用机理

本部分将依据高阶梯队理论、坏消息窖藏理论、管理层风险规避理论、信号传递理论等论证管理层能力在公司风险承担与股价崩盘风险间的调节作用模型。公司高管作为公司经营决策的核心，影响公司投资、筹资在内的一系列战略选择。高阶梯队理论认为，公司高管的决策行为受到其背景特征的影响，从而对公司决策和绩效产生影响。高层管理者面对快速变化发展的技术和环境，会将组织中的成员团结起来，制定和执行能够创造价值的投资决策。管理者理解和有效利用企业资源的能力就是一种有价值的资源，它“有可能为企业创造持续的竞争优势”（Barney，1991）[274]。管理层能力在公司风险承担与股价崩盘风险间的调节作用主要体现在以下两个方面。

第一，与能力较差的管理者相比，更有能力的管理者与更有效率的投资相关。根据高阶梯队理论，更有能力的管理者能够识别出关于投资机会的精确信息，更好地衡量投资时机与经济回报，并将信息综合为与企业投资相关的风险和回报的可靠、前瞻性估计，从而做出更好的投资选择，取得成功的项目成果，即能力强的管理者更有能力减少负净现值项目的存在。同时，更有能力的管理者往往与创造价值的投资相关。管理者风险规避理论认为，管理层的个人财富和声誉等都与公司紧密相连，其资产“不够多样性”，不能够通过构建多元化投资组合的方式分散风险，因此管理层具有明显的风险规避倾向。市场通常会期待更有能力的管理者投资于净现值为正的项目，当声誉良好、更有能力的管理者投资于负净现值项目时，将受到更为严厉的惩罚，更有能力的管理者风险规避意愿更加强烈，对负净现值项目的投资意愿更低。这意味着，高管能力较强时公司承担风险产生坏结果进而产生坏信息的可能性降低，公司风险承担强化股价崩盘风险的直接作用机制随之削弱。因此，更有能力的管理者有能力、有动机减少负净现值项目的存在，降低坏消息发生的概率，从根源上减少了因管理层隐瞒坏消息导致股价崩盘风险的可能性，削弱公司风险承担对股价崩盘风险的影响。

第二，更有能力的管理者与更加透明的财务信息披露相关。信号传递理论认为，管理层需要向外部信息使用者提供公司内部信息以减少信息不对称。及时、适当的会计信息可能对投资者决策产生重大影响，缓解信息不对称。理性投资者认为公司不披露内部信息是一个坏消息，从而导致公司贬值，为了避免这一现象发生，管理层有动机及时披露公司内部信息。特别是当管理者的能力被认为是一种无法直接衡量的无形资产时，管理者提供的披露信息是间接表明管理者能力的有用媒介。根据管理层风险规避理论，更有能力的管理者为了规避自身风险，更有动机进行信息披露。另外，更有能力的管理者也更有能力通过预测披露来积极地暗示公司的价值。因此，更有能力的管理者有更强的动机和能力披露公司内部信息，降低信息不对称程度，减少坏消息的囤积，最终降低股价崩盘风险。在这种情况下，管理层能力削弱了公司风险承担对股价崩盘风险的影响。

总而言之，更有能力的管理者，更有动机、也更有能力投资于净现值为正的项目，降低了坏消息发生的概率，从根源上削弱了公司风险承担对股价崩盘风险的正相关关系；更有能力的管理者与更透明、更及时的财务信息披露相关，降低了信息不对称程度，抑制了坏消息的囤积，最终弱化了公司风险承担对股价崩盘风险的影响。

3.2.3　产品市场竞争的调节效用作用机理

本部分将依据坏消息窖藏理论、专有成本理论等论证产品市场竞争在公司风险承担与股价崩盘风险间的调节作用模型。产品市场竞争在公司风险承担与股价崩盘风险间的调节作用主要表现在以下两个方面。

第一，产品市场竞争程度高的公司，发生坏消息的概率较高。当公司处于竞争激烈的环境中，公司的市场份额被削弱，利润趋于平均，公司承担风险并获取高收益率的机会相对较少，公司业绩不佳的可能性增大，这就意味着此类公司承担风险并产生坏结果的可能性增大。根据坏消息窖藏理论，公司管理层出于薪酬激励、职业安全等机会主义动机，倾向于隐藏或者推迟坏消息的公布，以操纵投资者信念，从而降低因公司业绩不佳导致其薪酬下降、声誉受损以及被解雇的可能性。坏消息发生的概率增大，如果公司信息不对称程度较高，管理层隐匿坏消息的动机较强，就会导致坏消息在公司内部不断积累，达到阈值时集中爆发，引起股价崩盘。

第二，产品市场竞争程度高的公司可能具有较差的信息环境。专有成本理论认为，面对竞争威胁的公司为了防止竞争对手战略性地利用所披露的信息来削弱披露公司的竞争地位或为了摆脱产品市场和资本市场的双重压力，往往不愿过多进行信息披露。专有成本的存在使企业避免向公众披露过多私有信息，并且处于竞争激励程度更高行业的公司将这一行为作为一种保护自身竞争优势的方式。任何披露给公众的信息都可能被竞争对手观察到，竞争对手有利用这些信息应对披露信息的公司的激励。当行业竞争加剧时，公司调整了有关重大合同的专有信息的披露以限制公众获取的信息量。因此，产品市场竞争程度减少了公司信息披露，导致公司信息透明度降低。同时，产品市场竞争导致公司可能采取提供有偏报表的方式来误导对手公司以保持他们的竞争地位。这一糟糕的信息环境为坏消息的不断积累提供了条件，当坏消息累积到一个阈值并立即释放时，就会增大股价崩盘风险。也就是说，产品市场竞争带来了糟糕的信息环境，使坏消息的隐瞒和积累得以实现。

综上所述，处于产品市场竞争程度高的行业的公司，产生坏消息的可能性更高，同时，专有成本导致此类公司不愿过多披露私人信息，并带来糟糕的信息环境，为坏消息的隐瞒与积累提供条件，强化了公司风险承担对股价崩盘风险的影响。

3.2.4 机构投资者持股的调节效应作用机理

本部分将依据委托代理理论、有效监督假说、坏消息窖藏理论等论证机构投资者持股在公司风险承担与股价崩盘风险间关系的调节作用模型。机构投资者持股对公司风险承担与股价崩盘风险间的调节作用，主要表现在机构投资者持股能够减少坏消息发生的概率、收集信息和监督管理层，以及降低信息不对称程度。

第一，机构投资者持股有助于减少公司坏消息发生的概率。机构投资者比分散型股东拥有更高水平的管理技能和信息优势，通过发挥对公司管理决策的咨询作用，提高公司决策质量，减少坏消息发生的概率。另外，拥有大量股权的机构投资者更关注公司长期绩效，而非短期收益目标，因此，机构投资者持股对公司投资策略与企业价值最大化目标是否一致更为关注。在此目标下，公司投资策略失败的可能性更低，坏消息发生的可能性更低。

第二，机构投资者持股更有动机和能力收集信息、监督管理层，降低信息不对称。有研究表明，制度监督是持股规模的函数（Kahn and Winton，1998）[275]。委托代理理论认为，公司管理层与股东之间存在代理冲突，而机构投资者往往持有大量股份，能从监督企业的过程中获得比小股东更多的利益，因此机构投资者更有动机收集信息、监督管理层。机构投资者在公司持有股份的时间更长，他们会更有动力监督管理者。因此，机构投资者持股比例越高、持股时间越长，他们有更多激励来监督管理层决策，促使公司获取更好绩效。坏消息窖藏理论认为，自利动机的管理层具有隐瞒或推迟公布坏消息的倾向。而机构投资者有效监督假说则认为，机构投资者持股对管理层具有监督作用，能够减少股东与公司管理层的代理问题，因此管理层隐瞒坏消息的机会减少，股价崩盘风险降低。

第三，机构投资者持股与良好的信息环境相关，降低信息不对称程度。机构投资者较高的信息优势与专业优势，使其能够更好地评价公司业绩、评估公司风险承担行为的价值影响。因此，机构投资者与良好的信息环境相关，信息透明度提高，管理层隐瞒坏消息的行为减少，股价崩盘风险降低。

通过上述分析发现，机构投资者通过发挥自身在公司管理决策中的咨询作用及监督作用和自身在价格发现过程中的信息优势，降低坏消息发生的概率、收集信息及监督管理层、建立良好的信息环境，降低信息不对称程度，减少管理层隐瞒坏消息的行为，削弱了公司风险承担与股价崩盘风险间的正相关关系。

3.2.5　投资者情绪的调节效应作用机理

本部分将基于市场参与者非理性理论、坏消息窖藏理论等论证投资者情绪在公司风险承担与股价崩盘风险间的调节作用模型。公司风险承担正向影响股价崩盘风险，投资者情绪在两者间的调节作用主要从投资者非理性与分析师非理性两个方面进行论述。

第一，投资者情绪高涨期，投资者对公司管理层隐瞒坏消息不甚敏感。市场参与者非理性理论认为，包括投资者与分析师在内的资本市场参与者并非总是理性的，反而普遍具有认知偏差。有研究表明，我国股票市场投资者容易受到投资者情绪的影响。过度乐观是市场投资者普遍具有的认知偏差，表现为投资者高估好事件发生的概率，低估坏结果出现的概率。在股票市场情绪高涨时，投资者具有过度乐观的认知偏差，出现公司管理层隐瞒坏消息的状况时，投资者在过度乐观情绪支配下，很难及时、适度感知公司风险，导致管理层隐瞒坏消息不能被及时释放，在公司内部不断积累，达到阈值时集中爆发，引起股价崩盘。相反，在投资者情绪低落期，投资者对管理层隐瞒坏消息的行为更为敏感，一旦发现坏消息或管理层隐瞒坏消息的东西，就会抛售股票，因此导致管理层隐瞒坏消息的行为更容易被察觉，管理层隐瞒坏消息的可能性降低，股价崩盘风险降低。

第二，投资者情绪高涨期，分析师的乐观预测会降低公司信息透明度。投资者情绪高涨期，分析师非理性表现为过度乐观，倾向于发布乐观的盈余预期和建议，他们所涉及的公司负面信息无法及时披露给外部投资者，公司信息透明度降低。根据坏消息窖藏理论，在信息透明度低的环境下，管理层更容易隐瞒坏消息，当积累的坏信息达到阈值时会立即被释放。

综上所述，投资者情绪高涨期，投资者具有过度乐观的认知偏差，导致股票价格被不断推高，形成股价泡沫，当股价泡沫破灭时，投资者的“杀跌”情绪使股价进一步下跌，导致股价崩盘；股价只反映了乐观投资者预期，导致负面信息不能被及时披露或者被系统性忽视，为管理层隐瞒坏消息提供了便利，当坏消息集中释放时，股价崩盘。同时，投资者情绪高涨期，分析师非理性导致公司信息透明度降低，为管理层隐瞒坏消息提供机会。因此，投资者情绪对公司风险承担与股价崩盘风险间的关系起到正向调节作用。

3.2.6　管理层薪酬绩效敏感性与信息不透明程度的中介效应作用机理

已有大量研究认为，管理层隐匿坏消息引发股价崩盘。公司风险承担影响股价崩盘风险的路径是管理层隐瞒坏消息的动机和能力。

第一，公司风险承担导致坏消息发生的概率增加，增加了管理层隐瞒坏消息的动机。从管理层防御动机来看，公司风险承担可能会带来更多坏消息的发生，管理层为了维护现有职位而固守防御，隐瞒坏消息的动机增强。从管理层自利动机来看，管理层薪酬契约往往与公司业绩挂钩，管理层出于自我效用最大化目的，将维持公司业绩，而坏消息发生与披露将会导致公司业绩下滑，管理层会选择隐瞒坏消息。因此，公司风险承担的不确定性导致坏消息发生的可能性增大，管理层出于防御动机和自利动机，隐瞒坏消息的动机增强。

第二，公司风险承担通过影响管理层隐匿坏消息能力来影响股价崩盘风险。另外，公司风险承担带来了更加模糊的信息环境，增大了公司信息不对称程度，为管理层隐瞒坏消息提供了机会。管理层薪酬绩效敏感性代表了管理层薪酬与公司绩效的相关程度，管理薪酬绩效敏感性越高表明管理层隐藏坏消息的动机越强。信息不透明度反映了公司信息不对称程度，信息不透明程度越高表明管理层隐藏坏消息能力越强。基于上述分析，本书认为管理层薪酬绩效敏感性与信息不透明程度是公司风险承担影响股价崩盘风险的作用路径。

3.2.7 概念模型的构建

本书探究公司风险承担是否以及如何影响股价崩盘风险，通过前述理论分析，可以发现：（1）公司风险承担将导致股价崩盘风险增大。公司风险承担增加了坏消息发生的概率，通过管理层隐瞒坏消息的动机与能力来影响股价崩盘风险。（2）管理层能力、机构投资者持股在公司风险承担与股价崩盘风险间起负向调节作用，产品市场竞争、投资者情绪在公司风险承担与股价崩盘风险间起正向调节作用。

以往公司风险承担的相关研究多从投资角度定义公司风险承担，然而公司在经营过程中会面临多种来源的风险，投资、融资、资产配置、财务报告披露等决策行为将会导致不同性质与方向的风险。仅从投资角度衡量公司风险承担，就会忽略其他决策行为的风险，也可能会导致不同性质与来源的风险被相互抵销、中和，不利于形成一致的研究结论。因此，本书基于行为视角，从投资、融资、资产配置、财务报告决策四个维度衡量公司风险承担。

本书沿袭以往研究的做法，采用负收益偏态系数和上下波动比例衡量股价崩盘风险。根据前述分析，本书认为公司风险承担通过管理层隐瞒坏消息的动机和能力影响股价崩盘风险，而管理层薪酬绩效敏感性衡量了管理层薪酬与公司绩效的一致程度，能够反映公司管理层隐瞒坏消息的动机的强弱程度，信息不透明程度代表了公司信息被外界及时感知的程度，能够反映管理层隐瞒坏消息的能力大小。

因此，本书从投资、融资、资产配置与财务报告决策衡量公司风险承担，分别以管理层薪酬绩效敏感性与信息不透明程度衡量管理层隐瞒坏消息的动机与能力，构建概念模型如图3-1所示。

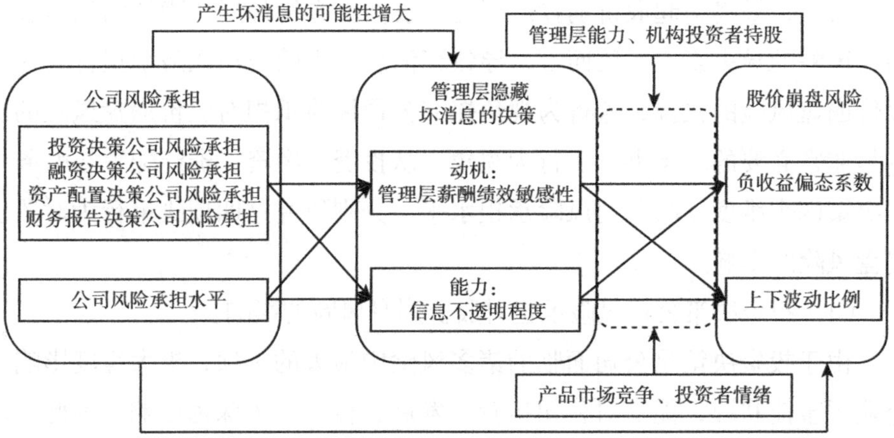

图3-1 概念模型图

3.3 研究假设提出

本节理论分析投资、融资、资产配置与财务报告决策公司风险承担以及在此基础上构建的公司风险承担水平与股价崩盘风险的关系，其中包括公司风险承担对股价崩盘风险的直接效应研究，管理层能力、产品市场竞争、机构投资者持股与投资者情绪等变量在公司风险承担与股价崩盘风险间的调节效应研究，以及管理层薪酬绩效敏感性与信息不透明度的中介效应模型。在理论分析的基础上，提出本书的研究假设。

3.3.1 公司风险承担对股价崩盘风险的影响

坏消息窖藏理论认为股价崩盘风险的成因是管理层隐瞒坏消息。然而坏消息的产生、积累并集中爆发取决于公司风险承担行为。文献梳理发现，已有研究多基于投资视角定义公司风险承担。在企业现实经营中，投资、融资、资产配置和财务报告等决策行为都会给企业带来风险，而且这些决策行为彼此相互影响，因此公司风险承担不仅来源于投资决策，还来源于融资、资产配置和财务报告等决策行为。不恰当的投资、融资、资产配置决策导致坏消息的产生，财务报告决策则可能会导致坏消息的积累与集中爆发，最终引起股价崩盘。因此，表面上看管理层隐瞒坏消息是股价崩盘风险的导火索，本质而言，导致坏消息产生的公司风险承担行为才是股价崩盘风险的根源，从行为视角探究公司风险承担对股价崩盘风险的影响是非常必要的。本书基于行为视角，从投资、融资、资产配置与财务报告决策四个维度反映公司风险承担水平，分别研究这四项决策行为对股价崩盘风险的影响。

（1）投资决策公司风险承担对股价崩盘风险的影响。

由于投资决策是公司面临的诸多风险中最大的一项，极大程度影响了企业现金流状况，能够对公司运营、发展、存亡产生深远影响，因此，以往研究多是从投资角度对公司风险承担进行研究（John et al.，2008；Faccio et al.，2016）[5, 194]。研究认为，公司风险承担是公司高管对未来收益和现金流充满不确定性投资项目的选择（Wright et al.，1996）[54]，较高的公司风险承担意味着公司能够较好把握高风险—收益的投资项目，与之相伴的是更高的资本性支出（Bargeron et al.，2010）[153]、更高的创新积极性和更多的研发投入（Hilary and Hui，2009）[154]。

从投资决策的具体行为来看，非效率投资导致坏消息发生的可能性增大，自利动机的管理层有动机向外界隐瞒投资决策中非效率投资导致的负面信息。随着负面信息的隐瞒，信息透明度降低，外部投资者无法识别投资不足和投资过度，非效率投资中的坏消息被积累，达到上限时集中释放，股价暴跌。非效率投资越严重，管理层隐瞒坏消息的动机越强烈，股价崩盘风险越高。并购活动导致管理层的短视行为，而活跃的控制权市场可能会加剧管理层隐瞒坏消息的机会主义行为。坏消息的立即公布会导致股价的大幅下跌，使企业更容易成为潜在并购者的目标，管理层在薪酬契约、个人声誉、职业生涯等方面均会面临巨大损失。因此，更多的坏消息在长时间内积累，导致更大的股价崩盘风险（Balachandran et al.，2020）[270]。而并购中形成的商誉的减值损失被视为负面消息，韩宏稳等（2019）[276]认为，商誉减值的规模越大，投资者情绪就越消极，造成股价下跌连锁反应，导致股价崩盘风险增大。同时，管理层为了促使并购活动的顺利进行可能会进行信息管理，积极地披露利好消息，隐瞒或推迟公布坏消息，坏消息不断囤积，股价崩盘风险增大，这些负面消息会随事后的商誉减值释放到市场。商誉减值规模越大，并购时负面消息涌现到股票市场的规模越大，公司的股价崩盘风险越高。

概括而言，投资决策公司风险承担增大了坏消息发生的概率，降低了信息透明度，使坏消息有机会不断积累，达到阈值时股价崩盘。基于此，本书提出假设H1：

假设H1：投资决策导致的公司风险承担上升，股价崩盘风险增加。

（2）融资决策公司风险承担对股价崩盘风险的影响。

经典文献认为，债务融资能够实现对管理层的监督，在减少自由现金流而引起的代理问题方面也发挥着重要作用（Jensen and Meckling，1976）[271]。不同的债务融资方式下公司风险承担对股价崩盘风险的影响存在差异。对于银行借款而言，银行作为公司债权人时，具有一定信息优势，能够更好地实现对管理层的监督，识别管理层对坏消息的隐瞒行为，因此股价崩盘风险降低。采用商业信用融资时，企业为了获取更多的商业信用，具有隐瞒或推迟坏消息公布、发布虚假消息等动机。同时由于商业信用的违约成本低，公司治理作用弱，没有能力及时发现高管的捂盘行为，导致公司股价崩盘风险增大（万东灿，2019）[277]。然而，债务融资治理作用的发挥也受到公司债务水平高低的影响。当公司债务水平适当时，债务融资能够较好地发挥对公司高管的监督作用，降低代理问题。但是当公司债务水平过高时，公司就会暴露于高水平的财务风险之下，一旦公司运营过程中的任一环节出现问题，公司就会面临资金链断裂、难以偿付到期债务和利息的状况，形成筹资决策的“坏消息”。当公司债务水平过高时，难以偿付到期债务和利息的可能性增大，即坏消息发生的概率增大，管理层出于机会主义动机具有隐瞒坏消息的动机，导致坏消息的不断积累并爆发，引起股价崩盘。

对于股权融资方式而言，公司通常采用公开增发与定向增发等不同方式进行融资。然而，定向增发往往是为了进行重组与并购面向特定对象发行股票，并不是真正意义上的筹资，同时定向增发的对价也不限于现金，还包括非现金资产（包括权益）、债权等，也不能增强企业流动性、尽快形成生产力。因此，与定向增发相比，公开增发才是公司股权融资的重要方式。现有文献认为，公开增发与较高的股价崩盘风险相关（谢雅璐，2015）[272]。公司为了通过公开增发达到融资目的，管理层很可能会在公开增发前进行盈余管理，导致公司的坏消息被隐瞒，公司股价被高估，形成股价泡沫。在公开增发完成后，公司管理层隐瞒坏消息的动机减弱，坏消息被披露出来，股价下跌乃至崩盘。

通过上述分析，债务融资的公司治理作用受到债务水平高低的影响，当债务水平过高时，公司面临较高的财务风险，很可能会无法偿付到期债务和利息，坏消息发生的可能性增大，具有自利动机的管理层为了自身利益最大化选择隐瞒或推迟公布坏消息，使坏消息不断积累，达到阈值时集中爆发，股价崩盘发生。基于此，本书提出假设H2：

假设H2：融资决策导致的公司风险承担上升，股价崩盘风险增加。

（3）资产配置决策公司风险承担对股价崩盘风险的影响。

代理理论认为，股东与公司管理层利益不一致，两者之间存在代理冲突，管理层出于自利动机，具有追求投资规模的倾向，导致公司过度投资，从而公司固定资产配置水平过高。公司固定资产配置水平过高可能会引起股价崩盘风险增大。一方面，企业配置的固定资产越多，表明企业投资规模超出自身承载能力的可能性越高，发生坏消息的概率越高；另一方面，根据资产流动性理论，企业固定资产配置水平过高，会导致企业流动性减弱，一旦企业面临严峻的外部环境或重大经营决策失误、固定资产变现能力弱这一特点，将使企业难以应对财务风险和经营风险。当这些投资项目的净现值为负时，企业管理层寄希望于项目未来业绩改善以弥补决策失误，倾向于隐瞒或推迟公布投资项目的负面信息，致使负面信息的不断积累，股票价格被高估的程度也将逐渐放大，随之产生泡沫。这些负面消息被外界感知时，股价泡沫破灭，造成股价大幅下跌。随着负面信息的不断隐瞒，达到阈值并爆发，引起股价崩盘。

除了固定资产配置之外，企业的无形资产配置水平也会对股价崩盘风险造成影响。企业的无形资产来源包括外购和研发。无形资产研究和开发阶段中，只有开发阶段符合条件的支出可以资本化，加之无形资产研发活动失败概率较高，因此，企业在由研发活动形成的无形资产上的支出远远高于账面价值。当企业无形资产配置水平过高时，意味着企业在该项无形资产上的支出更高，一方面减少了企业现金流，挤占了其他正净现值项目的投资机会；另一方面无形资产有着比其他资产更高的风险，坏消息发生的概率增大。除此之外，无形资产研发活动加剧隐瞒坏消息的动机。新奇的发明创新往往会导致企业与外部产生知识与信息鸿沟（Petkova，2007）[278]，从而造成更加不透明的信息环境使自私自利的公司高管更容易囤积坏消息，这反过来又会增加股价暴跌的风险（Jia，2018a）[13]。因此，企业无形资产配置水平过高导致股价崩盘风险增大。

综上所述，当固定资产配置水平过高时，公司发生坏消息的可能性增大，流动性减弱，难以应付财务风险和经营风险；当投资项目净现值为负时，公司高管倾向于隐瞒坏消息，坏消息不断积累至爆发，股价崩盘发生。同样，无形资产配置水平过高也与坏消息的发生相关，无形资产配置过高还会带来更为模糊的信息环境，为管理层隐瞒坏消息提供便利。基于此，本书提出假设H3：

假设H3：资产配置决策导致的公司风险承担上升，股价崩盘风险增加。

（4）财务报告决策公司风险承担对股价崩盘风险的影响。

现有研究普遍认为，股价崩盘风险根源在于公司高管的捂盘行为，即自利动机的管理层具有隐瞒或者推迟公司坏消息的动机，使坏消息不断积累，达到阈值时，管理层没有动力继续隐瞒或者隐瞒的成本过高，负面消息集中爆发，导致股价崩盘。其中，管理层推迟公布或者隐瞒负面消息的主要途径就是对财务报告进行过度修饰或者直接掩盖不好的财务指标（李鸿浩，2017）[273]。

有研究发现，财务报告质量与股价崩盘风险负相关。李鸿浩（2017）[273]认为财务报告质量低导致投资者无法通过财务报告来了解公司真实业绩，信息不透明度增大，引起股价大幅波动，股价崩盘风险增大。Kim等（2014）[65]认为管理层有动机使投资者对企业价值的看法最大化，而企业价值可以体现在股价上，为了维持当前股价，管理层通过在复杂的财务报告中混淆负面消息。此外，管理层为了防止投资者发现其机会主义行为，可能会提供可读性差的财务报告。也就是说，从管理层隐匿坏消息的机会来看，低质量的财务报告增大了投资者了解公司真实业绩的难度，信息不对称程度增加，公司管理层隐瞒坏消息的机会增加，导致股价崩盘风险升高（李鸿浩，2017）[273]。从管理隐匿坏消息的方法来看，出于机会主义动机的管理层通过复杂、可读性差的财务报告（Kim et al.，2014）[65]、盈余管理（Khurana et al.，2018）[279]、财务重述（谢盛纹和廖佳，2017）[11]、年报预约披露推迟（谢盛纹和陶然，2017）[280]等方式来达到使坏消息长期隐藏的目的。管理层为了防止投资者发现其机会主义行为，可能通过撰写更复杂的财务报告来隐瞒不利信息，复杂的财务报告增加了信息的不透明性，从而使管理者能够将不利信息长期隐藏到一定的限度。

基于上述分析，财务报告质量与股价崩盘风险负相关，而财务报告决策能够影响财务报告质量，提供复杂、可读性差的财务报告为管理层隐藏坏消息提供机会，盈余管理、财务重述、年报预约披露推迟等财务报告决策为公司管理层隐瞒坏消息提供机会。坏消息不断积累至阈值，集中爆发引发股价崩盘。基于此，本书提出假设H4：

假设H4：财务报告决策导致的公司风险承担上升，股价崩盘风险增加。

（5）公司风险承担水平对股价崩盘风险的影响。

从行为视角来看，投资、融资、资产配置与财务报告决策四个维度的公司风险承担与股价崩盘风险正相关。具体来说，投资决策公司风险承担增大了坏消息发生概率的同时，增大了信息不对称程度，导致坏消息不断积累。当债务水平过高时，公司面临较高的财务风险，很可能会无法偿付到期债务和利息，增大了坏消息发生的概率。当固定资产配置水平过高时，流动性减弱，难以应付财务风险和经营风险，发生坏消息的可能性增大。同样，无形资产配置水平过高也与坏消息的发生相关，无形资产配置过高还会带来更为模糊的信息环境，为管理层隐瞒坏消息提供便利。复杂、可读性差的财务报告为管理层隐藏坏消息提供机会，盈余管理、财务重述、年报预约披露推迟等财务报告决策为管理层隐藏坏消息提供便利。通过上述分析看出，公司风险承担增加了坏消息的发生概率，出于防御动机和自利动机的管理层随着坏消息可能性的增大，其隐瞒坏消息的动机也增强。同时，公司风险承担带来了更为模糊的信息环境，增大了信息不对称程度，为管理层隐瞒坏消息提供了机会。

综上所述，公司风险承担水平越高，公司发生坏消息的可能性越大，管理层隐瞒坏消息的动机可能越强烈。同时公司风险承担带来了更为模糊的信息环境，管理层隐瞒坏消息的能力增强，从而导致坏消息被隐瞒并不断积累，当坏消息积累至阈值时集中爆发时，导致股价崩盘。基于此，提出假设H5：

假设H5：公司风险承担水平越高，股价崩盘风险越大。

3.3.2　管理层薪酬业绩敏感性与信息不透明度的中介作用

如前所述，投资、融资、资产配置、财务报告决策公司风险承担以及公司风险承担水平正向影响股价崩盘风险。公司风险承担影响股价崩盘风险的作用路径有待研究。已有大量文献表明，公司管理层出于薪酬契约、声誉及职业担忧、构建帝国等机会主义动机，具有推迟公布坏消息、提前公布好消息的倾向（Kothari et al.，2009）[83]。随着公司风险承担带来的“坏消息”概率的增大，管理层出于机会主义动机隐瞒“坏消息”的可能性也会增加。当坏消息囤积到阈值时，无法被继续隐瞒，所有的坏消息会突然全部释放到市场，股价大跌甚至崩盘。因此，股价崩盘风险的主要诱因是管理层隐匿坏消息的行为。田高良等（2020）[63]基于投资视角，检验了盲目投资与私有信息隐匿在公司风险承担与股价崩盘风险间的中介作用，实证结果表明管理层对坏消息的隐藏是公司风险承担导致股价崩盘风险的重要路径。然而，该研究仅从投资角度定义衡量公司风险承担，使公司风险承担的内涵过于狭隘。同时，虽然田高良等（2020）[63]验证了管理层隐藏坏消息的中介作用，却忽略了管理层隐藏坏消息的程度可能受到管理层隐藏坏消息的动机和管理层隐藏坏消息的能力的影响。管理层作为公司的决策者，其主观意愿在很大程度上影响了公司决策行为。管理层隐瞒坏消息作为一种客观结果，受到管理层主观意愿和公司信息环境的共同影响。因此，仅仅从公司信息环境角度衡量管理层隐瞒坏消息，忽略了管理层作为决策者的作用。本书认为公司风险承担行为可能通过管理层隐瞒坏消息的动机和管理层隐瞒坏消息的能力影响股价崩盘风险。

首先，从管理层隐匿坏消息的动机来看，公司风险承担增加了坏消息发生的概率，管理层出于防御动机和自利动机，其隐匿坏消息的动机增强。公司风险承担在企业发展与社会经济增长中发挥着重要作用，不仅能够促进企业成长、提高生产力（Nakano and Nguyen，2012）[188]和企业价值（John et al.，2008）[5]，还能促进资本积累，实现更有效的资源配置和经济长期持续增长。但是不能忽视公司风险承担同时还是一把“双刃剑”。公司风险承担增大了公司坏消息发生的概率。从公司风险承担的四个维度来说，投资决策公司风险承担水平过高主要来源于非效率投资，非效率投资的收益状况不甚理想，甚至净现值为负，成为投资决策的“坏消息”。融资决策公司风险承担表现为较高的负债融资，使公司暴露在高财务风险下，增加了到期无法偿付本息的可能性。资产配置决策公司风险承担意味着公司配置过高的固定资产和无形资产等，从而使公司的流动性风险增大，公司可能会面临因资金短缺导致正净现值项目无法实施或者资金链断裂。财务报告决策公司风险承担因管理层的信息隐匿行为导致投资者无法及时发现公司的负面信息，增加了公司的诉讼风险。因此，投资、融资、资产配置及财务报告决策四个维度的公司风险承担增大了公司发生坏消息的概率。

在此基础上，公司风险承担增大了公司管理层隐藏坏消息的动机。从管理层防御动机来看，公司风险承担带来了更多坏消息的发生，管理层为了维护现有职位，具有防御动机，倾向于隐瞒坏消息。公司风险承担水平越高，公司发生坏消息的可能性越大，出于防御动机的管理层隐瞒或者推迟公布坏消息的动机就越强烈。从管理层自利动机来看，高管薪酬契约被认为是协调股东和管理层利益的一种潜在机制，为了使公司高管与股东目标函数一致，公司往往制定与公司业绩挂钩的高管薪酬契约，在高管薪酬契约与公司业绩挂钩的情况下，管理层出于自身利益最大化的目的，倾向于维持公司业绩。坏消息的产生与披露将会导致公司业绩下滑，自利动机下的公司高管隐瞒坏消息的动机增强。因此，公司风险承担的不确定性导致坏消息发生的可能性增大，管理层出于防御动机和自利动机，隐瞒坏消息的动机增强。

其次，从管理层隐匿坏消息的能力来看，公司风险承担带来了更为模糊的信息环境，增大了信息不对称程度，为管理层隐瞒坏消息提供了机会。较高的公司风险承担水平意味着公司具有较强的把握投资机会的能力，因此这些公司的资本性支出（Bargeron et al.，2010）[153]、创新积极性和研发投入（Hilary and Hui，2009）[154]往往越高。王文姣等（2017）[12]认为，并购过程中商誉资产的确认具有较强的主观性，降低了信息透明度，公司管理层隐瞒坏消息的可能性增大，可行性增强，股价崩盘风险增大。基于公允价值合并商誉的减值测试过程，涉及大量主观判断，具有一定的人为操纵的可能性（卢煜和曲晓辉，2016）[281]。商誉的确认、减值过程充满了模糊和不确定性，一方面增加了公司的信息不对称程度，导致公司信息透明度降低；另一方面商誉确认、减值过程带来的模糊和不确定性的信息环境为管理层隐匿负面消息提供了便利。无形资产研发活动带来了更糟糕的信息环境。新奇的发明创新往往会导致企业与外部产生知识与信息鸿沟（Petkova，2007）[278]，从而造成更加不透明的信息环境使自私自利的公司高管更容易囤积坏消息（Jia，2018a）[13]。

公司风险承担水平越高，公司发生坏消息的可能性越大，公司管理层隐瞒坏消息的动机就可能越强。同时，公司风险承担带来了更为模糊的信息环境，管理层隐瞒坏消息的能力增强。从而导致坏消息被隐瞒并不断积累，当坏消息积累至阈值时集中爆发，导致股价崩盘。因此，公司风险承担通过管理层隐瞒坏消息的动机与能力影响股价崩盘风险。管理层薪酬绩效敏感性代表了管理层薪酬与公司绩效的相关程度，管理薪酬绩效敏感性越高表明管理层隐藏坏消息的动机越强。信息不透明度反映了公司的信息不对称程度，信息不透明程度越高表明管理层隐藏坏消息能力越强。即公司风险承担影响股价崩盘风险遵循“公司风险承担——坏消息产生的概率增大——管理层隐瞒坏消息的动机增强——坏消息不断积累并集中爆发——股价崩盘风险增大”或“公司风险承担——更为模糊的信息环境——管理层隐瞒坏消息的能力增强——坏消息不断积累并集中爆发——股价崩盘风险增大”这两条路径。基于此，本书提出假设H6和H7：

假设H6：管理层薪酬绩效敏感性在公司风险承担与股价崩盘风险间起中介作用。

假设H7：信息不透明度在公司风险承担与股价崩盘风险间起中介作用。

3.3.3 管理层能力在公司风险承担与股价崩盘风险间的调节作用

如前所述，公司风险承担水平越高，股价崩盘风险越大。然而公司风险承担与股价崩盘风险的关系可能还会受到公司内部管理、外部市场环境、公司外部监督与股市环境等因素的影响。其中，公司内部管理质量取决于管理层的决策水平。公司高管在企业决策中起着重要作用，影响着融资、投资等一系列企业战略。根据高阶梯队理论，高层管理者的决策行为受其背景特征和行为影响，从而影响企业的决策和绩效（Hambrick and Mason，1984）[129]。高层管理者面对快速变化发展的技术和环境，将组织中的成员团结起来，制定和执行能够创造价值的投资决策。管理者理解和有效利用企业资源的能力就是一种有价值的资源，它“有可能为企业创造持续的竞争优势”（Barney，1991）[274]。Bertrand和Schoar（2003）[282]发现，管理者对公司的收购或者研发支出的决策选择有影响。Dejong和Ling（2013）[283]指出，无论是涉及内部投资还是外部收购的管理扩张战略，其会计应计利润往往较低。Kaplan等（2012）[284]认为CEO的能力与公司绩效相关。姚立杰和周颖（2018）[285]研究发现，管理层能力能够提高公司创新水平与创新效率，即企业管理层能力越强，企业创新水平越高，企业创新效率也越高。

首先，从有效契约的观点来看，与能力较差的管理者相比，更有能力的管理者与更有效的投资相关。坏消息的形成与管理层能力密不可分（崔云，2019）[286]。能力越强的管理者对国家政策、行业形势、公司状况等信息的捕捉越为敏锐、掌控越为全面。更有能力的管理者能够更好地衡量投资的时机和经济回报，并将信息综合为与企业投资相关的风险和回报的可靠、前瞻性估计（Demerjian et al.，2013）[130]。具有更高能力的管理者可能会获得关于投资机会的更精确信息，从而做出更好的投资选择，更有可能取得成功的项目成果（Chemmanur et al.，2009）[287]。除此之外，在有限的资源条件下，更有能力的管理者与更高的公司产出相关（崔云，2019）[286]。更有能力的管理者预测能力更强，能够获得更为精确的投资机会信息，从而提高投资决策的有效性，减少了坏消息发生的概率，而坏消息的产生与集中爆发正是股价崩盘风险的根源。

其次，从声誉机制的观点来看，与能力较差的管理者相比，能力较强的管理者进行的低效投资将对其人力资本产生更为不利的影响。管理层能力作为一种信号，体现了公司与公司高管的形象（崔云，2019）[286]。当公司出现坏消息时，对于能力较强的管理者来说，隐藏坏消息并不是最优选择（周松和冉渝，2019）[288]。管理者出于未来职业生涯的关注，为了在经理人市场获取竞争优势，必须维持其良好的声誉。而管理者的信息舞弊行为不仅会损害公司形象，还会对管理者声誉造成严重影响。管理者的不良声誉除了可能会导致管理者被解聘外，还会对其未来的职业生涯产生负面影响，最终导致管理者的个人财富受损。更有能力的管理者具有长远发展的视野，不会因为隐瞒坏消息而损害个人声誉。因此，更有能力的管理者，隐藏坏消息的动机更弱。

最后，从信息不对称视角来看，更有能力的管理者与更加透明的财务信息披露相关。管理层提供的强制性和自愿披露是与外部信息使用者共享信息和减少信息不对称的重要中介。提供及时、适当的会计信息可能对投资者决策产生重大影响，缓解信息不对称。由于理性的投资者认为不披露是坏消息，从而使公司贬值，管理者有动机披露他们的信息。此外，为了防止潜在的成本，如诉讼成本或声誉成本，管理者有动机披露负面信息。特别是当管理者的能力被认为是一种无法直接衡量的无形资产时，管理者提供的披露信息是间接表明管理者能力的有用媒介。Trueman（1986）[289]证明，与能力较弱的管理者相比，能力较强的管理者更可能通过预测披露来积极地暗示公司的价值。同时Trueman（1986）[289]也认为，此类披露将有利于影响投资者对其预测公司经济环境未来变化和调整公司生产计划能力的看法。因此，更有能力的管理者有更强的动机来披露更多的信息，减少了负面消息的囤积并最终降低股价崩盘风险。除此之外，更有能力的管理者具有更强的专业优势和业务能力，能够提高公司信息环境和信息披露质量，降低信息不对称程度（周兰等，2019）[290]。

总而言之，更有能力的管理者，能够投资于净现值为正的项目，降低了坏消息发生的概率，从根源上削弱了公司风险承担对股价崩盘风险的正相关关系；更有能力的管理者为了维护自身声誉，隐瞒坏消息的动机更弱；更有能力的管理者与更透明、更及时的财务信息披露相关，抑制了坏消息的囤积，最终弱化了公司风险承担对股价崩盘风险的影响。

这意味着，当管理层能力较强时公司承担风险产生坏结果，进而产生坏信息的可能性降低，公司风险承担强化股价崩盘风险的直接作用机制随之削弱。因此，更有能力的管理者能够降低公司坏消息发生的概率，削弱公司风险承担对股价崩盘风险的影响。基于此，本书提出假设H8：

假设H8：管理层能力在公司风险承担与股价崩盘风险间起负向调节作用。

3.3.4 产品市场竞争在公司风险承担与股价崩盘风险间的调节作用

公司风险承担对股价崩盘风险的影响还可能同产品市场的竞争强度有关。一些研究探讨了产品市场竞争与股票收益之间的关系，他们认为，处于产品市场竞争程度高的行业的公司获得的股票回报率较低（Hou and

Robinson，2006）[291]。Sharma（2011）[292]以赫芬德尔指数衡量产品市场竞争程度，他的研究结论与Hou和Robinson（2006）[291]的结论一致。还有一些学者研究了产品市场竞争与股票收益率的特质波动之间的关系。产品市场竞争程度高的行业内的公司具有较低的特质波动率（Gaspar et al.，2006）[293]。Irvine和Pontiff（2009）[294]将特殊收益波动率的增加归因于更激烈的经济竞争，这反映在基本面现金流的特殊波动性增加。然而，较少文献探究产品市场竞争对股价崩盘风险的影响。通过梳理相关文献，本书认为，产品市场竞争可能通过增加坏消息产生的概率、增强管理层隐瞒坏消息的激励、恶化公司的信息环境来影响公司风险承担同股价崩盘风险之间的关系。

首先，激烈的产品市场竞争导致公司发生坏消息的概率增大。当公司处于竞争激烈的市场环境时，公司的市场份额被削弱，利润也趋于平均水平，公司通过风险承担获得高额利润的机会减少，业绩不佳的可能性增大。这就意味着，处于竞争激烈的市场环境中的公司，其风险承担行为发生坏消息的可能性增大，而坏消息的产生和积累与股价崩盘风险紧密相连。

其次，激烈的产品市场竞争导致管理层隐瞒坏消息的激励增强。当产品市场竞争削弱公司的市场份额并降低其盈利能力时，管理层的职业生涯和声誉问题就会变得更为严峻（Li and Zhan，2017）[295]。公司盈利能力的下降增加了管理层薪酬缩水或工作终止的可能性。也就是说，产品市场竞争增加了管理层披露坏消息的成本。因此，管理层出于职业生涯的担忧选择隐瞒坏消息。产品市场竞争侵蚀了企业的盈利能力、增加了管理层的离职率，从而加剧了管理层职业生涯担忧。为了应对更为激烈的市场竞争，管理层有更强烈的动机隐瞒坏消息。

最后，处于竞争更为激烈的市场环境中的公司，可能与较差的信息环境相关。面对竞争威胁的公司往往不愿过多地进行信息披露，以摆脱产品市场和资本市场的双重压力。Verrecchia（1983）[296]提出的专有成本理论认为，当竞争对手战略性地利用所披露的信息来削弱披露公司的竞争地位时，就会产生专有成本。因此，竞争恶化了公司信息透明度。Dedman和

Lennox（2009）[297]、Ellis等（2012）[298]提供了实证证据支持专有成本假设，即市场竞争减少了信息披露。专有成本的存在使企业避免向公众披露过多私有信息，并且处于竞争激烈程度更高行业的公司将这一行为作为一种保护自身竞争优势的方式（Verrecchia and Joseph，2006）[299]。任何披露给公众的信息都可能被竞争对手观察到，竞争对手有利用这些信息应对披露信息的公司的激励。当行业竞争加剧时，公司调整了有关重大合同的专有信息的披露以限制公众获取的信息量（Verrecchia and Joseph，2006）[299]。类似地，Bagnoli和Watts（2010）[300]表明，竞争导致竞争对手采取提供有偏报表的方式来误导对手公司以保持他们的竞争地位。糟糕的信息环境为坏消息的不断积累提供了条件，当坏消息累积到一个阈值并立即释放时，就会增大股价崩盘风险。

基于上述分析，处于竞争较为激烈的市场环境中的公司，其风险承担行为导致发生坏结果、坏消息的可能性更大，管理层出于职业考虑，隐瞒坏消息的动机增强，且较强的产品市场竞争导致公司信息环境较差，在这三个方面因素的共同作用下，坏消息不断积累，这种信息隐瞒行为在不良信息无法隐瞒并最终公开的情况下导致股价崩盘风险增大。因此，产品市场竞争程度增强了公司风险承担与股价崩盘风险间的正相关关系。据此，本书提出假设H9：

假设H9：产品市场竞争程度在公司风险承担与股价崩盘风险间起正向调节作用。

3.3.5 机构投资者持股在公司风险承担与股价崩盘风险间的调节作用

机构投资者作为公司的重要股东和市场中成熟的投资者，发挥着重要的外部治理作用。Monks（1995）[301]认为，拥有大量股权的机构投资者倾向于监督和约束管理者，以确保公司的投资策略与实现长期价值最大化的目标一致，而不是满足短期收益目标。Shleifer和Vishny（1997）[302]认为，机构投资者持有大量股份，他们能从监督企业过程中获得比小股东更多的利益，因此他们有动机收集信息和监督管理层。通过文献梳理，本书认为，机构投资者能负向调节公司风险承担与股价崩盘风险的关系，主要表现在机构投资者持股能够减少坏消息发生的概率、收集信息与监督管理层，以及降低信息不对称程度。

第一，机构投资者的管理技能和专业优势有助于提高公司决策质量，降低坏消息发生的概率。拥有大量股权的机构投资者更关注公司长期绩效，而非短期收益目标，机构投资者持股对公司投资策略与企业价值最大化目标是否一致更为关注（Monks，1994）[301]，因此，机构投资者与公司的目标取向一致，机构投资者具有发挥其专业优势与信息优势为公司决策提供支持的倾向。制度监督是持股规模的函数（Kahn and Winton，1998）[275]，当机构投资者持股越高时，其为公司决策提供支持的倾向也就越强。即机构投资者持股有助于提高公司决策质量，公司投资决策失败的可能性降低，发生坏消息的概率降低。

第二，机构投资者有动机和能力收集信息、监督管理层，降低信息不对称。根据受托责任和声誉假说，机构投资者非常重视其受托责任（Del Guercio and Hawkins，1999）[303]，以及股东和分析师如何看待其作为有效监管者的声誉（Shin and Seo，2011）[304]。因此，机构投资者有动力通过任命独立和称职的董事来积极参与公司的治理。来自机构投资者的监督迫使公司管理层更及时、更详细地披露信息，提高了信息透明度，减少了管理层的信息机会主义行为。除此之外，由于机构投资者具有良好管理技能、专业以及信息优势，机构投资者更有能力发现包括盈余管理和虚假报告在内的管理层机会主义行为（Tee et al.，2018）[305]。当机构投资者持股比例越高、持股时间越长时，他们越有更多激励来监督管理层决策，促使公司获取越好的绩效。

综上所述，机构投资者持股有助于提高公司决策质量，公司投资决策失败的可能性降低，发生坏消息的概率降低。机构投资者有动机和能力收集信息、监督管理层，建立良好的信息环境，降低信息不对称程度，抑制公司管理层隐瞒坏消息的行为，因此削弱了公司风险承担对股价崩盘风险的正相关关系。基于上述分析，本书提出假设H10：

假设H10：机构投资者持股在公司风险承担与股价崩盘风险间起负向

调节作用。

3.3.6 投资者情绪在公司风险承担与股价崩盘风险间的调节作用

有学者认为，投资者情绪是导致股价崩盘风险的因素，而非基本面。Case和Shiller（1989）[306]通过对比股价崩盘前后的投资者情绪和基本面，发现股价崩盘前后基本面没有发生改变，而投资者情绪却发生了巨大变化，表现为股价崩盘前的过度乐观与股价崩盘后的悲观。De Long等（1990）[307]认为，市场中存在噪音交易者与理性套利者两种类型的交易者。噪音交易者情绪高涨时会对股票产生过高的乐观估计，不断推高股票价格。而理性的套利交易者因为担心股价被噪音交易者进一步推高，放弃卖空股票，导致套利不能消除噪音的影响，套利交易者的信息，尤其是负面信息没有被反映在股价之中。

首先，投资者情绪高涨期，投资者对公司管理层隐瞒坏消息不甚敏感。有研究表明，我国股票市场投资者容易受到投资者情绪的影响。过度乐观是市场投资者普遍具有的认知偏差，表现为投资者高估好事件发生的概率，低估坏结果出现的概率。在股票市场情绪高涨时，投资者具有过度乐观的认知偏差，出现公司管理层隐瞒坏消息的状况时，投资者在过度乐观情绪的支配下，很难及时、适度地感知公司风险，导致管理层隐瞒坏消息不能被及时释放，在公司内部不断积累，达到阈值时集中爆发，引起股价崩盘。相反，在投资者情绪低落期，投资者对管理层隐瞒坏消息的行为更为敏感，一旦发现坏消息或管理层隐瞒坏消息的东西，就会抛售股票，因此导致管理层隐瞒坏消息的行为更容易被察觉，管理层隐瞒坏消息的可能性降低，股价崩盘风险降低。

其次，投资者情绪高涨期，股价中没有包含悲观投资者的预期，看跌信息被隐藏并累积。在市场情绪高涨期间，股票价格中只包含过度乐观的噪音交易者的信息，而理性套利者的信息被排除在外。Hong和Stein（2003）[67]认为，股票价格只反映了乐观投资者的预期，而不反映悲观投资者的预期。看跌信息就被隐藏并累积起来，此时，管理层更容易隐瞒负面信息。另外，投资者情绪高涨期的分析师表现为过度乐观，往往会发布乐观的盈利预测和建议，因此他们所涉及的公司的负面信息无法及时披露给外部投资者（Xu et al., 2013）[26]。在投资者情绪高涨期，管理层更容易隐瞒坏消息，当积累的隐藏信息达到阈值时会立即被释放，导致股价暴跌（Hutton et al., 2009）[9]。

最后，投资者情绪高涨期，分析师过度乐观的预测导致公司信息透明度降低。投资者情绪高涨期，分析师非理性表现为过度乐观，倾向于发布乐观的盈余预期和建议，他们所涉及的公司负面信息不能被外部投资者及时感知，信息不对称程度增加，公司管理层更容易隐瞒坏消息，当积累的坏信息达到阈值时会立即被释放，导致股价崩盘。

基于上述分析，投资者情绪高涨期，投资者过度乐观的认知偏差导致投资者不能及时感知管理层隐瞒坏消息的行为，坏消息不断积累引起股价崩盘。投资者情绪高涨期，投资者的看跌情绪不能反映在股价中，坏消息不能被及时披露。同时，投资者情绪高涨期，分析师非理性导致公司信息透明度降低，为管理层隐瞒坏消息提供机会。因此，投资者情绪强化了公司风险承担对股价崩盘风险的正向影响。基于上述分析，本书提出假设H11：

假设H11：投资者情绪在公司风险承担与股价崩盘风险间起正向调节作用。

3.4 本章小结

本章在第2章文献综述的基础上，对公司风险承担与股价崩盘风险两个关键概念进行界定，从投资、融资、资产配置与财务报告决策四个维度衡量公司风险承担。在委托代理理论、坏消息窖藏理论、管理层风险规避假说、高阶梯队理论、信号传递理论等基础上，分析了公司风险承担与股价崩盘风险的关系，提出管理层能力、产品市场竞争、机构投资者持股和投资者情绪在公司风险承担与股价崩盘风险间存在调节作用，认为公司风险承担增加了坏消息发生的概率，通过管理层隐藏坏消息的动机与能力影响股价崩盘风险，基于此，提出本书的概念模型。

在构建概念模型的基础上，从投资、融资、资产配置与财务报告决策四个维度分析公司风险承担对股价崩盘风险的影响，分析管理层能力、产品市场竞争、机构投资者持股与投资者情绪等变量在公司风险承担与股价崩盘风险间的调节作用，并提出研究假设，如表3–1所示。

表 3–1 研究假设汇总

研究假设	假设内容
H1	投资决策导致的公司风险承担上升，股价崩盘风险增加
H2	融资决策导致的公司风险承担上升，股价崩盘风险增加
H3	资产配置决策导致的公司风险承担上升，股价崩盘风险增加
H4	财务报告决策导致的公司风险承担上升，股价崩盘风险增加
H5	公司风险承担水平越高，股价崩盘风险越大
H6	管理层薪酬绩效敏感性在公司风险承担与股价崩盘风险间起中介作用
H7	信息不透明度在公司风险承担与股价崩盘风险间起中介作用
H8	管理层能力在公司风险承担与股价崩盘风险间起负向调节作用
H9	产品市场竞争在公司风险承担与股价崩盘风险间起负向调节作用
H10	机构投资者持股在公司风险承担与股价崩盘风险间起负向调节作用
H11	投资者情绪在公司风险承担与股价崩盘风险间起负向调节作用

第4章

研究设计

第3章对公司风险承担是否以及如何影响股价崩盘风险进行了理论分析，提出了本书的概念模型与研究假设。为了对公司风险承担与股价崩盘风险的关系，管理层能力、产品市场竞争、机构投资者持股、投资者情绪在公司风险承担与股价崩盘风险间的调节作用，以及管理层薪酬绩效敏感性及信息不透明度在公司风险承担与股价崩盘风险间的中介作用进行实证检验，本章对后续实证研究所需要的样本选择、数据来源、变量选取等进行说明。并以相关理论和研究文献为基础，构建实证检验所需的计量模型，为后续章节的展开打好基础。

4.1 样本选择与数据来源

本书以我国A股上市公司为研究样本，样本区间为2007~2019年。样本区间的选择主要基于如下考虑：首先，2007年为中国股市发展最为迅猛的一年，上证指数从2000点上涨到最高点6140点，却极具戏剧性地在随后的2008年迎来了全球性的股灾。随后，2009~2017年中国A股市场，又经历了多个“牛市”和“熊市”的转换，能够较为完整地反映不同股市表现下股价波动。已有研究发现，股价崩盘风险与股市表现具有状态依赖性，即与股市处于“牛市”期相比，处于“熊市”期时，股价崩盘风险发生的可能性更高。而“牛市”与“熊市”的股市状态会持续两年至数年，当样本期间过短时，将无法囊括股市表现的变化。因此，本书选择了较长的样本区间。

本书实证分析涉及的投资、融资、资产配置与财务报告决策四个维度的公司风险承担衡量指标数据取自CSMAR数据库中的财务报表数据库。本书从行为视角出发构建公司风险承担指标，其中投资、融资、资产配置公司风险承担衡量指标均取自财务报表数据，财务报告决策公司风险承担指标以盈余激进度乘以财务报告文本语调来衡量，盈余激进度取自财务报表数据，财务报告本文语调采用手工搜集的方式获取数据。以CSMAR数据库中的股票日交易数据为基础计算股价崩盘风险，管理层薪酬绩效敏感性取自行为金融数据与财务报表数据，信息透明度取自分析师预测数据。

同已有研究保持一致，本书对研究样本进行了如下处理：第一，由于金融保险类上市公司投资方向、融资方式、资产配置决策等都与实体企业存在显著差异，金融保险类上市公司的风险承担水平也与实体企业相差甚远，因此本书剔除了样本中所有的金融保险类上市公司样本。第二，股票标有ST（特别处理）、*ST（有退市风险），说明公司在经营过程中存在由于经营不善，连续三年没有盈利，进而中国证监会以ST、*ST标注的方式向投资者发出警示。并且被警示的上市公司股票，以日涨跌幅不超过5%的限制进行交易，与其他正常A股上市公司日涨跌幅10%的标准具有明显差异。而由于经营不善，被ST、*ST标注的上市公司，其风险承担水平也不同于正常上市公司，因此本书剔除了有ST、*ST标识的上市公司。第三，在此基础上，为了保证研究结论的稳健性，本书将获取的数据与RESSET、Wind数据库进行了比对与补充，进一步对数据缺失的样本进行剔除。本书最终获得16094条样本观测值。本书的数据统计分析均采用STata 16.0进行。此外，本书还进行了首尾1%的缩尾处理。

4.2 变量选取与测度

4.2.1 被解释变量

本书研究公司风险承担对股价崩盘风险的影响，以股价崩盘风险作为被解释变量，沿袭现有研究（许年行等，2012）[36]的通用做法，以负收益偏态系数（*NCSKEW*）和上下波动比例（*DUVOL*）作为被解释变量股价崩盘风险的衡量指标。

（1）根据式（4–1）计算股票i在第t周的周特定收益率$W_{i,t}$。

$$W_{i,t}=\ln(1+\varepsilon_{i,t}) \quad (4\text{–}1)$$

其中，$\varepsilon_{i,t}$为式（4–2）估计的残差项。

$$r_{i,t}=\alpha+\beta_{1,i}\times r_{m,t-2}+\beta_{2,i}\times r_{m,t-1}+\beta_{3,i}\times r_{m,t}+\beta_{4,i}\times r_{m,t+1}+\beta_{5,i}\times r_{m,t+2}+\varepsilon_{i,t} \quad (4\text{–}2)$$

其中，$r_{m,t-2}$、$r_{m,t-1}$、$r_{m,t}$、$r_{m,t+1}$、$r_{m,t+2}$分别为股票m在第t–2、t–1、t、t+1、t+2周的周收益率。

（2）计算被解释变量股价崩盘风险，即负收益偏态系数（*NCSKEW*）和上下波动比例（*DUVOL*）。

①上下波动比例（*DUVOL*）。

将公司样本按照周特定收益率是否高于周特定收益率均值分为两组，分别计算这两组样本的周特定收益率标准差，再对低周特定收益率组标准差与高周特定收益率组标准差的比值求对数。具体计算公式如下：

$$DUVOL_{i,t}=\log\left\{\left[(n_u-1)\sum_{DOWN}W^2{}_{i,t}\right]\Big/\left[(n_d-1)\sum_{UP}W^2{}_{i,t}\right]\right\} \quad (4\text{–}3)$$

其中，n_u和n_d分别为低、高周特定收益率组的周数，$\sum_{DOWN}W^2{}_{i,t}$为低周特定收益率组的周特定收益率，$\sum_{UP}W^2{}_{i,t}$为高周特定收益率组的周特定收益率。*DUVOL*越大就意味着股价崩盘风险越高。

②负收益偏态系数（*NCSKEW*）。

股价崩盘风险主要是指在非预期情况下，股价突然大幅度下跌的现象。因此，股价崩盘风险的衡量指标构建也基于股票实际的市场表现。根据已有方法（许年行等，2012）[36]衡量股价崩盘风险。第一个指标是个股经市场调整后收益率的负偏度（*NCSKEW*），较高的负偏度意味着股价崩盘风险越高，计算方法如下：

$$NCSKEW_{i,t}=-[n(n-1)^{3/2}\sum W_{i,t}^3]/[(n-1)(n-2)(\sum W_{i,t}^2)^{3/2}] \quad (4\text{–}4)$$

其中，n为股票1年内的有效交易周数，$W_{i,t}$为股票i在第t周的周特定收益率。*NCSKEW*越大，股价崩盘风险越大。

4.2.2 解释变量：基于行为视角

公司风险承担的测度方法种类繁多，各有利弊。目前，基于业绩的公司风险承担测度方法应用最为广泛，具有数据获取便捷、计算方法科学、较为全面客观等优点，但同时，其数据往往取自于财务数据，容易受到管理层会计操纵的影响，可能会引起互为自变量、因变量或者存在多重共线性问题；或来源于股价波动，但是股价波动还会受到公司风险承担之外的诸多因素影响，导致公司风险承担测度指标中噪音过多。基于政策行为的公司风险承担测度指标，能够直观反映公司在经营、融资、投资等单一政策行为的风险倾向，然而，反映的内容过于片面，不能全面衡量公司的风险承担水平。基于生存状况的公司风险承担测度指标不受会计制度的影响，更具客观性，但相对其他方法而言则显得比较粗糙。

从上述分析可以看出，目前公司风险承担水平的测度指标都是从单一视角出发，不能全面衡量企业风险承担水平，导致不同的公司风险承担指标会得到不同的研究结论。现有研究多是沿袭西方学者对公司风险承担水平的衡量方法，但是我国资本市场独有特征使国外研究的衡量方法不能完全照搬使用，例如，以ROA波动性来衡量公司风险承担水平时，因为西方国家的董事会任期为5年，西方学者多使用5年作为一个滚动窗口期，中国学者在使用ROA波动性作为公司风险承担水平的代理变量时，也照搬5年作为一个滚动窗口期。但在中国，董事会的任期为3年，现在越来越多的中国学者根据自身研究内容的不同，选择3年作为一个滚动窗口期。

公司的主要财务活动涉及投资、融资、资产配置与财务报告披露等，与之相对应的风险包括流动性风险、投资风险、信用风险或筹资风险及法律风险。这些决策行为并非孤立存在，它们之间互相依存，共同对公司风险承担水平产生影响。基于此，本书从投资、融资、资产配置与财务报告决策四个维度衡量公司风险承担，并在此基础上，构建公司风险承担水平综合指标。

（1）投资决策公司风险承担。

投资的本质是以牺牲当前现金流为代价获取未来现金流的资金跨时空

的配置行为。对于企业而言，投资的形式多种多样，其中有形资产的投资包括存货、应收账款、固定资产、长期股权投资、以形成无形资产为目的的研发投资以及商誉等。相对而言，由于应收账款、存货等短期资产投资预期在短期内可以变现，其减值或者流动性风险相对较低，而固定资产、长期股权投资、商誉、无形资产相关投资预期在较长时期内变现且其专用性相对较强。因此，同短期资产投资相比，长期资产投资的风险显著较高，尤其是其中的商誉以及以形成无形资产为目的的研发投资支出，其风险更高。例如，商誉本身属于股权投资溢价，在未来期间能够给企业带来的经济利益也存在极高程度的不确定性。因此，商誉的风险高于企业自身直接控制的资产的风险。研发支出的目的是形成无形资产，这意味着研发支出是否能够形成无形资产存在很大程度的不确定性，且即使形成无形资产后，研发支出能够给企业带来持续的经济利益以及在较长时期是否会发生贬值也存在很大程度的不确定性。综上所述，商誉和研发支出的风险高于一般的流动性资产，还高于一般的长期资产，是典型的高风险资产。企业在商誉和研发支出上的强度能够很好地体现企业在投资决策方面的风险承担水平。鉴于此，本书用开发支出与商誉净额之和除以总资产来衡量公司投资决策中的风险承担水平。该比率越大，意味着投资决策公司风险承担水平越高。

（2）融资决策公司风险承担。

在现代企业中负债是企业常用的融资手段，负债水平也在一定程度上体现了企业在融资决策中的风险承担水平。首先，过高的资产负债率意味着企业更多地采用了成本固定的债务资本，这会提高企业杠杆水平，加剧企业业绩波动率。其次，过高的负债会相对降低企业再融资能力，而再融资能力的降低会显著削弱企业应对货币政策紧缩、经营性现金流下降以及突发性支付需求剧增等方面不利冲击的能力，降低企业财务弹性，进而提高企业违约风险和支付风险。最后，过度的负债意味着企业需要寻找更多有利可图的投资项目来覆盖固定而昂贵的利息成本，企业需要用债务资金配置大量的经营性或者金融性资产，当外部宏观环境恶化时，这些资产贬值或者变现的风险剧增。当企业资产负债率发生较大幅度增长时，企业的融资决策风险就增大。基于上述原因，本书认为企业资产负债率的增量能够综合体现企业在融资决策方面的风险承担水平。因此，本书使用资产负债率的增量来衡量公司在融资决策方面的风险承担水平。资产负债率的增量越大，意味着融资决策公司风险承担水平越高。

（3）资产配置决策公司风险承担。

流动资产和非流动性资产都面临贬值风险和变现风险，并且这两种资产的比例关系还影响企业财务韧性。因此，企业资产结构影响和体现了企业在投资决策方面的风险承担水平。

企业配置流动性资产的目的是预期未来短期内通过变现流动性资产给企业带来经济利益。流动性资产存续期通常较短、流动性较强，并且通常具有公开的交易市场，这意味着较短时期内流动性资产的贬值风险和变现风险较低。此外，财务灵活性理论认为，公司对紧急情况的应对能力、对投资机会的把握能力取决于公司对闲置资金与剩余负债的利用能力。企业持有更多变现能力强的流动性资产可以更好地应对突发事件的不利冲击，增强企业财务韧性。因此，企业持有更多流动性资产意味着企业资产本身的固有风险较低，且应对不利冲击的能力和财务韧性均增强。

企业配置非流动性资产的目的是预期在较长时期内，非流动性通过增值或者使用给企业带来经济利益。此外，在现行会计制度下，流动性资产的减值准备可在证据充分证明资产价值恢复时予以转回，而现行会计准则下并不允许转回已经计提的固定资产等非流动性资产减值准备。这意味着非流动性资产减值对企业业绩具有单向的负向冲击，而流动资产减值对企业的业绩冲击更为中性。另外，非流动性资产存续期限长、流动性弱、专用性强，在技术和外部环境变化较快的情况下，非流动性减值的可能性及金额均会大大高于流动性资产。因此，企业持有更多非流动性资产意味着企业资产本身的固有风险较高，且会降低企业应对不利冲击的能力，降低企业财务韧性。

鉴于上述分析，本书用构建固定资产、无形资产和其他长期资产支付的现金与总资产的比重来衡量公司在资产配置风险承担水平。该指标越大，意味着资产配置公司风险承担水平越高。

（4）财务报告决策公司风险承担。

公司出于各种动机进行盈余管理，导致公司信息透明度较差，为公司盈余管理、信息操纵提供便利，一旦公司的信息操纵行为被外界感知，公司就会面临诉讼风险。本书采用盈余激进度乘以财务报告文本语调来衡量财务报告决策公司风险承担水平。盈余激进度越高，财务报告文本语调风险越高，财务报告质量就越低，企业面临的诉讼风险越高。

盈余激进度（EA）代表了总应计利润在总利润中的比重，比重越高表明盈余透明度越低。借鉴Bhat-tacharya等（2003）[308]的研究，采用下列模型计算盈余激进度。

$$\mathrm{EA}=percentile\left(\frac{\Delta CA_{i,t}-\Delta CL_{i,t}-\Delta Cash_{i,t}+\Delta STD_{i,t}}{TA_{i,t-1}}\right) \tag{4-5}$$

其中，EA表示盈余激进度，TA表示期末总资产，ΔCA表示流动资产变动额，ΔCL表示流动负债变动额，$\Delta Cash$表示货币资金变动额，ΔSTD表示一年内到期的长期负债变动额。参考Lang等（2012）[309]的研究，将计算结果按照百分位数顺序赋值，排序越靠后，就说明盈余激进度越高。

财务报告文本语调（FRTI）是指公司财务报告中风险指标关键词词集对应的精确词频总和除以报告文本的总词数。证监会要求公司对风险进行“有意义”的披露，以帮助信息使用者更加准确地预测公司未来现金流，从而做出正确的投资决策。本书采用词频分析法，通过阅读大量风险信息披露的政策法规、研究文献以及上市公司披露的文本信息，制定与描述风险信息披露相关的种子词集，再通过WinGo相似词数据库对种子词集进行词汇扩充（见表4-1）。

表4-1 财务报告文本语调词汇

种子词汇	扩充词汇
不可抗、风险、经营风险、不确定、潜在风险、损失、无法实现	自然灾害、不可抗力、意外事件、不可控、损毁、突发性、疫情、不确定性、不稳定、难以预测、不利影响、潜在风险、负面影响、赔偿、法律风险、风险隐患、汇兑风险、项目风险、技术风险、融资风险、违约风险、信用风险、环保风险、政策性风险

本书采用盈余激进度乘以财务报告文本语调来衡量财务报告决策公司风险承担水平，计算过程如下：

$$RISK_4=EA\times FRTI \quad (4-6)$$

（5）公司风险承担水平综合指标。

从投资、融资、资产配置、财务报告决策四个维度衡量公司风险承担，只能反映公司在单一决策行为公司风险承担水平，不能全面衡量公司整体的风险承担水平。为了能够较为全面地反映公司风险承担水平，本书在投资、融资、资产配置与财务报告决策四个维度上构建公司风险承担水平综合指标。具体计算过程如下：

由于不同公司在所处环境、个体特征等方面均存在显著差异，个体企业间风险承担水平的截面差异难以比较，本书采用分行业回归的方法估计个体企业风险承担水平及其变化。首先，以同行业公司为样本，根据式（4-7）估计年度公司最优风险承担水平的预测模型。

$$\hat{RISK}_i=\alpha_0+\beta_1 size+\beta_2 lev+\beta_3 roa+\beta_4 dual+\beta_5 growth+\beta_6 top1+\beta_7 indep \quad (4-7)$$

其中，$\hat{RISK}_i$分别为$Risk_1$、$Risk_2$、$Risk_3$和$Risk_4$，为投资决策、融资决策、资产配置决策和财务报告决策公司风险承担水平的预测值。等式右边的解释变量为已知影响公司风险承担水平的因素，包括公司规模、资产负债率、ROA、董事长总经理两职合一、成长性、第一大股东持股比例、独立董事比例。分行业、分年度估计式（4-7），预测各公司年度公司风险承担水平。然后将实际值与预测值的差额除以同年度该行业该公司风险承担指标的均值，以此作为衡量该项决策行为公司风险承担水平的代理变量。计算公式如下：

$$RISKT_i=(RISK_i-\hat{RISK}_i)/\overline{RISK_i} \quad (4-8)$$

其中，$RISKT_i$分别为投资决策、融资决策、资产配置决策和财务报告决策的公司风险承担水平，$RISK_i$分别为投资、融资、资产配置和财务报告决策公司风险承担水平的实际值，$\hat{RISK}_i$分别为投资、融资、资产配置和财务报告决策公司风险承担水平的预测值，$\overline{RISK_i}$分别为投资、融资、资产配置和财务报告决策公司风险承担水平的同年度该行业均值。

最后，本书采用$RISKT_i$之和衡量公司风险承担水平，用$RISK$表示。

$$RISK = \sum(RISK_i - \hat{RISK_i})/\overline{RISK_i} = \sum RISKT_i \quad (4\text{-}9)$$

其中，$RISK$为公司风险承担水平综合指标，其他指标同上。

综上所述，本书从投资、融资、资产配置与财务报告四个维度衡量公司风险承担水平，并以此为基础，构建公司风险承担综合指标。指标计算方法如表4-2所示。

表4-2 公司风险承担测度指标

变量名称	变量符号	变量说明
投资决策的公司风险承担	$Risk_1$	（开发支出+商誉净额）/总资产
融资决策的公司风险承担	$Risk_2$	资产负债率的增量
资产配置决策的公司风险承担	$Risk_3$	构建固定资产支付的现金/总资产
财务报告决策的公司风险承担	$Risk_4$	盈余激进度 × 财务报告文本语调
公司风险承担水平综合指标	$RISK$	详见上文

4.2.3 中介变量

从第3章可以看出，公司风险承担导致坏消息发生的概率增大，增加了管理层隐瞒坏消息的激励，使管理层隐瞒坏消息的动机增强，同时公司风险承担带来了更为模糊的信息环境，为管理层隐瞒坏消息提供了条件，管理层隐瞒坏消息的能力得到增强。因此，本书认为，公司管理层隐瞒坏消息的动机与能力是公司风险承担影响股价崩盘风险的作用路径。本书分别以管理层薪酬绩效敏感性、信息不透明度衡量管理层隐瞒坏消息的动机与能力。

（1）高管薪酬业绩敏感性（*EPPS*）。

借鉴曹越等（2020）[310]的研究，将高管薪酬分为货币薪酬和股权薪酬，高管薪酬绩效敏感性则为业绩货币薪酬敏感性与业绩股权薪酬敏感性之和。为了避免盈余管理行为对利润可能造成的影响，采用股东财富作为业绩指标。业绩货币薪酬敏感性为企业高管薪酬总额的变化值与企业总市值变化值的比值，业绩股权薪酬敏感性用管理层持股比例来衡量，并剔除了高管薪酬业绩敏感性为负的观测值。

$$EPPS = \frac{\Delta TEC}{\Delta TMV} + ESR \tag{4-10}$$

其中，$EPPS$为管理层薪酬绩效敏感性，ΔTEC为公司高管薪酬总额的变化值，ΔTMV为公司总市值的变化值，$\frac{\Delta TEC}{\Delta TMV}$为业绩货币薪酬敏感性，$ESR$为管理层持股比例，代表业绩股权薪酬敏感性。

（2）信息不透明度（$ABSDA$）。

借鉴Hutton等（2009）[9]、曹丰等（2015）[113]的研究，以可操纵应计利润绝对值作为信息不透明度的衡量指标。分年度、分行业对式（4-11）进行回归，回归所得的残差$\varepsilon_{i,t}$即为可操纵性应计利润。可操纵性应计利润的绝对值越大，公司信息透明度越低，信息不对称程度越高。

$$\frac{TA_{i,t}}{A_{i,t-1}} = \beta_0 + \beta_1 \frac{1}{A_{i,t-1}} + \beta_2 \frac{(\Delta REV_{i,t} - \Delta REC_{i,t})}{A_{i,t-1}} + \beta_3 \frac{PPE_{i,t}}{A_{i,t-1}} + \varepsilon_{i,t} \tag{4-11}$$

其中，$TA_{i,t}$表示期末应计利润总额，$A_{i,t-1}$表示期末总资产，$\Delta REV_{i,t}$为期末销售收入的变化值，$\Delta REC_{i,t}$为期末应收账款的变化值，$PPE_{i,t}$为期末固定资产，$\varepsilon_{i,t}$为残差项。

4.2.4 调节变量

为验证管理层能力、产品市场竞争、机构投资者持股与投资者情绪等变量是否在公司风险承担与股价崩盘风险间起调节作用，本书构建调节变量如下：

（1）管理层能力。

本书借鉴Demerjian等（2013）[130]的做法衡量管理层能力，具体方法如下：

第一步，运用DEA法测算企业生产效率（θ）。计算产出变量与投入变量的比值，构建如下模型：

$$\max(\theta) = \frac{Sales}{\begin{array}{l} V_1 PPE + V_2 R\&D + V_3 Good-Will + \\ V_4 In\tan + V_5 CoGS + V_6 SG\&A \end{array}} \tag{4-12}$$

其中，*Sales*为营业收入，*PPE*为固定资产净额，*R&D*为净研发支出，*Good-Will*为商誉，*Intan*为无形资产，*CoGS*为营业成本，*SG&A*为销售费用及管理费用。

第二步，选取反映生产效率的公司层面指标，估计管理层能力*MA*。

$$\theta=\alpha_0+\alpha_1 Size+\alpha_2 MarketShare+\alpha_3 FCF+\alpha_4 Age+\alpha_5 HHI+\alpha_6 FC+\varepsilon \quad (4\text{-}13)$$

其中，*Size*为公司规模，*Marketshare*为市场份额，*FCF*为自由现金流，*Age*为公司上市年限，*HHI*为多元化经营程度，*FC*为是否有海外子公司。

用模型（4-13）回归残差 ε 测度特定企业管理层能力（*MA*）。然后按照（年度—行业）对管理者能力等分为高低两组，管理层能力高的组赋值为1，管理层能力低的组赋值为0。

（2）产品市场竞争。

本书采用赫芬德尔指数（*HHI*）作为产品市场竞争的代理变量，用单个上市公司所占的市场份额乘以（-1）衡量。赫芬德尔指数（*HHI*）越大，说明产品市场竞争程度越高。然后按照（年度—行业）产品市场竞争强度把各年度样本等分为高低两组，产品市场竞争高的组赋值为1，产品市场竞争低的组赋值为0。

（3）机构投资者持股。

本书的机构投资者持股（*Insth*）计算方法为：将机构投资者持股比例按照（年度—行业）分成高低两组，机构投资者持股比例高的那组取值1，低的那组取值0。

（4）投资者情绪。

本书采用换手率（*Sent*）衡量投资者情绪。换手率越高，表明投资者情绪越高涨，反之，投资者情绪越低落。然后按照（年度—行业）对投资者情绪等分为高低两组，投资者情绪高的组赋值为1，投资者情绪低的组赋值为0。

4.2.5 控制变量

参考现有文献（许年行等，2012），本书选择的控制变量为：t期的负收益偏态系数、公司规模、财务杠杆、资产收益率、平均周收益率、收益波动、账面市值比、个股换手率。同时，还将年度和行业作为控制变量（见表4-3）。

表 4-3 变量名称及定义

	变量名称	变量符号	变量说明
被解释变量	负收益偏态系数	$NCSKEW_{i,\ t+1}$	i公司t+1期的*NCSKEW*
	上下波动比例	$DUVOL_{i,\ t+1}$	i公司t+1期的*DUVOL*
解释变量	投资决策公司风险承担	$Risk_1$	（开发支出+商誉净额）/总资产
	融资决策公司风险承担	$Risk_2$	资产负债率的增量
	资产配置决策公司风险承担	$Risk_3$	构建固定资产支付的现金/总资产
	财务报告决策公司风险承担	$Risk_4$	盈余激进度 × 财务报告文本语调
	公司风险承担综合指标	*Risk*	详见正文
控制变量	t期的负收益偏态系数	$NCSKEW_{i,\ t}$	i公司t期的*NCSKEW*
	公司规模	*Size*	月个股流通市值对数
	财务杠杆	*Lev*	总负债/总资产
	资产收益率	*ROA*	净利润/总资产
	平均周收益率	*Ret*	股票i年第t年的平均周收益率
	收益波动	*Sigma*	股票i第t年周收益率的标准差
控制变量	账面市值比	*BM*	账面价值与市值的比重
	第一大股东持股比例	*Top*1	第一大股东持股占比
	个股换手率	*Hsl*	个股年换手率/100
调节变量	管理层能力	*MA*	详见正文
	产品市场竞争程度	*HHI*	公司营业收入占行业的比重
	机构投资者比例	*Insth*	机构投资者持股占比
	投资者情绪	*Sent*	换手率
中介变量	管理层薪酬业绩敏感性	*EPPS*	业绩货币薪酬敏感性与业绩股权薪酬敏感性之和
	信息不对称程度	*ABSDA*	可操纵性应计利润的绝对值

4.3 实证研究分析方法

为验证公司风险承担是否以及如何影响股价崩盘风险，管理层能力等变量在公司风险承担与股价崩盘风险间的调节作用，管理层薪酬绩效敏感性与信息不透明度在公司风险承担与股价崩盘风险间的中介作用，本书采用实证研究的方法对上述理论假设进行验证。本书从CSMAR数据库中获取实证研究所需的数据，通过理论分析构建公司风险承担、股价崩盘风险、管理层薪酬绩效敏感性、信息不对称程度与管理层能力等变量间的实证模型，应用Stata软件进行实证研究。后续章节采用的实证研究方法如下。

4.3.1 描述性统计与相关性分析

本书采用Stata 16.0对主要变量进行描述性统计与相关性分析。描述性统计反映了本书实证研究所需主要变量的分布情况，包括均值、标准差、最大值、最小值与中位数，其中，均值反映了该变量的中心点和平均水平；标准差反映了该变量的离散程度，标准差越大，该变量离散程度越大；通过最大值、最小值与中位数，可以看出该变量的极端值等大概分布。

除此之外，本书还采用皮尔森相关系数检验与斯皮尔曼相关系数检验对主要变量进行相关性分析。皮尔森相关系数检验主要用于反映两个连续变量间的线性相关关系，而斯皮尔曼相关系数检验利用两个变量的秩次大小做线性相关分析，对变量的分布不做要求。当相关系数低于0.2时，两个变量为极弱相关或不相关；当相关系数在0.2和0.4之间时，两个变量为弱相关；当相关系数在0.4和0.6之间时，两个变量为中等程度相关；当相关系数在0.6和0.8之间时，两个变量为强相关；当相关系数大于0.8时，两个变量为极强相关。

4.3.2 多元线性回归分析

多元线性回归用于分析连续变量的线性关系，通过最小二乘法构建一个使样本点和预测值的离差平方和最小的模型，以揭示并预测变量间关系。本书探究公司风险承担与股价崩盘风险的关系，公司风险承担与股价崩盘风险均为连续变量，因此，本书采用多元线性回归分析的方法对公司风险承担与股价崩盘风险的关系进行实证检验。除此之外，为了验证管理层能力等变量在公司风险承担与股价崩盘风险间的调节作用，分别构建交乘项，并进行多元线性回归。

4.3.3 基于多重中介模型的路径检验

第3章中理论分析了管理层薪酬绩效敏感性与信息不对称程度在公司风险承担与股价崩盘风险间起中介作用，因此，需要通过中介效应检验来验证管理层薪酬绩效敏感性与信息不对称程度的中介作用。本书借鉴温忠麟和叶宝娟（2014）[311]的中介效应检验，构建中介效应模型，对管理层薪酬绩效敏感性与信息不对称程度的中介作用进行分析。

$$
\begin{aligned}
&Y=cX+e\\
&M=aX+e\\
&Y=c'X+bM+e
\end{aligned}
\qquad (4\text{–}14)
$$

中介效应检验的步骤如下：首先，检验X是否显著影响Y；其次，检验X是否显著影响M；最后，检验X和M是否显著影响Y。在第三个回归中，当X与Y不再显著相关、M与Y显著相关时，说明M在X与Y间起完全中介作用；当X的斜率绝对值下降、显著性水平降低、M的斜率显著时，说明M在X与Y间起部分中介作用（见图4–1）。

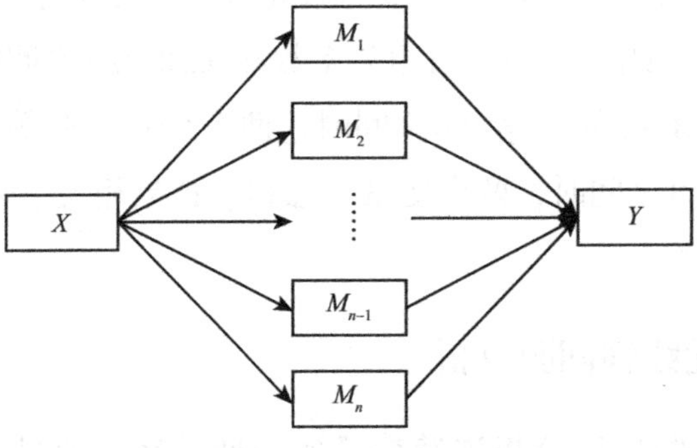

图 4–1 并行多重中介模型

本书的理论分析认为，公司风险承担通过管理层薪酬绩效敏感性与信息不透明度影响股价崩盘风险，即管理层薪酬绩效敏感性与信息不透明度同时在公司风险承担与股价崩盘风险间起中介作用。据此，本书建立并行多重中介模型，对管理层薪酬绩效敏感性与信息不透明度的中介作用进行分析。

4.3.4 调节作用分析

为了检验管理层能力、产品市场竞争、机构投资者持股与投资者情绪在公司风险承担与股价崩盘风险间的调节作用，需要构建调节效应模型，如下：

$$Y=\beta_0+\beta_1X_1+\beta_2X_2+\beta_3X_1X_2+e \quad (4\text{–}15)$$

X_1对Y的影响为直接效应，调节效应则反映了在模型中加入X_2后，X_1对Y的影响也会发生改变。在式（4–15）中，如果X_1与Y的回归系数β$_1$为负值，而X_1X_2与Y的回归系数β$_2$为负值，则说明，X_2增大会增强X_1对Y的负向影响；X_1X_2与Y的回归系数β$_2$为正值，则说明，X_2增大会削弱X_1对Y的负向影响。即，当β$_1$与β$_3$同方向时，表明X_2的增大对X_1与Y的关系起增强作用；当β$_1$与β$_3$反方向时，表明X_2的增大对X_1与Y的关系起削弱作用。

4.3.5 内生性检验

本书采用倾向得分匹配方法、处理效应模型缓解本书实证结论内生性。

（1）倾向得分匹配（Propensity Score–Matching Method）。

倾向得分匹配法（PSM）使用倾向得分函数将多维向量的信息压缩到一维，然后根据倾向得分进行匹配。此种方法在评估某项公共政策实施后的效应的经济学研究中被广泛应用。经过不断的发展，近年来此种方法也被广泛地运用到了公司财务的研究中。而由于数据通常来自非随机的观察研究中，处理组和控制组的初始条件不完全相同，故存在选择偏差（Selection Bias）问题。通过构建“处理组”和“控制组”以评估处理效应（Treatment Effect），可以在既定的可观测特征变量下，使处理组个体和控制组个体尽可能相似，因而可以缓解处理效应的选择偏差问题。

PSM模型的基本设定如下。

对于个体，根据是否进行某项处理可以分为两种结果：

$$i=\begin{cases} y_{1i}, & if\ D_i=1 \\ y_{0i}, & if\ D_i=0 \end{cases} \tag{4-16}$$

其中，D_i表示个体是否进行某项处理，即1表示处理，0表示未处理；y_{1i}表示个体进行处理的结果；y_{0i}表示个体未进行处理的结果。

在给定可观测特征变量情况下，个体进入处理组的条件概率为：

$$\mathrm{P}(x_i)=\Pr(D_{\mathrm{i}}=1|x=x_i)=E(D_i|x_i) \tag{4-17}$$

根据式（4–16）和式（4–17）可得参与者的平均处理效应（ATT）为：

$$\begin{aligned} \mathrm{ATT} &\equiv E\{y_{1i}-y_{0i}|D_i=1\}=E\left[E\{y_{1i}-y_{0i}|D_i=1,p(x_i)\}\right] \\ &=E\left[E\{y_{1i}|D_i=1,p(x_i)\}-E\{y_{0i}|D_i=0,p(x_i)\}|D_i=1\right] \end{aligned} \tag{4-18}$$

此外，进行PSM分析必须满足以下两个方面的假设：①共同支撑假设（Common Support Assumption）：对于x_{i}的任何可能取值，都有0；②平行假设（Balancing Assumption）：给定p（x_{i}），则D_i独立于x_{i}。此假定意味着，对于给定的p（x_{i}），进行随机处理，在处理之前，两组间不存在差异，处理组产生的效应完全来自处理。

（2）处理效应模型（Treat Effect Model）。

社会科学数据大部分都是非随机分配的，使选择模型在研究中的作用越来越重要，因此控制内生性和选择偏差显得十分必要。然而，在使用中也存在一些问题，如忽视了排他性约束变量的重要性。选择模型通常很脆弱，任意或不设排他性约束变量，会使结论非常不稳健。选择模型有两种主要应用：一是处理效应（Treatment Effect Model），即回归模型中包含一个内生的指示变量（D）；二是样本选择（Sample Selection Model）。在上述模型中，内生的D都会导致有偏估计。处理效应模型（Treatment Effect Model）如下：

$$Y=\beta'X+\theta D+u \tag{4-19}$$

其中，包含截距项和一组影响的外生解释变量。指示性变量可以通过以下二元选择模型进行回归得到：

$$D^*=\alpha_0'Z+\alpha_1'X+v \tag{4-20}$$

如果$D^* \geqslant 0$，则D=1，反之$D^* \leqslant 0$，则$D=0$。

通常，式（4–18）和式（4–19）的随机误差项u和v服从二元正态分布，其均值为0，协方差矩阵为：

$$\begin{bmatrix} \sigma^2 & \rho\sigma \\ \rho\sigma & 1 \end{bmatrix} \tag{4–21}$$

随机误差项u和v相关（$\rho \neq 0$），则E（$u \mid D$）$\neq 0$，使式（4–18）中的OLS估计量有偏。通过式（4–19）构造逆米尔斯比率（IMR）控制这个偏差。计算如下：

$$IMR = E(u \mid D) = \begin{cases} \varphi(\hat{\alpha}_0' \ Z + \hat{\alpha}_1' \ X) / \phi(\hat{\alpha}_0' \ Z + \hat{\alpha}_1' \ X) & ,if \ \ D=1 \\ -\varphi(\hat{\alpha}_0' \ Z + \hat{\alpha}_1' \ X) / (1-\phi(\hat{\alpha}_0' \ Z + \hat{\alpha}_1' \ X)) & ,if \ \ D=0 \end{cases} \tag{4–22}$$

其中，$\varphi(.)$和$\phi(.)$分别为标准正态分布的密度函数和累积分布函数。然后，将计算得到IMR加入式（4–19）进行回归：

$$\mathrm{Y}=\beta'\mathrm{X}+\theta D+\rho\sigma IMR+\varepsilon \tag{4–23}$$

此时，式（4–22）中随机误差项ε与D不相关，θ为无偏估计量。并且，可以通过IMR显著性和系数判断选择偏差是否存在以及方向。式（4–20）和式（4–23）可以用传统两步法或最大似然估计法。

4.4　实证模型构建

4.4.1　直接效应检验

第3章对公司风险承担与股价崩盘风险的关系进行了理论分析，提出了11个假设，其中假设H1到假设H5为直接效应检验。为了揭示公司风险承担是否以及如何影响股价崩盘风险，本书构建多元线性回归模型如下：

$$\begin{aligned} CrashRisk_{i,t+1} = \beta_0 &+ \beta_1 RISK_{i,t} + \beta_2 NCSKEW_{i,t} + \beta_3 Size_{i,t} + \beta_4 LEV_{i,t} \\ &+ \beta_5 ROA_{i,t} + \beta_6 BM_{i,t} + \beta_7 Top1_{i,t} + \beta_8 Ret_{i,t} \\ &+ \beta_9 Hsl_{i,t} + YearDum + IndustryDum + \varepsilon_{i,t} \end{aligned} \tag{4–24}$$

其中，$CrashRisk_{i,\ t+1}$代表股价崩盘风险，即负偏态系数（$NCSKEW_{i,\ t}$）与上下波动比例（$DUVOL_{i,\ t}$），被解释变量$Risk_{i,\ t}$分别为股票i在t期的投资决策、融资决策、资产配置决策与财务报告决策四个维度的公司风险承担水平（$Risk_1$、$Risk_2$、$Risk_3$、$Risk_4$），以及由上述四个指标构建的反映公司风险承担水平的综合指标（$Risk$）。

在式（4-24）中，如果β_1显著，就说明公司风险承担与股价崩盘风险存在线性关系；如果β_1为正值，则表明公司风险承担与股价崩盘风险存在正相关关系。假设H1到假设H5得到证实，反之，则假设未得到证实。

4.4.2 中介效应检验

第3章的假设中，假设H10到假设H11为中介效应检验，即管理层薪酬绩效敏感性与信息不透明度在公司风险承担与股价崩盘风险间起中介作用。本书借鉴温忠麟和叶宝娟（2014）[311]的中介效应检验来揭示变量间的关系，构建模型如下：

$$\begin{cases} CrashRisk_{i,t} = \beta_0 + \beta_1 \mathrm{RISK}_{i,t} + Controls_{i,t} + \varepsilon_{i,t} \\ MediatingVar_{i,t} = \beta_0 + \beta_1 RISK_{i,t} + Controls_{i,t} + \varepsilon_{i,t} \\ CrashRisk_{i,t} = \beta_0 + \beta_1 RISK_{i,t} + \beta_2 MediatingVar_{i,t} + Controls_{i,t} + \varepsilon_{i,t} \end{cases} \quad (4\text{-}25)$$

其中，$CrashRisk_{i,\ t}$代表股价崩盘风险，即负收益偏态系数（$NCSKEW$）与上下波动比例（$DUVOL$）；$Risk_{i,\ t}$是解释变量公司风险承担，用投资、融资、资产配置与财务报告决策四个维度的公司风险承担以及以这四个维度公司风险承担为基础计算的公司风险承担水平综合指标来衡量；$MediatingVar_{i,\ t}$是中介变量，分别为管理层薪酬绩效敏感性和信息不透明度，$Controls_{i,\ t}$是控制变量。在式（4-25）中，当第三个公式的$Risk_{i,\ t}$与$CrashRisk_{i,\ t}$的回归系数β_1不再显著、中介变量$MediatingVar_{i,\ t}$与$CrashRisk_{i,\ t}$的回归系数β_2变得显著时，表明中介变量$MediatingVar_{i,\ t}$具有完全中介效应；当$Risk_{i,\ t}$与$CrashRisk_{i,\ t}$的回归系数β_1的绝对值下降、显著性水平也下降时，表明中介变量$MediatingVar_{i,\ t}$具有部分中介效应。

4.4.3 调节效应检验

为了检验管理层能力、产品市场竞争、机构投资者持股与投资者情绪在公司风险承担与股价崩盘风险间的调节作用，本书构建如下模型：

$$\begin{aligned} CrashRisk_{i,t+1} = \beta_0 + \beta_1 RISK_{i,t} + \beta_2 MA_{i,t} + \beta_3 RISK_{i,t} * MA_{i,t} \\ + \beta_4 Control_{i,t} + YearDum + IndustryDum + \varepsilon_{i,t} \end{aligned} \tag{4-26}$$

$$\begin{aligned} CrashRisk_{i,t+1} = \beta_0 + \beta_1 RISK_{i,t} + \beta_2 HHI_{i,t} + \beta_3 RISK_{i,t} * HHI_{i,t} \\ + \beta_4 Control_{i,t} + YearDum + IndustryDum + \varepsilon_{i,t} \end{aligned} \tag{4-27}$$

$$\begin{aligned} CrashRisk_{i,t+1} = \beta_0 + \beta_1 RISK_{i,t} + \beta_2 Insth_{i,t} + \beta_3 RISK_{i,t} * Insth_{i,t} \\ + \beta_4 Control_{i,t} + YearDum + IndustryDum + \varepsilon_{i,t} \end{aligned} \tag{4-28}$$

$$\begin{aligned} CrashRisk_{i,t+1} = \beta_0 + \beta_1 RISK_{i,t} + \beta_2 Sent_{i,t} + \beta_3 RISK_{i,t} * Sent_{i,t} \\ + \beta_4 Control_{i,t} + YearDum + IndustryDum + \varepsilon_{i,t} \end{aligned} \tag{4-29}$$

其中，$CrashRisk_{i,\ t+1}$为股票i在t+1期的股价崩盘风险，分别用负偏态系数（$NCSKEW_{i,\ t+1}$）和上下波动比例（$DUVOL_{i,\ t+1}$）衡量；被解释变量$Risk_{i,\ t}$为i公司t期的公司风险承担水平，由投资、融资、资产配置与财务报告决策四个维度的公司风险承担以及以四个维度公司风险承担为基础计算的公司风险承担综合指标。调节变量为管理层能力（*MA*）、产品市场竞争（*HHI*）、机构投资者持股（*Insth*）与投资者情绪（*Sent*）。控制变量为t期的*NCSKEW*、公司规模（*Size*）、资产负债率（*Lev*）、资产收益率（*ROA*）、账面市值比（*BM*）、第一大股东持股比例（*Top*1）、平均周收益率（*Ret*）、收益率的波动（*Sigma*）。当β_1与β_3均为正值时，表明调节变量对公司风险承担与股价崩盘风险的正相关关系具有正向调节作用；当β_1与β_3均为负值时，表明调节变量对公司风险承担与股价崩盘风险的负相关关系具有正向调节作用；当β_1为正、β_3为负时，表明调节变量对公司风险承担与股价崩盘风险的正相关关系具有负向调节作用；当β_1为负、β_3为正时，表明调节变量对公司风险承担与股价崩盘风险的负相关关系具有负向调节作用。

4.5 本章小结

本章分别从数据来源与样本选择、变量选取与测度、实证研究分析方法、实证模型构建四个方面对实证研究所需要的数据、模型与方法进行阐述，为后续实证研究打好基础。首先，根据本书研究需要确定研究样本，并对数据来源进行阐述，确保样本选择合理、数据来源可靠。其次，在概念模型的基础上，对变量进行设计，其中，基于行为视角，从投资、融资、资产配置与财务报告决策四个维度构建公司风险承担指标，并以此为基础构建公司风险承担水平综合指标。再次，对后续实证研究的研究方法进行阐述，介绍了描述性统计、多元回归统计分析、中介效应分析、调节效应分析与内生性检验等实证过程中采用的方法。最后，根据概念模型，构建实证模型。

| 第5章 |

实证检验

本章在概念模型构建与研究设计的基础上，对前面提出的研究假设进行实证检验。实证检验的内容如下：第一部分为描述性统计；第二部分为相关性分析；第三部分为公司风险承担对股价崩盘风险的影响；第四部分为管理层薪酬绩效与信息不透明度在公司风险承担与股价崩盘风险间的中介作用；第五部分为管理层能力、产品市场竞争、机构投资者持股与投资者情绪在公司风险承担与股价崩盘风险间的调节作用；第六部分为内生性检验；第七部分为稳健性检验。

5.1 描述性统计

描述性统计结果如表5–1所示。负收益偏态系数（$NCSKEW_{i,\ t+1}$）和上下波动比例（$DUVOL_{i,\ t+1}$）的均值分别为–0.310、–0.211，与现有研究的计算结果接近但略高，表明2007~2019年存在较高的股价崩盘风险，与近几年来股价崩盘事件的频频发生相互印证。负收益偏态系数（$NCSKEW_{i,\ t+1}$）和上下波动比例（$DUVOL_{i,\ t+1}$）的中位数分别为–0.268、–0.209，均值都小于中位数，与以往研究认为股价崩盘风险呈左偏分布的结论一致。标准差分别为0.695、0.470，这表明样本企业之间的股价崩盘风险存在较大差异。从描述性统计结果来看，t+1期的负收益偏态系数（$NCSKEW_{i,\ t+1}$）略低于t期的负收益偏态系数（$NCSKEW_{i,\ t}$），总体来说相差不大。投资决策公司风险承担（$Risk_1$）的均值和中位数分别为0.017、0，说明投资决策公司风险承担水平呈右偏分布。最小值为0，中位数为0，最大值为0.280，表明不同企业间投资决策公司风险承担水平差别比较大，且大多数企业的开发支出与商誉较低。融资决策公司风险承担（$Risk_2$）的最小值为–0.229，最大值为0.226，表明一些企业较大幅度负向调整了资产负债率，另一些企业较大幅度正向调整了资产负债率，正向调整与负向调整的程度比较接近。资产配置决策公司风险承担（$Risk_3$）的最大值与最小值相差较大，证明了不同样本的资产配置决策有较大差距。中位数为0.040，表明绝大多数企业当年配置的固定资产并不多。财务报告决策公司风险承担（$Risk_4$）的最大值与最小值相差较大，表明企业间的财务报告风险也相差较大。*Risk*代表的是以$Risk_1$、$Risk_2$、$Risk_3$、$Risk_4$为基础计算的公司风险承担水平综合指标，最大值为1.262、最小值为-0.886，表明总体而言，不同样本间的公司风险承担水平有较大差距。

从表5-1可以看出，公司规模（*Size*）、财务杠杆（*Lev*）、资产收益率（*ROA*）、平均周收益率（*Ret*）、收益波动（*Sigma*）、账面市值比（*BM*）、第一大股东持股比例（*Top*1）、换手率（*Hsl*）等变量的最大值与最小值均有明显差异，说明不同企业间存在显著的个体差异。其中，财务杠杆（*Lev*）的最小值为0.061，最大值为0.883，均值为0.480，说明了部分企业资产负债率很低，部分企业资产负债率高达88.3%，存在较高的财务风险，平均而言，企业的资产负债率达到48%。收益波动（*Sigma*）的最大值、最小值分别为0.106、0.017，表明收益率波动差异较大，总体来说，企业的收益率波动在0.049。换手率（Hsl）的较大差异可以理解为投资者异质信念程度较高，可能会加剧股价崩盘风险。

表5-1　　描述性统计结果

变量	N	mean	sd	min	p50	max
$NCSKEW_{i,t+1}$	16094	-0.310	0.695	-2.446	-0.268	1.511
$DUVOL_{i,t+1}$	16094	-0.211	0.470	-1.370	-0.209	0.949
$NCSKEW_{i,t}$	16094	-0.267	0.679	-2.341	-0.232	1.511
Risk	16094	0	0.357	-0.886	-0.044	1.262
$Risk_1$	16094	0.017	0.0460	0	0	0.280
$Risk_2$	16094	0.008	0.0730	-0.229	0.007	0.226
$Risk_3$	16094	0.054	0.0510	0	0.040	0.245
$Risk_4$	16094	-0.160	0.190	-0.809	-0.141	0.301
Size	16094	22.25	1.307	19.83	22.06	26.17

续表

变量	N	mean	sd	min	p50	max
Lev	16094	0.480	0.199	0.061	0.490	0.883
ROA	16094	0.041	0.053	−0.149	0.035	0.212
Ret	16094	−0.134	0.107	−0.568	−0.101	−0.015
Sigma	16094	0.049	0.019	0.017	0.045	0.106
BM	16094	0.632	0.242	0.132	0.635	1.120
*Top*1	16094	0.390	0.156	0.101	0.378	0.767
Hsl	16094	5.997	4.211	0.499	4.897	19.75

5.2 相关性分析

本节对主要变量进行了Pearson相关系数检验和Spearman相关系数检验，其中，下三角为Pearson相关系数，上三角为Spearman相关系数。相关系数分析结果如表5–2所示。从表中可以看出，负收益偏态系数（$NCSKEW_{i,t+1}$）、上下波动比例（$DUVOL_{i,t+1}$）均在1%水平上显著正相关，相关系数分别为0.88和0.89，说明负收益偏态系数（$NCSKEW_{i,t+1}$）与上下波动比例（$DUVOL_{i,t+1}$）具有较高程度的一致性。投资决策公司风险承担（$Risk_1$）、资产配置决策公司风险承担（$Risk_3$）、财务报告决策公司风险承担（$Risk_4$）、公司风险承担水平（*Risk*）与负收益偏态系数（$NCSKEW_{i,t+1}$）和上下波动比例（$DUVOL_{i,t+1}$）均呈显著的正相关关系，显著性水平为1%，融资决策公司风险承担（$Risk_2$）与负收益偏态系数（$NCSKEW_{i,t+1}$）和上下波动比例（$DUVOL_{i,t+1}$）均呈正相关关系，但是相关关系并不显著。总体而言，公司风险承担能够显著正向影响股价崩盘风险，初步证实了本书的假设H1~H5。

公司规模（*Size*）、财务杠杆（*Lev*）、第一大股东持股（*Top*1）、平均周收益率（*Ret*）、账面市值比（*BM*）、第一大股东持股比例（*Top*1）与负收益偏态系数（$NCSKEW_{i,t+1}$）和上下波动比例（$DUVOL_{i,t+1}$）均显著负相关；资产收益率（*ROA*）、收益波动（*Sigma*）、换手率（*Hsl*）与负收益偏态系数（$NCSKEW_{i,t+1}$）和上下波动比例（$DUVOL_{i,t+1}$）均在1%水平上显著正相关。为了提供更加充分的证据，需要进行回归分析作进一步分析。

表 5-2 变量间的相关系数

变量	$NCSKEW_{i,t+1}$	$DUVOL_{i,t+1}$	$NCSKEW_{i,t}$	*Risk*	*Risk*1	*Risk*2	*Risk*3	*Risk*4	*Size*	*Lev*	*ROA*	*Ret*	*Sigma*	*BM*	*Top*1	*Hsl*
$NCSKEW_{i,t+1}$	1	0.89***	0.09***	0.03***	0.03***	0.01	0.04***	0.04***	−0.11***	−0.07***	0.11***	−0.05***	0.05***	−0.15***	−0.02***	0.08***
$DUVOL_{i,t+1}$	0.88***	1	0.08***	0.03***	0.03***	0.01	0.04***	0.04***	−0.12***	−0.08***	0.10***	−0.04***	0.04***	−0.15***	−0.03***	0.08***
$NCSKEW_{i,t}$	0.08***	0.08***	1	0.04***	0.03***	0.02**	0.06***	0.03***	−0.12***	−0.08***	0.07***	0.02***	−0.01	−0.04***	−0.03***	0.00
Risk	0.03***	0.03***	0.04***	1	0.26***	0.78***	0.46***	−0.39***	−0.00	0.03***	−0.03***	0.02***	−0.02**	−0.01	0.02**	−0.00
*Risk*1	0.04***	0.03***	0.04***	0.47***	1	0.05***	0.04***	0.11***	0.11***	−0.08***	0.11***	0.01	−0.01	−0.09***	−0.08***	−0.05***
*Risk*2	0.00	0.01	0.01	0.79***	0.05***	1	0.13***	−0.19***	−0.01*	0.15***	−0.14***	0.00	−0.00	0.03***	0.04***	0.02**
*Risk*3	0.04***	0.04***	0.06***	0.44***	−0.06***	0.12***	1	−0.27***	−0.02**	−0.12***	0.17***	0.06***	−0.06***	−0.02**	0.04***	−0.00
*Risk*4	0.03***	0.04***	0.03***	−0.38***	0.09***	−0.22***	−0.22***	1	−0.06***	−0.11***	0.17***	−0.02**	0.02**	−0.09***	−0.01*	0.04***
Size	−0.10***	−0.12***	−0.11***	−0.00	−0.01*	−0.01	−0.01	−0.07***	1	0.48***	−0.03***	0.26***	−0.26***	0.54***	0.16***	−0.42***
Lev	−0.06***	−0.08***	−0.08***	0.04***	−0.15***	0.17***	−0.08***	−0.11***	0.47***	1	−0.41***	0.01	−0.01	0.42***	−0.01	−0.13***
ROA	0.09***	0.09***	0.05***	−0.08***	0.07***	−0.18***	0.13***	0.17***	−0.00	−0.38***	1	0.02***	−0.02***	−0.30***	0.14***	−0.06***
Ret	−0.03***	−0.02**	0.05***	−0.01	−0.07***	0.01	0.06***	−0.01	0.23***	0.00	0.05***	1	−1.00***	0.38***	0.05***	−0.62***
Sigma	0.04***	0.03***	−0.03***	0.01	0.06***	−0.01	−0.05***	0.02**	−0.26***	−0.01	−0.05***	−0.98***	1	−0.38***	−0.05***	0.62***
BM	−0.15***	−0.15***	−0.04***	−0.02**	−0.12***	0.03***	−0.00	−0.10***	0.56***	0.41***	−0.28***	0.35***	−0.39***	1	0.12***	−0.34***
*Top*1	−0.02**	−0.03***	−0.03***	0.01*	−0.07***	0.05***	0.03***	−0.03***	0.19***	−0.01*	0.14***	0.05***	−0.06***	0.12***	1	−0.16***
Hsl	0.06***	0.07***	−0.00	0.00	0.01	0.01	−0.00	0.04***	−0.40***	−0.12***	−0.07***	−0.55***	0.58***	−0.32***	−0.12***	1

注：下三角为Pearson相关系数，上三角为Spearman相关系数。*、**、***分别表示在10%、5%和1%水平上显著。

5.3 直接效应检验：公司风险承担对股价崩盘风险的影响

本节实证检验投资、融资、资产配置与财务报告决策四个维度的公司风险承担以及以此为基础计算的公司风险承担水平对股价崩盘风险的影响。

（1）投资决策公司风险承担对股价崩盘风险的影响。

本部分采用多元线性回归对投资决策公司风险承担与股价崩盘风险间关系进行实证检验，以投资决策公司风险承担（$Risk_1$）为解释变量，分别以负收益偏态系数（$NCSKEW_{i,\ t+1}$）、上下波动比例（$DUVOL_{i,\ t+1}$）为被解释变量，回归结果如表5–3所示。

表 5–3　投资决策公司风险承担与股价崩盘风险

变量	$NCSKEW_{i,\ t+1}$		$DUVOL_{i,\ t+1}$	
	回归系数	t值	回归系数	t值
$Risk_1$	0.381***	2.95	0.200**	2.19
$NCSKEW_{i,\ t}$	0.066***	7.64	0.041***	7.22
Size	−0.009	−1.17	−0.015***	-3.09
Lev	−0.009	−0.23	−0.026	−1.00
ROA	0.687***	5.53	0.409***	4.85
BM	−0.240***	6.24	−0.134***	-5.20
*Top*1	0.023	0.60	0.009	0.36
Ret	1.126***	4.65	0.754***	4.68
Sigma	7.783***	5.24	4.861***	4.91
Hsl	−0.003	−1.34	−0.001	−0.49
_cons	0.150	0.93	0.326***	2.98
Year_FE	Yes		Yes	
Ind_FE	Yes		Yes	
Cluster	Yes		Yes	
N	16094		16094	
r2_a	0.086		0.093	

注：*、** 和 *** 分别表示在10%、5% 和1% 水平上显著。

投资决策公司风险承担（$Risk_1$）与负收益偏态系数（$NCSKEW_{i,t+1}$）的回归系数为0.381，并在1%水平上显著；与上下波动比例（$DUVOL_{i,t}$）的回归系数为0.200，在5%水平上显著正相关，这说明投资决策公司风险承担能够显著正向影响股价崩盘风险，即企业进行的研发活动越多，并购中形成的商誉越多，产生坏消息的可能性增大，信息不透明程度也越高，管理层隐瞒坏消息的机会增多，股价崩盘风险增大。t期的负收益偏态系数（$NCSKEW_{i,t}$）与t+1期的负收益偏态系数（$NCSKEW_{i,t+1}$）和上下波动比例（$DUVOL_{i,t+1}$）均在1%水平上显著正相关，证明本期的负收益偏态系数（$NCSKEW_{i,t}$）对下一期的负收益偏态系数（$NCSKEW_{i,t+1}$）和上下波动比例（$DUVOL_{i,t+1}$）具有正向预测作用。

公司规模（*Size*）与负收益偏态系数（$NCSKEW_{i,t+1}$）呈不显著负相关关系；与上下波动比例（$DUVOL_{i,t+1}$）的负相关关系在1%水平上显著，说明公司规模可能与严格的内部治理机制和完善的信息披露制度相关，降低坏消息发生和隐藏的概率，从而有助于股价崩盘风险降低。财务杠杆（*Lev*）与负收益偏态系数（$NCSKEW_{i,t+1}$）和上下波动比例（$DUVOL_{i,t+1}$）均呈现不显著的负相关关系，证实了财务杠杆的公司治理作用。资产收益率（*ROA*）与负收益偏态系数（$NCSKEW_{i,t+1}$）和上下波动比例（$DUVOL_{i,t+1}$）在1%水平上显著正相关关系，账面市值比（*BM*）与负收益偏态系数（$NCSKEW_{i,t+1}$）和上下波动比例（$DUVOL_{i,t+1}$）在1%水平上显著负相关，说明资产收益率、账面市值比分别对股价崩盘风险存在预测与反向预测功能。第一大股东持股比例（*Top*1）与负收益偏态系数（$NCSKEW_{i,t+1}$）和上下波动比例（$DUVOL_{i,t+1}$）呈现不显著正相关，说明第一大股东持股能够带来代理冲突，削弱公司治理机制，为股价崩盘风险提供机会。平均周收益率（*Ret*）与负收益偏态系数（$NCSKEW_{i,t+1}$）和上下波动比例（$DUVOL_{i,t+1}$）在1%水平上显著正相关，表明随着股票收益率的提高，股价偏离真实价值的程度就越大，形成了较高的股价泡沫，股价崩盘风险就越高。收益波动（*Sigma*）与负收益偏态系数（$NCSKEW_{i,t+1}$）和上下波动比例（$DUVOL_{i,t+1}$）在1%水平上显著正相关，表明收益率波动是股价崩盘风险的一项指示器。换手率（*Hsl*）与负收益偏态系数（$NCSKEW_{i,t+1}$）和上下波动比例

（$DUVOL_{i,t+1}$）的负相关关系并不显著。

从多元回归分析结果可以看出，投资决策导致的公司风险承担上升，股价崩盘风险增加，即投资决策公司风险承担水平越高，股价崩盘风险越大，本书的假设H1得到证实。

（2）融资决策公司风险承担对股价崩盘风险的影响。

本部分对融资决策公司风险承担与股价崩盘风险间关系进行实证检验，以融资决策公司风险承担（$Risk_2$）为解释变量，分别以负收益偏态系数（$NCSKEW_{i,t+1}$）、上下波动比例（$DUVOL_{i,t+1}$）为被解释变量，线性回归结果如表5-4所示。

表5-4　融资决策公司风险承担与股价崩盘风险

变量	$NCSKEW_{i,t+1}$		$DUVOL_{i,t+1}$	
	回归系数	t值	回归系数	t值
$Risk_2$	0.186**	2.54	0.165***	3.27
$NCSKEW_{i,t}$	0.066***	7.74	0.041***	7.27
Size	–0.008	–1.04	–0.014***	–2.93
Lev	–0.032	–0.81	–0.044*	–1.66
ROA	0.735***	5.90	0.447***	5.30
BM	–0.235***	–6.10	–0.129***	–5.02
*Top*1	0.007	0.19	–0.002	–0.07
Ret	1.119***	4.62	0.754***	4.68
Sigma	7.890***	5.31	4.951***	5.01
Hsl	–0.003	–1.49	–0.001	–0.65
_cons	0.134	0.83	0.315***	2.88
Year_FE	Yes		Yes	
Ind_FE	Yes		Yes	
Cluster	Yes		Yes	
N	16094		16094	
r2_a	0.085		0.093	

注：*、**和***分别表示在10%、5%和1%水平上显著。

从表5-4可以看出，融资决策公司风险承担（$Risk_2$）与负收益偏态系数（$NCSKEW_{i,t+1}$）的回归系数为0.186，并在5%水平上显著；与上下波动比例（$DUVOL_{i,t+1}$）的回归系数为0.165，在1%水平上显著正相关。这说明融资决策公司风险承担显著正向影响股价崩盘风险，表明公司资产负债率增大的程度越高，企业面临来自融资决策的公司风险承担水平就越大，从而导致股价崩盘风险越大。

t期的负收益偏态系数（$NCSKEW_{i,t}$）与t+1期的负收益偏态系数（$NCSKEW_{i,t+1}$）和上下波动比例（$DUVOL_{i,t+1}$）均在1%水平上显著正相关，同样证明了本期的负收益偏态系数（$NCSKEW_{i,t}$）对下一期的负收益偏态系数（$NCSKEW_{i,t+1}$）和上下波动比例（$DUVOL_{i,t+1}$）具有正向预测作用。公司规模（*Size*）、财务杠杆（*Lev*）与负收益偏态系数（$NCSKEW_{i,t+1}$）呈不显著的负相关关系，与上下波动比例（$DUVOL_{i,t+1}$）呈显著的负相关关系，表明公司规模和财务杠杆可能对股价崩盘风险具有抑制作用。资产收益率（*ROA*）、平均周收益率（*Ret*）、收益波动（*Sigma*）均与负收益偏态系数（$NCSKEW_{i,t+1}$）和上下波动比例（$DUVOL_{i,t+1}$）具有显著的正相关关系。账面市值比（*BM*）则与负收益偏态系数（$NCSKEW_{i,t+1}$）和上下波动比例（$DUVOL_{i,t+1}$）呈显著负相关关系。第一大股东持股比例（*Top*1）、换手率（*Hsl*）对负收益偏态系数（$NCSKEW_{i,t+1}$）和上下波动比例（$DUVOL_{i,t+1}$）并不存在显著的相关关系。从上述回归结果可以看出，融资决策导致的公司风险承担上升，股价崩盘风险增加，即融资决策公司风险承担水平越高，股价崩盘风险越大，本书的研究假设H2得到证实。

（3）资产配置决策公司风险承担对股价崩盘风险的影响。

本部分对资产配置决策公司风险承担与股价崩盘风险间关系进行实证检验，以资产配置决策公司风险承担（$Risk_3$）为解释变量，分别以负收益偏态系数（$NCSKEW_{i,t+1}$）、上下波动比例（$DUVOL_{i,t+1}$）为被解释变量，回归结果如表5-5所示。

表 5-5 资产配置决策公司风险承担与股价崩盘风险

变量	$NCSKEW_{i, t+1}$		$DUVOL_{i, t+1}$	
	回归系数	t值	回归系数	t值
$Risk_3$	0.431***	3.81	0.261***	3.28
$NCSKEW_{i, t}$	0.066***	7.73	0.041***	7.27
Size	−0.010	−1.30	−0.015***	−3.21
Lev	−0.019	−0.48	−0.031	−1.21
ROA	0.654***	5.27	0.388***	4.60
BM	−0.239***	−6.22	−0.133***	−5.18
*Top*1	0.014	0.36	0.004	0.17
Ret	1.083***	4.46	0.730***	4.52
Sigma	7.703***	5.17	4.812***	4.85
Hsl	−0.003	−1.59	−0.001	−0.70
_cons	0.146	0.90	0.324***	2.97
Year_FE	Yes		Yes	
Ind_*FE*	Yes		Yes	
Cluster	Yes		Yes	
N	16094		16094	
r2_a	0.086		0.093	

注：*、** 和 *** 分别表示在 10%、5% 和 1% 水平上显著。

从表5-5可以看出，资产配置决策公司风险承担（$Risk_3$）与负收益偏态系数（$NCSKEW_{i, t+1}$）的回归系数为0.431，并在1%水平上显著；与上下波动比例（$DUVOL_{i, t+1}$）的回归系数为0.261，在1%水平上显著正相关。这说明资产配置决策公司风险承担显著正向影响股价崩盘风险，即企业配置的固定资产越多，占用的资金越多，面临的流动性风险以及财务风险就可能越高，导致股价崩盘风险越大。

控制变量与负收益偏态系数（$NCSKEW_{i, t+1}$）、上下波动比例（$DUVOL_{i, t+1}$）的回归结果同表5-3、表5-4基本一致。t期的负收益偏态系数（$NCSKEW_{i, t}$）与t+1期的负收益偏态系数（$NCSKEW_{i, t+1}$）和上下波动比例（$DUVOL_{i, t+1}$）的显著正相关关系，表明了本期的负收益偏态系数（$NCSKEW_{i, t}$）对下一期股价崩盘风险的正向预测作用。公司规模（*Size*）

与负收益偏态系数（$NCSKEW_{i,t+1}$）呈不显著的负相关关系，与上下波动比例（$DUVOL_{i,t+1}$）呈显著的负相关关系。财务杠杆（Lev）与负收益偏态系数（$NCSKEW_{i,t+1}$）、上下波动比例（$DUVOL_{i,t+1}$）均呈不显著的负相关关系。这表明公司规模和财务杠杆可能对股价崩盘风险具有一定程度的抑制作用。资产收益率（ROA）、平均周收益率（Ret）、收益波动（$Sigma$）对负收益偏态系数（$NCSKEW_{i,t+1}$）和上下波动比例（$DUVOL_{i,t+1}$）均具有显著的正向影响。账面市值比（BM）则与负收益偏态系数（$NCSKEW_{i,t+1}$）和上下波动比例（$DUVOL_{i,t+1}$）呈显著负相关关系。第一大股东持股比例（$Top1$）、换手率（Hsl）对负收益偏态系数（$NCSKEW_{i,t+1}$）和上下波动比例（$DUVOL_{i,t+1}$）并不存在显著的相关关系。从上述回归结果可以看出，资产配置决策导致的公司风险承担上升，股价崩盘风险增加，即资产配置决策公司风险承担水平越高，股价崩盘风险越大，本书的研究假设H3得到证实。

（4）财务报告决策公司风险承担对股价崩盘风险的影响。

本部分对财务报告决策公司风险承担与股价崩盘风险间关系进行实证检验，以财务报告决策公司风险承担（$Risk_4$）为解释变量，分别以负收益偏态系数（$NCSKEW_{i,t+1}$）、上下波动比例（$DUVOL_{i,t+1}$）为被解释变量，回归结果如表5-6所示。

表 5-6　　财务报告决策公司风险承担与股价崩盘风险

变量	$NCSKEW_{i,t+1}$		$DUVOL_{i,t+1}$	
	回归系数	t值	回归系数	t值
$Risk_4$	0.060*	1.82	0.050**	2.25
$NCSKEW_{i,t}$	0.066***	7.74	0.042***	7.27
$Size$	−0.008	−1.10	−0.014***	−3.02
Lev	−0.012	−0.30	−0.026	−0.99
ROA	0.662***	5.25	0.385***	4.51
BM	−0.239***	−6.22	−0.133***	−5.18
$Top1$	0.018	0.47	0.008	0.30
Ret	1.100***	4.54	0.738***	4.58

续表

变量	$NCSKEW_{i,\ t+1}$		$DUVOL_{i,\ t+1}$	
	回归系数	t值	回归系数	t值
Sigma	7.752***	5.21	4.831***	4.88
Hsl	−0.003	−1.50	−0.001	−0.66
_cons	0.149	0.92	0.328***	3.00
Year_FE	Yes		Yes	
Ind_FE	Yes		Yes	
Cluster	Yes		Yes	
N	16094		16094	
r2_a	0.085		0.093	

注：*、** 和 *** 分别表示在10%、5% 和1% 水平上显著。

从表5–6的回归结果可以看出，财务报告决策公司风险承担（$Risk_4$）与负收益偏态系数（$NCSKEW_{i,\ t+1}$）的回归系数为0.060，并在10% 水平上显著；与上下波动比例（$DUVOL_{i,\ t+1}$）的回归系数为0.050，在5% 水平上显著正相关。这说明财务报告决策公司风险承担显著正向影响股价崩盘风险，表明企业盈余激进度和财务报告文本语调风险程度越大，财务报告的质量越差，公司信息透明度就越低，导致未来股价崩盘风险增大。t期的负收益偏态系数（$NCSKEW_{i,\ t}$）与t+1期的负收益偏态系数（$NCSKEW_{i,\ t+1}$）和上下波动比例（$DUVOL_{i,\ t+1}$）的显著正相关关系，表明了本期的负收益偏态系数（$NCSKEW_{i,\ t}$）对下一期股价崩盘风险的正向预测作用。公司规模（*Size*）与负收益偏态系数（$NCSKEW_{i,\ t+1}$）呈不显著的负相关关系，与上下波动比例（$DUVOL_{i,\ t+1}$）呈显著的负相关关系。财务杠杆（*Lev*）与负收益偏态系数（$NCSKEW_{i,\ t+1}$）、上下波动比例（$DUVOL_{i,\ t+1}$）均呈不显著的负相关关系。资产收益率（*ROA*）、平均周收益率（*Ret*）、收益波动（*Sigma*）与负收益偏态系数（$NCSKEW_{i,\ t+1}$）和上下波动比例（$DUVOL_{i,\ t+1}$）均呈显著的正相关关系。账面市值比（*BM*）则与负收益偏态系数（$NCSKEW_{i,\ t+1}$）和上下波动比例（$DUVOL_{i,\ t+1}$）呈显著负相关关系。第一大股东持股比例（*Top*1）、换手率（*Hsl*）对负收益偏态系数（$NCSKEW_{i,\ t+1}$）和上下波动比例（$DUVOL_{i,\ t+1}$）并不存在显著的相关关系。从上述回归结果可以看出，财务报告决策导致的公司风险承担上升，股价崩盘风险增加，即盈余激进度越高或财务报告文本语调风险程度越高，财务报告决策公司风险承担水平就越高，股价崩盘风险也越大，本书的研究假设H4得到证实。

（5）不同维度公司风险承担对股价崩盘风险的共同影响。

本部分实证检验不同维度公司风险承担对股价崩盘风险的共同影响，以投资、融资、资产配置与财务报告决策公司风险承担（$Risk_1$、$Risk_2$、$Risk_3$、$Risk_4$）为解释变量，分别以负收益偏态系数（$NCSKEW_{i,\ t+1}$）、上下波动比例（$DUVOL_{i,\ t+1}$）为被解释变量，回归结果如表5-7所示。

表 5-7　不同维度公司风险承担对股价崩盘风险的共同影响

变量	$NCSKEW_{i,\ t+1}$		$DUVOL_{i,\ t+1}$	
	回归系数	t值	回归系数	t值
$Risk_1$	0.353***	2.71	0.167*	1.81
$Risk_2$	0.164**	2.16	0.164***	3.16
$Risk_3$	0.454***	3.93	0.269***	3.33
$Risk_4$	0.089***	2.62	0.074***	3.24
$NCSKEW_{i,\ t}$	0.063***	7.42	0.040***	6.98
Size	−0.009	−1.28	−0.015***	−3.13
Lev	−0.015	−0.37	−0.033	−1.26
ROA	0.621***	4.89	0.371***	4.34
BM	−0.232***	−6.05	−0.127***	−4.95
*Top*1	0.019	0.49	0.005	0.19
Ret	1.097***	4.53	0.737***	4.57
Sigma	7.703***	5.19	4.833***	4.89
Hsl	−0.003*	−1.77	−0.001	−0.96
_cons	0.162	1.00	0.333***	3.05
Year_FE	Yes		Yes	
Ind_*FE*	Yes		Yes	
Cluster	Yes		Yes	
N	16094		16094	
r2_a	0.087		0.094	

注：*、** 和 *** 分别表示在10%、5%和1%水平上显著。

从表5-7的回归结果可以看出，投资、融资、资产配置与财务报告决策公司风险承担（$Risk_1$、$Risk_2$、$Risk_3$与$Risk_4$）加入回归模型后，均与负收益偏态系数（$NCSKEW_{i,\ t+1}$）显著正相关，回归系数分别为0.353、0.164、0.454、0.089；与上下波动比例（$DUVOL_{i,\ t+1}$）呈显著正相关关系，回归系数分别为0.167、0.164、0.269、0.074。这表明不同维度公司风险承担共同正向影响股价崩盘风险，这一结论与投资、融资、资产配置、财务报告决策公司风险承担对股价崩盘风险的影响一致。其中，资产配置决策公司风险承担对股价崩盘风险的影响最大，财务报告决策公司风险承担对股价崩盘风险的影响最小。

（6）公司风险承担水平对股价崩盘风险的影响。

本部分对公司风险承担水平与股价崩盘风险间关系进行实证检验，以公司风险承担水平（*Risk*）为解释变量，分别以负收益偏态系数（$NCSKEW_{i,\ t+1}$）、上下波动比例（$DUVOL_{i,\ t+1}$）为被解释变量，回归结果如表5-8所示。

表5-8 公司风险承担水平与股价崩盘风险

变量	$NCSKEW_{i,\ t+1}$		$DUVOL_{i,\ t+1}$	
	回归系数	t值	回归系数	t值
Risk	0.059***	3.89	0.039***	3.63
$NCSKEW_{i,\ t}$	0.066***	7.66	0.041***	7.20
Size	−0.008	−1.14	−0.015***	−3.07
Lev	−0.030	−0.77	−0.039	−1.49
ROA	0.731***	5.89	0.436***	5.18
BM	−0.234***	−6.09	−0.130***	−5.05
*Top*1	0.010	0.25	0.002	0.06
Ret	1.124***	4.64	0.755***	4.69
Sigma	7.867***	5.29	4.914***	4.96
Hsl	−0.003	−1.49	−0.001	−0.61
_cons	0.154	0.95	0.330***	3.02
Year_FE	Yes		Yes	
Ind_*FE*	Yes		Yes	

续表

变量	$NCSKEW_{i,t+1}$		$DUVOL_{i,t+1}$	
	回归系数	t值	回归系数	t值
Cluster	Yes		Yes	
N	16094		16094	
r2_a	0.086		0.093	

注：*、**和***分别表示在10%、5%和1%水平上显著。

从表5-8的回归结果可以看出，公司风险承担水平（*Risk*）与负收益偏态系数（$NCSKEW_{i,t+1}$）的回归系数为0.059，并在1%水平上显著；与上下波动比例（$DUVOL_{i,t+1}$）的回归系数为0.039，在1%水平上显著正相关。这说明公司风险承担水平显著正向影响股价崩盘风险，即公司风险承担水平越高，股价崩盘风险越大。t期的负收益偏态系数（$NCSKEW_{i,t}$）显著正向影响t+1期的负收益偏态系数（$NCSKEW_{i,t+1}$）和上下波动比例（$DUVOL_{i,t+1}$），表明了本期的负收益偏态系数（$NCSKEW_{i,t}$）对下一期股价崩盘风险的正向预测作用。

公司规模（*Size*）与负收益偏态系数（$NCSKEW_{i,t+1}$）呈不显著的负相关关系，与上下波动比例（$DUVOL_{i,t+1}$）呈显著的负相关关系。财务杠杆（*Lev*）与负收益偏态系数（$NCSKEW_{i,t+1}$）、上下波动比例（$DUVOL_{i,t+1}$）均呈不显著的负相关关系。资产收益率（*ROA*）、平均周收益率（*Ret*）、收益波动（*Sigma*）与负收益偏态系数（$NCSKEW_{i,t+1}$）和上下波动比例（$DUVOL_{i,t+1}$）存在显著的正相关关系。账面市值比（*BM*）则与负收益偏态系数（$NCSKEW_{i,t+1}$）和上下波动比例（$DUVOL_{i,t+1}$）呈显著负相关关系。第一大股东持股比例（*Top*1）、换手率（*Hsl*）对负收益偏态系数（$NCSKEW_{i,t+1}$）和上下波动比例（$DUVOL_{i,t+1}$）并不存在显著的相关关系。从上述回归结果可以看出，公司风险承担水平显著正向影响股价崩盘风险，也就是说，公司风险承担水平越高，股价崩盘风险也越大，本书的研究假设H5得到证实。

通过对上述回归结果进行对比，发现投资决策、融资决策、资产配置决策、财务报告决策四个维度公司风险承担以及公司风险承担水平均与股价崩盘风险显著正相关，证明了公司风险承担水平越高，股价崩盘风险越大。其中，公司风险承担的四个维度指标中，资产配置公司风险承担对股价崩盘风险的影响最大，财务报告决策公司风险承担水平对股价崩盘风险的影响最小，显著性水平也最低，这一发现与以往研究认为投资决策是公司风险承担的最大来源这一观点不同。这可能是因为资产配置决策同时衔接了融资决策与投资决策，一旦公司配置了大量的固定资产，就会导致流动性变差。一方面需要进行大量融资以满足公司正常运营；另一方面会因为资金短缺，造成正净现值项目被放弃，降低企业价值。同时，流动性变差导致现金流短缺，面临更高的财务风险。因此，与投资决策相比，融资决策对股价崩盘风险的影响更大，财务报告决策对股价崩盘风险影响较小，可能是因为诉讼成本较高导致企业因财务报告引起的诉讼较少发生。

5.4　中介效应检验

本节采用温忠麟和叶宝娟（2014）[311]中介效应检验的方法实证检验管理层薪酬绩效敏感性和信息不透明度在公司风险承担与股价崩盘风险关系的中介作用。其中，管理层薪酬绩效敏感性代表了管理层隐瞒坏消息的动机，信息不透明度代表了管理层隐瞒坏消息的能力。

5.4.1　检验管理层薪酬绩效敏感性的中介作用

本部分以管理层薪酬绩效敏感性（*EPPS*）作为中介变量，实证检验管理层薪酬绩效敏感性在公司风险承担与股价崩盘风险间的中介作用，中介效应检验回归结果如表5-9所示。

表 5-9　管理层薪酬绩效敏感性的中介作用

变量	*EPPS*		$NCSKEW_{i,t+1}$		$DUVOL_{i,t+1}$	
	回归系数	t值	回归系数	t值	回归系数	t值
Risk	0.019***	4.59	0.058***	3.77	0.038***	3.54
EPPS			0.106***	3.28	0.055**	2.53
$NCSKEW_{i,t}$			0.065***	7.63	0.041***	7.18

续表

变量	EPPS		$NCSKEW_{i,t+1}$		$DUVOL_{i,t+1}$	
	回归系数	t值	回归系数	t值	回归系数	t值
Size	−0.003**	−2.13	−0.009	−1.24	−0.015***	−3.15
Lev	−0.042***	−4.62	−0.026	−0.67	−0.037	−1.41
ROA	0.816***	18.68	0.657***	5.17	0.397***	4.63
*Top*1	0.015*	1.72	0.007	0.18	0.000	0.00
Hsl	−0.001***	−2.72	−0.003	−1.47	−0.001	−0.60
growth	−0.001	−0.35				
indep	−0.029	−1.03				
dual	−0.007**	−2.06				
bdRisk	−0.008	−0.92				
Ret			1.119***	4.62	0.753***	4.67
Sigma			7.856***	5.29	4.908***	4.96
BM			−0.223***	−5.79	−0.124***	−4.81
_cons	0.201***	5.52	0.156	0.97	0.331***	3.03
Year_FE	Yes		Yes		Yes	
Ind_*FE*	Yes		Yes		Yes	
Cluster	Yes		Yes		Yes	
N	16094		16094		16094	
r2_a	0.083		0.086		0.094	

注：*、** 和 *** 分别表示在10%、5%和1%水平上显著。

从表5-9的回归结果可以看出，公司风险承担水平（*Risk*）能够显著正向影响管理层薪酬绩效敏感性（*EPPS*），即公司风险承担水平越高，管理层薪酬绩效敏感性越强。这表明管理层出于自利动机，对下行结果的极度厌恶，具有明显的风险规避倾向。当公司风险承担水平较高时，为了补偿管理层的风险厌恶，管理层薪酬绩效敏感性增强。以负收益偏态系数（$NCSKEW_{i,t+1}$）为被解释变量时，管理层薪酬绩效敏感性（*EPPS*）与负收益偏态系数（$NCSKEW_{i,t+1}$）的回归斜率系数为0.106，并在1%水平上显著；公司风险承担水平（*Risk*）与负收益偏态系数（$NCSKEW_{i,t+1}$）的回归系数为0.058，在1%水平上显著相关。与表5-8的回归结果进行对比，发现公司风险承担水平（*Risk*）与负收益偏态系数（$NCSKEW_{i,\ t+1}$）的回归系数有所降低，且管理层薪酬绩效敏感性（*EPPS*）与负收益偏态系数（$NCSKEW_{i,\ t+1}$）显著正相关，由此可以判断，当负收益偏态系数（$NCSKEW_{i,\ t+1}$）为被解释变量时，中介变量管理层薪酬绩效敏感性（*EPPS*）在公司风险承担（*Risk*）与股价崩盘风险间起部分中介作用。

类似地，以上下波动比例（$DUVOL_{i,\ t+1}$）为被解释变量时，管理层薪酬绩效敏感性（*EPPS*）与上下波动比例（$DUVOL_{i,\ t+1}$）在5%水平上显著正相关，回归系数为0.055。公司风险承担水平（*Risk*）与上下波动比例（$DUVOL_{i,\ t+1}$）的回归系数为0.038，并在1%水平上显著相关。与表5-7的回归结果进行对比，发现公司风险承担水平（*Risk*）与上下波动比例（$DUVOL_{i,\ t+1}$）的回归系数和显著性水平均有所降低，且管理层薪酬绩效敏感性（*EPPS*）与上下波动比例（$DUVOL_{i,\ t+1}$）显著正相关，由此可以判断，当上下波动比例（$DUVOL_{i,\ t+1}$）为被解释变量时，中介变量管理层薪酬绩效敏感性（*EPPS*）在公司风险承担（*Risk*）与股价崩盘风险间起部分中介作用。

综上所述，管理层薪酬绩效敏感性在公司风险承担与股价崩盘风险间起部分中介作用，本书的假设H6得到证实。

5.4.2 检验信息不透明度的中介作用

本部分以信息不透明度（*ABSDA*）作为中介变量，实证检验信息不透明度在公司风险承担与股价崩盘风险间的中介作用，回归结果如表5-10所示。

表5-10 信息不透明度的中介作用

变量	*ABSDA*		$NCSKEW_{i,\ t+1}$		$DUVOL_{i,\ t+1}$	
	回归系数	t值	回归系数	t值	回归系数	t值
Risk	0.004^{**}	2.52	0.059^{***}	3.87	0.039^{***}	3.61
ABSDA			0.177^{**}	1.98	0.094	1.60
$NCSKEW_{i,\ t}$			0.066^{***}	7.68	0.041^{***}	7.22
Size	-0.003^{***}	-3.74	-0.008	-1.09	-0.015^{***}	-3.02

续表

变量	*ABSDA*		$NCSKEW_{i,t+1}$		$DUVOL_{i,t+1}$	
	回归系数	t值	回归系数	t值	回归系数	t值
Lev	0.082***	17.62	−0.044	−1.11	−0.046*	−1.75
ROA	−0.413***	−21.93	0.809***	6.37	0.478***	5.52
*Top*1	0.090***	20.37	−0.006	−0.16	−0.007	−0.27
Hsl	−0.000***	−2.72	−0.003	−1.43	−0.001	−0.56
growth	−0.007***	−5.05				
indep	0.003	0.19				
dual	−0.000	−0.20				
bdRisk	−0.003	−0.63				
Ret			1.119***	4.62	0.752***	4.67
Sigma			7.817***	5.26	4.888***	4.94
BM			−0.232***	−6.04	−0.129***	−5.02
_cons	0.078***	4.08	0.146	0.90	0.326***	2.97
Year_FE	Yes		Yes		Yes	
Ind_FE	Yes		Yes		Yes	
Cluster	Yes		Yes		Yes	
N	16094		16094		16094	
r2_a	0.228		0.086		0.093	

注：*、** 和 *** 分别表示在10%、5%和1%水平上显著。

从表5–10的回归结果可以看出，公司风险承担水平（*Risk*）能够显著正向影响信息不透明度（*ABSDA*），即公司风险承担水平越高，信息不透明度越高。这表明当公司风险承担水平升高时，意味着公司经营活动失败的概率增大，带来了更为模糊的信息环境，导致公司信息不透明度增大。

当以负收益偏态系数（$NCSKEW_{i,t+1}$）为被解释变量时，信息不透明度（*ABSDA*）与负收益偏态系数（$NCSKEW_{i,t+1}$）的回归斜率系数为0.177，并在5%水平上显著，公司风险承担水平（*Risk*）与负收益偏态系数（$NCSKEW_{i,t+1}$）的回归系数为0.059，在1%水平上显著相关。与表5–7的回归结果进行对比，发现公司风险承担水平（*Risk*）与负收益偏态系数（$NCSKEW_{i,t+1}$）的回归系数不变，且信息不透明度（*ABSDA*）与负收益偏态系数（$NCSKEW_{i,\ t+1}$）显著正相关，由此可以判断，当负收益偏态系数（$NCSKEW_{i,\ t+1}$）为被解释变量时，中介变量信息不透明度（*ABSDA*）在公司风险承担（*Risk*）与股价崩盘风险间起部分中介作用。当以上下波动比例（$DUVOL_{i,\ t+1}$）为被解释变量时，信息不透明度（*ABSDA*）与上下波动比例（$DUVOL_{i,\ t+1}$）回归系数为0.094，两者的相关关系并不显著。公司风险承担水平（*Risk*）与上下波动比例（$DUVOL_{i,\ t+1}$）的回归系数为0.039，并在1%水平上显著相关。由此可以判断，当以上下波动比例（$DUVOL_{i,\ t+1}$）为被解释变量时，信息不透明度（*ABSDA*）在公司风险承担（*Risk*）与股价崩盘风险间不存在中介效应。

综上所述，信息不透明度（*ABSDA*）在公司风险承担（*Risk*）与负收益偏态系数（$NCSKEW_{i,\ t+1}$）间起部分中介作用，在公司风险承担（*Risk*）与上下波动比例（$DUVOL_{i,\ t+1}$）间不存在中介作用，本书的假设H7得到部分证实。

概括而言，上述中介效应检验结果表明，公司风险承担在一定程度上加剧了管理层隐瞒坏消息的动机，同时公司风险承担带来的信息不透明度的增加也为管理层隐瞒坏消息提供了机会，即公司风险承担通过管理层隐瞒坏消息的动机与能力的增强，导致未来股价崩盘风险升高。这些研究证据，同前面的基本假设保持一致。

5.5 调节效应检验

本节从公司内部管理、外部市场环境、公司外部监督与股市环境等视角，探寻公司风险承担与股价崩盘风险间关系的调节因素，选择管理层能力、产品市场竞争、机构投资者持股与投资者情绪作为调节变量，探究上述变量对公司风险承担与股价崩盘风险间关系的调节作用，具体内容如下。

5.5.1 检验管理层能力的调节作用

本部分实证检验了管理层能力对公司风险承担与股价崩盘风险间关系

的调节作用，线性回归的结果如表5-11所示。

表5-11 管理层能力的调节作用

变量	$NCSKEW_{i,t+1}$		$DUVOL_{i,t+1}$	
	回归系数	t值	回归系数	t值
Risk	0.086***	4.99	0.054***	4.45
MA	-0.027**	-2.20	-0.014	-1.64
c.Risk#c.MA	-0.104***	-3.06	-0.059**	-2.56
$NCSKEW_{i,t}$	0.066***	7.69	0.041***	7.23
Size	-0.008	-1.12	-0.015***	-3.05
Lev	-0.031	-0.80	-0.039	-1.52
ROA	0.726***	5.86	0.434***	5.16
BM	-0.234***	-6.08	-0.130***	-5.04
*Top*1	0.009	0.25	0.001	0.06
Ret	1.153***	4.76	0.771***	4.79
Sigma	8.034***	5.40	5.007***	5.06
Hsl	-0.003	-1.52	-0.001	-0.65
_cons	0.155	0.96	0.330***	3.02
Year_FE	Yes		Yes	
Ind_*FE*	Yes		Yes	
Cluster	Yes		Yes	
N	16094		16094	
r2_a	0.087		0.094	

注：*、**和***分别表示在10%、5%和1%水平上显著。

从表5-11的回归结果可以看出，当以负收益偏态系数（$NCSKEW_{i,t+1}$）为被解释变量时，Habilty、*c.Risk#c.MA*加入模型后，公司风险承担（*Risk*）与负收益偏态系数（$NCSKEW_{i,t+1}$）的回归系数为0.086，并在1%水平上显著相关，管理层能力（*MA*）与负收益偏态系数（$NCSKEW_{i,t+1}$）的回归系数为-0.027，在5%水平上显著，交乘项（*c.Risk#c.MA*）与负收益偏态系数（$NCSKEW_{i,t+1}$）的回归系数为-0.104，在1%水平上显著负相关。由此可以判断，管理层能力（*MA*）在公司风险承担（*Risk*）与负收益偏态系数

（$NCSKEW_{i,\ t+1}$）间起负向调节作用，也就是说，管理层能力（Habilty）削弱了公司风险承担（*Risk*）对负收益偏态系数（$NCSKEW_{i,\ t+1}$）的正向影响。当以上下波动比例（$DUVOL_{i,\ t+1}$）为被解释变量时，公司风险承担（*Risk*）与上下波动比例（$DUVOL_{i,\ t+1}$）的回归系数为0.054，在1%水平上显著，管理层能力（*MA*）与上下波动比例（$DUVOL_{i,\ t+1}$）并不存在显著的相关关系，交乘项（*c.Risk#c.MA*）与上下波动比例（$DUVOL_{i,\ t+1}$）的回归系数为-0.059，并在5%水平上显著负相关。从中可以看出，管理层能力（*MA*）在公司风险承担（*Risk*）与上下波动比例（$DUVOL_{i,\ t+1}$）间起负向调节作用。综上所述，管理层能力在公司风险承担与股价崩盘风险间起负向调节作用，本书的假设H8得到证实。

从图5-1可以看出，在较低能力管理层中，公司风险承担对股价崩盘风险的正向影响较强；在较高能力管理层中，公司风险承担对股价崩盘风险的正向影响较弱。管理层作为公司经营的决策者，对公司投资、融资等具有重要影响，当管理层能力较强时，管理层决策效率和准确性更高，更能把握投资项目，公司发生坏结果和坏消息的可能性降低，抑制了公司风险承担对股价崩盘风险的正向影响，也就是说，管理层能力在公司风险承担与股价崩盘风险间起负向调节作用。

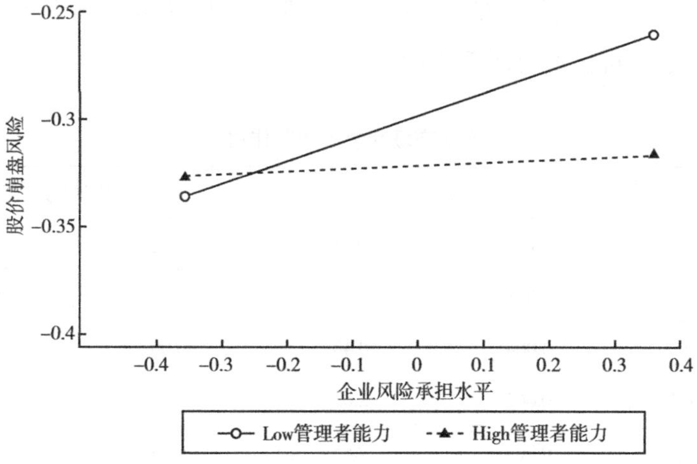

图5-1　管理层能力的调节效应图

5.5.2 检验产品市场竞争的调节作用

本部分实证检验产品市场竞争在公司风险承担与股价崩盘风险间关系的调节作用，线性回归的结果如表5-12所示。

从表5-12的回归结果可以看出，当以负收益偏态系数（$NCSKEW_{i,\ t+1}$）为被解释变量时，*HHI*、*c.Risk#c.HHI_High*加入模型后，公司风险承担（*Risk*）与负收益偏态系数（$NCSKEW_{i,\ t+1}$）的回归系数为0.038，并在5%水平上显著相关，产品市场竞争（*HHI*）与负收益偏态系数（$NCSKEW_{i,\ t+1}$）的回归系数为0.004，两者关系并不显著，交乘项（*c.Risk#c.HHI_High*）与负收益偏态系数（$NCSKEW_{i,\ t+1}$）的回归系数为0.062，在5%水平上显著负相关。由此可以判断，产品市场竞争（*HHI*）在公司风险承担（*Risk*）与负收益偏态系数（$NCSKEW_{i,\ t+1}$）间起正向调节作用，也就是说，产品市场竞争（*HHI*）加强了公司风险承担（*Risk*）对负收益偏态系数（$NCSKEW_{i,\ t+1}$）的正向影响。当以上下波动比例（$DUVOL_{i,\ t+1}$）为被解释变量时，公司风险承担（*Risk*）与上下波动比例（$DUVOL_{i,\ t+1}$）的回归系数为0.023，在10%水平上显著，产品市场竞争（*HHI*）与上下波动比例（$DUVOL_{i,\ t+1}$）并不存在显著的相关关系，交乘项（*c.Risk#c.HHI_High*）与上下波动比例（$DUVOL_{i,\ t+1}$）的回归系数为0.044，并在5%水平上显著正相关。从中可以看出，产品市场竞争（*HHI*）在公司风险承担（*Risk*）与上下波动比例（$DUVOL_{i,\ t+1}$）间起正向调节作用。

表5-12　产品市场竞争的调节作用

变量	$NCSKEW_{i,\ t+1}$		$DUVOL_{i,\ t+1}$	
	回归系数	t值	回归系数	t值
Risk	0.038^{**}	2.07	0.023^{*}	1.84
HHI_High	0.004	0.40	−0.001	−0.15
c.Risk#c.HHI_High	0.062^{**}	2.03	0.044^{**}	2.08
$NCSKEW_{i,\ t}$	0.065^{***}	7.65	0.041^{***}	7.20
Size	−0.008	−1.14	-0.015^{***}	−3.06

续表

变量	$NCSKEW_{i,t+1}$		$DUVOL_{i,t+1}$	
	回归系数	t值	回归系数	t值
Lev	−0.030	−0.77	−0.039	−1.51
ROA	0.728***	5.87	0.434***	5.16
BM	−0.233***	−6.07	−0.130***	−5.04
*Top*1	0.009	0.24	0.001	0.05
Ret	1.132***	4.68	0.760***	4.72
Sigma	7.911***	5.32	4.941***	4.99
Hsl	−0.003	−1.49	−0.001	−0.61
_*cons*	0.149	0.92	0.328***	3.00
Year_FE	Yes		Yes	
Ind_*FE*	Yes		Yes	
Cluster	Yes		Yes	
N	16094		16094	
r2_a	0.086		0.094	

注：*、** 和 *** 分别表示在10%、5%和1%水平上显著。

从上述实证结果可以看出，产品市场竞争在公司风险承担与股价崩盘风险间起正向调节作用，本书的假设H9得到证实。

从图5-2可以看出，在产品竞争程度较高的市场中，公司风险承担对股价崩盘风险的正向影响较强，在产品竞争程度较低的市场中，公司风险承担对股价崩盘风险的正向影响较弱。当企业所处的市场竞争较强时，企业获得超额利润的可能性降低，利润不佳的可能性增大，自利动机的管理层可能会隐瞒坏消息，增大了公司风险承担与股价崩盘风险的正向影响，即产品市场竞争在公司风险承担与股价崩盘风险间起正向调节作用。

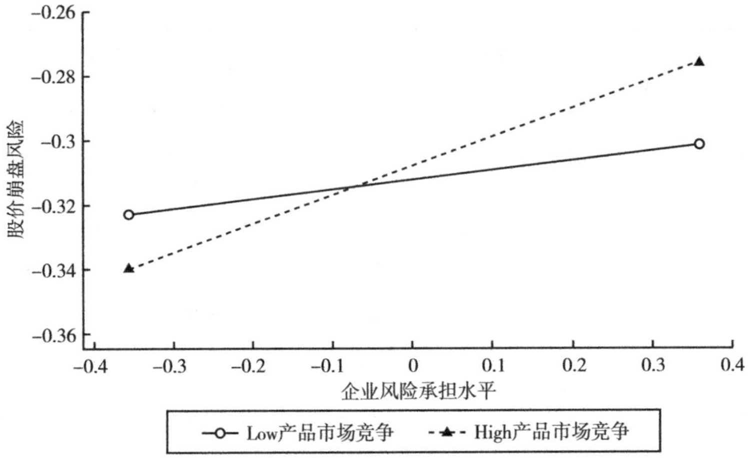

图 5-2　产品市场竞争的调节效应图

5.5.3　检验机构投资者持股的调节作用

本部分实证检验机构投资者持股在公司风险承担与股价崩盘风险间的调节作用，线性回归的结果如表5-13所示。

表 5-13　机构投资者持股的调节作用

变量	$NCSKEW_{i,t+1}$		$DUVOL_{i,t+1}$	
	回归系数	t值	回归系数	t值
Risk	0.081***	4.28	0.051***	3.83
Insth_High	-0.009	-0.79	-0.007	-0.95
c.Risk#c.Insth_High	-0.066**	-2.01	-0.036*	-1.65
$NCSKEW_{i,t}$	0.066***	7.67	0.041***	7.21
Size	-0.008	-1.14	-0.015***	-3.07
Lev	-0.029	-0.73	-0.038	-1.46
ROA	0.734***	5.93	0.438***	5.21
BM	-0.234***	-6.08	-0.130***	-5.04
*Top*1	0.009	0.24	0.001	0.05
Ret	1.119***	4.62	0.753***	4.67
Sigma	7.842***	5.27	4.902***	4.95
Hsl	-0.003	-1.47	-0.001	-0.60

续表

变量	$NCSKEW_{i,t+1}$		$DUVOL_{i,t+1}$	
	回归系数	t值	回归系数	t值
_cons	0.156	0.96	0.331***	3.02
Year_FE	Yes		Yes	
Ind_FE	Yes		Yes	
Cluster	Yes		Yes	
N	16094		16094	
r2_a	0.086		0.093	

注：*、**和***分别表示在10%、5%和1%水平上显著。

从表5-13的回归结果可以看出，当以负收益偏态系数（$NCSKEW_{i,t+1}$）为被解释变量时，*Insth*、*c.Risk#c.Insth_High*加入模型后，公司风险承担（*Risk*）与负收益偏态系数（$NCSKEW_{i,t+1}$）的回归系数为0.081，并在1%水平上显著相关，机构投资者持股（*Insth*）与负收益偏态系数（$NCSKEW_{i,t+1}$）的回归系数为-0.009，两者关系并不显著，交乘项（*c.Risk#c.Insth_High*）与负收益偏态系数（$NCSKEW_{i,t+1}$）的回归系数为-0.066，在5%水平上显著负相关。由此可以判断，机构投资者持股（*Insth*）在公司风险承担（*Risk*）与负收益偏态系数（$NCSKEW_{i,t+1}$）间起负向调节作用，也就是说，机构投资者持股（*Insth*）削弱了公司风险承担（*Risk*）对负收益偏态系数（$NCSKEW_{i,t+1}$）的正向影响。当以上下波动比例（$DUVOL_{i,t+1}$）为被解释变量时，公司风险承担（*Risk*）与上下波动比例（$DUVOL_{i,t+1}$）的回归系数为0.051，在1%水平上显著，机构投资者持股（*Insth*）与上下波动比例（$DUVOL_{i,t+1}$）并不存在显著的相关关系，交乘项（*c.Risk#c.Insth_High*）与上下波动比例（$DUVOL_{i,t+1}$）的回归系数为-0.036，并在10%水平上显著负相关。从中可以看出，机构投资者持股（*Insth*）在公司风险承担（*Risk*）与上下波动比例（$DUVOL_{i,t+1}$）间起负向调节作用。综上所述，机构投资者持股在公司风险承担与股价崩盘风险间起负向调节作用，本书的假设H10得到证实。

从图5-3可以看出，在机构投资者持股比例较低的公司，公司风险承担对股价崩盘风险的正向影响较强，在机构投资者持股比例较高的公司，公司风险承担对股价崩盘风险的正向影响较弱。机构投资者具有较强的管理技能和信息优势，能够提高企业决策质量，降低坏消息的可能性，同时还有动机和能力收集信息，降低信息不对称性，使管理层隐藏坏消息的机会减少。也就是说，机构投资者持股负向调节公司风险承担与股价崩盘风险的正相关关系。

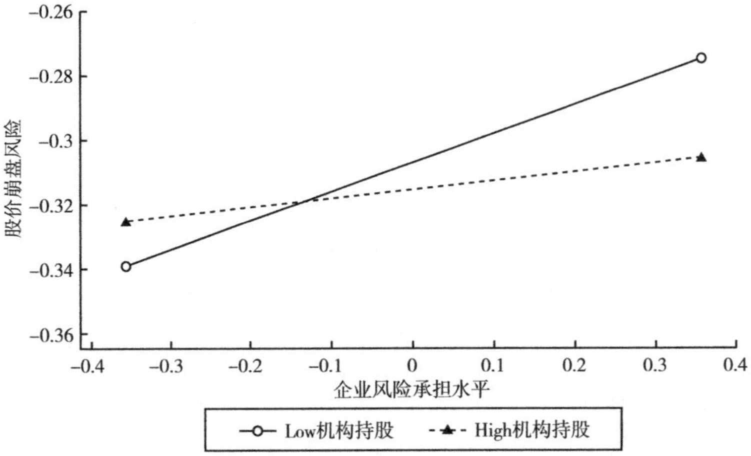

图 5-3 机构投资者持股的调节效应图

5.5.4 检验投资者情绪的调节作用

本部分实证检验投资者情绪在公司风险承担与股价崩盘风险间关系的调节作用，线性回归的结果如表5-14所示。

表 5-14 投资者情绪的调节作用

变量	$NCSKEW_{i,t+1}$		$DUVOL_{i,t+1}$	
	回归系数	t值	回归系数	t值
Risk	0.042**	2.23	0.025*	1.91
Sent_High	0.003	0.26	-0.001	-0.19
c.Risk#c.Sent_High	0.052*	1.75	0.040*	1.96
$NCSKEW_{i,t}$	0.066***	7.67	0.041***	7.22
Size	-0.008	-1.16	-0.015***	-3.08
Lev	-0.030	-0.76	-0.038	-1.47

续表

变量	$NCSKEW_{i,t+1}$		$DUVOL_{i,t+1}$	
	回归系数	t值	回归系数	t值
ROA	0.730***	5.88	0.436***	5.18
BM	−0.234***	−6.08	−0.130***	−5.04
*Top*1	0.010	0.25	0.001	0.06
Ret	1.128***	4.66	0.757***	4.70
Sigma	7.897***	5.31	4.934***	4.98
Hsl	−0.003	−1.49	−0.001	−0.61
_cons	0.154	0.95	0.331***	3.02
Year_FE	Yes		Yes	
Ind_FE	Yes		Yes	
Cluster	Yes		Yes	
N	16094		16094	
r2_a	0.086		0.093	

注：*、**和***分别表示在10%、5%和1%水平上显著。

从表5-14的回归结果可以看出，当以负收益偏态系数（$NCSKEW_{i,t+1}$）为被解释变量时，*Sent*、*c.Risk#c.Sent_High*加入模型后，公司风险承担（*Risk*）与负收益偏态系数（$NCSKEW_{i,t+1}$）的回归系数为0.042，并在5%水平上显著相关，投资者情绪（*Sent*）与负收益偏态系数（$NCSKEW_{i,t+1}$）的回归系数为0.003，两者关系并不显著，交乘项（*c.Risk#c.Sent_High*）与负收益偏态系数（$NCSKEW_{i,t+1}$）的回归系数为0.052，在10%水平上显著负相关。由此可以判断，投资者情绪（*Sent*）在公司风险承担（*Risk*）与负收益偏态系数（$NCSKEW_{i,t+1}$）间起正向调节作用，也就是说，投资者情绪（*Sent*）加剧了公司风险承担（*Risk*）对负收益偏态系数（$NCSKEW_{i,t+1}$）的正向影响。当以上下波动比例（$DUVOL_{i,t+1}$）为被解释变量时，回归结果与负收益偏态系数（$NCSKEW_{i,t+1}$）为被解释变量时一致。从中可以看出，投资者情绪（*Sent*）在公司风险承担（*Risk*）与上下波动比例（$DUVOL_{i,t+1}$）间起正向调节作用。

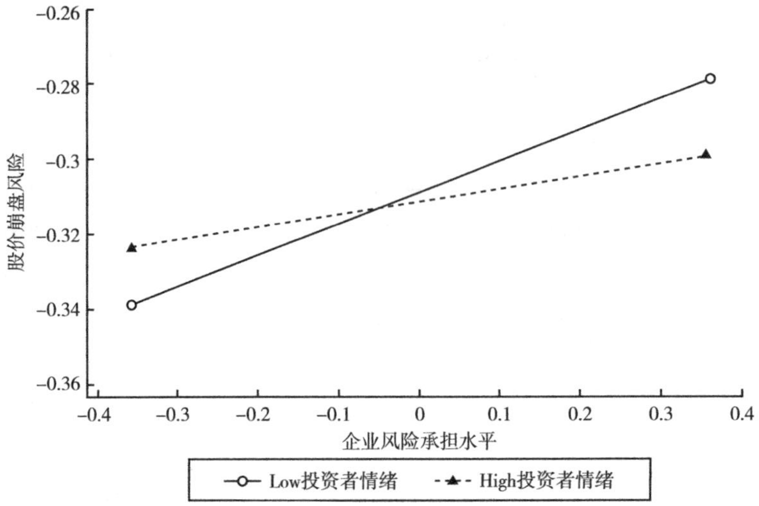

图 5-4　投资者情绪的调节效应图

从图5-4可以看出，当投资者情绪低迷时，公司风险承担对股价崩盘风险的正向影响较强；当投资者情绪高涨时，公司风险承担对股价崩盘风险的正向影响较弱。投资者情绪高涨期，投资者非理性行为导致股价被高估，形成股价泡沫，一旦股价泡沫破灭，投资者的“杀跌”情绪导致股价进一步下跌，引起崩盘。也就是说，投资者情绪正向调节公司风险承担与股价崩盘风险的正相关关系，本书的假设H11得到验证。

综上所述，本书的假设H8~H11得到了证实，管理层能力、机构投资者持股对公司风险承担与股价崩盘风险的正相关关系具有负向调节作用，而产品市场竞争、投资者情绪则正向调节公司风险承担与股价崩盘风险的正相关关系。

5.6　稳健性检验

为了确保研究结论更加稳健，本书采用更换被解释变量、更换样本年份、分位数回归等方式进行稳健性检验。

第一，更换被解释变量，选择其他变量衡量股价崩盘风险。借鉴杨棉之和张园园（2016）[312]的研究，以股价暴跌概率（*CRASH*）衡量股价崩盘风险，以$Risk$、$Risk_1$、$Risk_2$、$Risk_3$、$Risk_4$分别作为解释变量进行回归。$CRASH$的计算过程如下：

首先，计算公司层面的特定周收益率（$W_{i,t}$），$W_{i,t}$=ln（1+$\varepsilon_{i,t}$），其中$\varepsilon_{i,t}$的计算如下：

$$R_{i,t}=\alpha_i+\beta_1 R_{M,t-2}+\beta_2 R_{M,t-1}+\beta_3 R_{M,t}+\beta_4 R_{M,t+1}+\varepsilon_{i,t} \quad (5-1)$$

其次，计算股价暴跌风险（$Crash$）。如果周特定收益低于周特定收益率均值与周特定收益率标准差的3.2倍，则意味着发生了股价暴跌。如果公司在一年中股价崩盘的次数大于等于1，则$Crash$取值为1；如果股价崩盘发生的次数为0，则取值为0。

$$W_{i,t} \leqslant Average(W_{i,t})-3.2\times Std(W_{i,t}) \quad (5-2)$$

从表5-15可以看出，投资决策、资产配置决策、筹资决策、财务报告决策等单项公司风险承担和公司风险承担综合指标均与股价崩盘风险呈显著的正相关关系，这一结论与主回归结果一致。

第二，更换样本年份。本书选择以2010~2019年中国上市公司为研究样本，以$NCSKEW_{i,t+1}$、$DUVOL_{i,t+1}$来衡量股价崩盘风险，以$Risk$、$Risk_1$、$Risk_2$、$Risk_3$、$Risk_4$为解释变量，进行回归，回归结果如表5-16所示。从中看出，$Risk$、$Risk_1$、$Risk_2$、$Risk_3$、$Risk_4$均与$NCSKEW_{i,t+1}$、$DUVOL_{i,t+1}$显著正相关，其中投资决策、资产配置决策、筹资决策四个维度公司风险承担指标中，对股价崩盘风险影响最大的是资产配置决策，影响最小的财务报告决策，这一结论与主回归结果一致。

第三，更换解释变量，进行分位数回归。本书分别以$Risk$、$Risk_1$、$Risk_2$、$Risk_3$、$Risk_4$的第25百分位数、50百分位数、75百分位数作为解释变量，以$NCSKEW_{i,t+1}$、$DUVOL_{i,t+1}$作为被解释变量，进行回归。从表5-17可以看出，$Risk$、$Risk_1$、$Risk_2$、$Risk_3$、$Risk_4$与$NCSKEW_{i,t+1}$、$DUVOL_{i,t+1}$均呈现显著正相关，其中$Risk_3$对$NCSKEW_{i,t+1}$、$DUVOL_{i,t+1}$的回归系数最大，表明资产配置决策风险承担水平对股价崩盘风险的影响最强。从表5-18和表5-19可以看出，$Risk$、$Risk_1$、$Risk_2$、$Risk_3$、$Risk_4$与$NCSKEW_{i,t+1}$、$DUVOL_{i,t+1}$基本上呈现显著正相关，$Risk_1$与$DUVOL_{i,t+1}$、$Risk_4$与$NCSKEW_{i,t+1}$的正相关关系并不显著。

表 5-15　　稳健性检验——以 $CRASH_{i,t+1}$ 为被解释变量

变量	(1)	(2)	(3)	(4)	(5)
	$CRASH_{i,t+1}$	$CRASH_{i,t+1}$	$CRASH_{i,t+1}$	$CRASH_{i,t+1}$	$CRASH_{i,t+1}$
Risk	0.038*** (3.16)				
$Risk_1$		0.279*** (3.00)			
$Risk_2$			0.197** (2.28)		
$Risk_3$				0.153*** (2.69)	
$Risk_4$					0.064*** (2.60)
$NCSKEW_{i,t}$	0.042*** (6.62)	0.042*** (6.62)	0.042*** (6.71)	0.042*** (6.69)	0.042*** (6.69)
size	-0.007 (-1.40)	-0.008 (-1.43)	-0.008 (-1.49)	-0.007 (-1.28)	-0.007 (-1.35)
Lev	-0.009 (-0.32)	0.005 (0.19)	-0.002 (-0.06)	-0.013 (-0.47)	0.005 (0.18)
ROA	0.528*** (5.64)	0.499*** (5.33)	0.487*** (5.18)	0.537*** (5.73)	0.469*** (4.96)
BM	-0.123*** (-4.31)	-0.127*** (-4.44)	-0.126*** (-4.43)	-0.123*** (-4.30)	-0.126*** (-4.41)
*Top*1	-0.011 (-0.38)	-0.001 (-0.05)	-0.008 (-0.28)	-0.014 (-0.49)	-0.004 (-0.14)
Ret	0.571*** (3.31)	0.574*** (3.33)	0.549*** (3.18)	0.570*** (3.31)	0.552*** (3.20)
Sigma	3.863*** (3.70)	3.808*** (3.65)	3.775*** (3.61)	3.896*** (3.74)	3.771*** (3.61)
Hsl	-0.001 (-0.99)	-0.001 (-0.85)	-0.001 (-1.03)	-0.001 (-1.01)	-0.001 (-1.06)
_cons	0.570*** (4.98)	0.569*** (4.97)	0.564*** (4.93)	0.556*** (4.86)	0.571*** (4.99)
Year_FE	Yes	Yes	Yes	Yes	Yes
Ind_FE	Yes	Yes	Yes	Yes	Yes
Cluster	Yes	Yes	Yes	Yes	Yes
N	16094	16094	16094	16094	16094
r2_a	0.015	0.015	0.015	0.015	0.015

注：*、** 和 *** 分别表示在 10%、5% 和 1% 水平上显著。

表 5-16 稳健性检验——更换样本年份

变量	$NCSKEW_{i,t+1}$					$DUVOL_{i,t+1}$				
	(1)	(2)	(3)	(4)	(5)	(6)	(7)	(8)	(9)	(10)
Risk	0.077*** (4.42)					0.052*** (4.30)				
$Risk_1$		0.398*** (2.98)					0.199** (2.11)			
$Risk_2$			0.544*** (3.98)					0.341*** (3.59)		
$Risk_3$				0.272*** (3.17)					0.247*** (4.23)	
$Risk_4$					0.086** (2.27)					0.074*** (2.90)
$NCSKEW_{i,t}$	0.070*** (7.36)	0.071*** (7.36)	0.071*** (7.45)	0.071*** (7.47)	0.071*** (7.45)	0.046*** (7.35)	0.046*** (7.40)	0.046*** (7.44)	0.046*** (7.43)	0.046*** (7.42)
Size	0.004 (0.44)	0.003 (0.35)	0.002 (0.27)	0.004 (0.53)	0.003 (0.37)	-0.007 (-1.26)	-0.007 (-1.33)	-0.008 (-1.42)	-0.006 (-1.12)	-0.007 (-1.33)
Lev	-0.069 (-1.51)	-0.044 (-0.97)	-0.055 (-1.21)	-0.075 (-1.62)	-0.045 (-0.97)	-0.063** (-2.08)	-0.048 (-1.59)	-0.053* (-1.78)	-0.071** (-2.34)	-0.045 (-1.48)
ROA	0.669*** (4.48)	0.623*** (4.16)	0.590*** (3.94)	0.679*** (4.54)	0.588*** (3.87)	0.393*** (3.95)	0.364*** (3.65)	0.341*** (3.43)	0.409*** (4.12)	0.329*** (3.27)

续表

变量	$NCSKEW_{i,t+1}$					$DUVOL_{i,t+1}$				
	(1)	(2)	(3)	(4)	(5)	(6)	(7)	(8)	(9)	(10)
BM	−0.264***	−0.270***	−0.269***	−0.264***	−0.268***	−0.151***	−0.155***	−0.154***	−0.149***	−0.153***
	(−6.06)	(−6.19)	(−6.16)	(−6.05)	(−6.13)	(−5.25)	(−5.38)	(−5.35)	(−5.18)	(−5.31)
*Top*1	0.024	0.038	0.026	0.018	0.031	0.011	0.019	0.012	0.004	0.016
	(0.56)	(0.88)	(0.60)	(0.42)	(0.72)	(0.38)	(0.64)	(0.42)	(0.15)	(0.56)
Ret	1.065***	1.053***	1.001***	1.048***	1.007***	0.683***	0.670***	0.641***	0.678***	0.641***
	(3.78)	(3.74)	(3.55)	(3.73)	(3.58)	(3.73)	(3.66)	(3.50)	(3.71)	(3.51)
Sigma	7.595***	7.428***	7.354***	7.599***	7.326***	4.692***	4.576***	4.532***	4.739***	4.495***
	(4.62)	(4.52)	(4.47)	(4.63)	(4.46)	(4.35)	(4.25)	(4.20)	(4.40)	(4.18)
Hsl	−0.001	−0.001	−0.002	−0.001	−0.001	−0.000	0.000	−0.000	−0.000	−0.000
	(−0.64)	(−0.46)	(−0.78)	(−0.67)	(−0.68)	(−0.08)	(0.08)	(−0.21)	(−0.16)	(−0.16)
_cons	−0.366**	−0.358*	−0.376**	−0.385**	−0.346*	−0.070	−0.066	−0.076	−0.087	−0.053
	(−2.00)	(−1.96)	(−2.06)	(−2.10)	(−1.89)	(−0.58)	(−0.54)	(−0.63)	(−0.72)	(−0.44)
Year_FE	Yes	Yes	Yes	Yes	Yes	Yes	Yes	Yes	Yes	Yes
Ind_*FE*	Yes	Yes	Yes	Yes	Yes	Yes	Yes	Yes	Yes	Yes
Cluster	Yes	Yes	Yes	Yes	Yes	Yes	Yes	Yes	Yes	Yes
N	12890	12890	12890	12890	12890	12890	12890	12890	12890	12890
r2_a	0.059	0.059	0.059	0.059	0.058	0.061	0.060	0.061	0.061	0.060

注：*、**和***分别表示在10%、5%和1%水平上显著。

表 5-17 稳健性检验——分位数回归（第 25 百分位数）

变量	$NCSKEW_{i,t+1}$					$DUVOL_{i,t+1}$				
	（1）	（2）	（3）	（4）	（5）	（6）	（7）	（8）	（9）	（10）
Risk	0.049** （2.57）					0.036*** （2.69）				
$Risk_1$		0.331* （1.81）					0.185* （1.75）			
$Risk_2$			0.428*** （3.37）					0.298*** （3.41）		
$Risk_3$				0.177** （2.01）					0.163*** （2.60）	
$Risk_4$					0.047 （1.23）					0.070** （2.50）
$NCSKEW_{i,t}$	0.072*** （6.67）	0.071*** （6.69）	0.073*** （7.04）	0.073*** （6.77）	0.072*** （6.67）	0.042*** （5.86）	0.044*** （6.26）	0.042*** （6.08）	0.043*** （6.07）	0.044*** （6.15）
Size	−0.001 （−0.09）	0.000 （0.00）	−0.002 （−0.19）	0.001 （0.09）	0.002 （0.19）	−0.011* （−1.78）	−0.010* （−1.69）	−0.012** （−2.00）	−0.009 （−1.60）	−0.010* （−1.70）
Lev	−0.058 （−1.23）	−0.050 （−1.10）	−0.046 （−1.00）	−0.065 （−1.37）	−0.058 （−1.26）	−0.033 （−1.05）	−0.021 （−0.65）	−0.014 （−0.46）	−0.043 （−1.39）	−0.024 （−0.74）
ROA	1.056*** （7.06）	0.978*** （6.83）	0.970*** （6.83）	1.106*** （7.28）	0.982*** （6.67）	0.666*** （6.50）	0.610*** （5.99）	0.599*** （5.91）	0.672*** （6.60）	0.551*** （5.34）

续表

变量	$NCSKEW_{i,t+1}$					$DUVOL_{i,t+1}$				
	(1)	(2)	(3)	(4)	(5)	(6)	(7)	(8)	(9)	(10)
BM	−0.231***	−0.238***	−0.232***	−0.232***	−0.241***	−0.147***	−0.145***	−0.146***	−0.143***	−0.141***
	(−4.87)	(−5.18)	(−5.13)	(−4.89)	(−5.13)	(−4.62)	(−4.55)	(−4.59)	(−4.65)	(−4.43)
*Top*1	0.008	0.020	0.017	0.010	0.004	0.025	0.033	0.032	0.027	0.047
	(0.18)	(0.46)	(0.40)	(0.24)	(0.10)	(0.84)	(1.09)	(1.06)	(0.93)	(1.56)
Ret	1.629***	1.667***	1.637***	1.663***	1.669***	0.796***	0.770***	0.690***	0.808***	0.785***
	(5.02)	(5.41)	(5.73)	(4.90)	(5.31)	(3.96)	(3.89)	(3.34)	(4.02)	(3.72)
Sigma	11.392***	11.551***	11.564***	11.639***	11.532***	5.097***	5.058***	4.501***	5.250***	5.085***
	(5.80)	(6.06)	(6.41)	(5.76)	(5.96)	(4.10)	(4.11)	(3.57)	(4.28)	(3.95)
Hsl	−0.001	−0.000	−0.001	−0.001	−0.000	0.003*	0.002	0.003*	0.003*	0.003*
	(−0.45)	(−0.20)	(−0.49)	(−0.47)	(−0.20)	(1.82)	(1.61)	(1.78)	(1.95)	(1.83)
_cons	−0.512***	−0.527***	−0.535***	−0.547***	−0.538***	−0.099	−0.097	−0.068	−0.128	−0.096
	(−2.59)	(−2.78)	(−2.94)	(−2.78)	(−2.76)	(−0.76)	(−0.74)	(−0.51)	(−0.98)	(−0.72)
Year_FE	Yes	Yes	Yes	Yes	Yes	Yes	Yes	Yes	Yes	Yes
Ind_*FE*	Yes	Yes	Yes	Yes	Yes	Yes	Yes	Yes	Yes	Yes
Cluster	Yes	Yes	Yes	Yes	Yes	Yes	Yes	Yes	Yes	Yes
N	16094	16094	16094	16094	16094	16094	16094	16094	16094	16094
r2_a										

注：*、** 和 *** 分别表示在10%、5%和1%水平上显著。

表 5-18 稳健性检验——分位数回归（第 50 百分位数）

变量	$NCSKEW_{i,t+1}$					$DUVOL_{i,t+1}$				
	（1）	（2）	（3）	（4）	（5）	（6）	（7）	（8）	（9）	（10）
Risk	0.047***					0.032***				
	（3.10）					（2.61）				
$Risk_1$		0.368**					0.147			
		（2.52）					（1.42）			
$Risk_2$			0.212**					0.207**		
			（2.03）					（2.41）		
$Risk_3$				0.190***					0.152***	
				（2.63）					（2.65）	
$Risk_4$					0.086***					0.075***
					（2.87）					（3.12）
$NCSKEW_{i,t}$	0.064***	0.063***	0.065***	0.065***	0.061***	0.047***	0.047***	0.046***	0.047***	0.047***
	（7.82）	（7.70）	（7.86）	（7.94）	（7.48）	（7.22）	（7.44）	（7.29）	（7.34）	（7.61）
Size	-0.010	-0.008	-0.011	-0.008	-0.010	-0.013**	-0.014***	-0.015***	-0.012**	-0.013**
	（-1.55）	（-1.20）	（-1.64）	（-1.22）	（-1.50）	（-2.35）	（-2.71）	（-2.73）	（-2.27）	（-2.53）
Lev	-0.042	-0.039	-0.034	-0.051	-0.026	-0.044	-0.030	-0.030	-0.044	-0.028
	（-1.16）	（-1.05）	（-0.92）	（-1.38）	（-0.73）	（-1.51）	（-1.04）	（-1.06）	（-1.54）	（-1.01）
ROA	0.634***	0.573***	0.593***	0.632***	0.534***	0.445***	0.425***	0.436***	0.450***	0.385***
	（5.16）	（4.64）	（4.80）	（5.18）	（4.40）	（4.60）	（4.54）	（4.60）	（4.65）	（4.14）

续表

变量	$NCSKEW_{i,t+1}$					$DUVOL_{i,t+1}$				
	(1)	(2)	(3)	(4)	(5)	(6)	(7)	(8)	(9)	(10)
BM	−0.179***	−0.191***	−0.181***	−0.182***	−0.184***	−0.112***	−0.120***	−0.115***	−0.117***	−0.119***
	(−4.92)	(−5.20)	(−4.92)	(−5.03)	(−5.09)	(−3.86)	(−4.22)	(−4.02)	(−4.06)	(−4.28)
*Top*1	−0.015	−0.004	−0.019	−0.029	−0.013	−0.027	−0.024	−0.028	−0.025	−0.020
	(−0.44)	(−0.10)	(−0.54)	(−0.83)	(−0.37)	(−0.97)	(−0.85)	(−1.01)	(−0.91)	(−0.75)
Ret	0.946***	0.934***	0.958***	0.926***	0.941***	0.840***	0.846***	0.782***	0.852***	0.828***
	(3.81)	(3.84)	(4.01)	(3.97)	(4.10)	(4.76)	(4.77)	(4.53)	(4.89)	(4.56)
Sigma	6.258***	6.153***	6.456***	6.184***	6.321***	5.174***	5.125***	4.866***	5.276***	5.110***
	(4.23)	(4.19)	(4.43)	(4.35)	(4.49)	(4.68)	(4.67)	(4.49)	(4.81)	(4.64)
Hsl	−0.002	−0.001	−0.002	−0.002	−0.002	−0.001	−0.001	−0.001	−0.001	−0.002
	(−0.88)	(−0.61)	(−1.23)	(−0.93)	(−1.31)	(−0.98)	(−0.91)	(−1.01)	(−0.83)	(−1.27)
_cons	0.183	0.132	0.175	0.135	0.181	0.270**	0.296***	0.285**	0.252**	0.284**
	(1.23)	(0.89)	(1.18)	(0.92)	(1.22)	(2.32)	(2.61)	(2.48)	(2.17)	(2.54)
Year_FE	Yes	Yes	Yes	Yes	Yes	Yes	Yes	Yes	Yes	Yes
Ind_*FE*	Yes	Yes	Yes	Yes	Yes	Yes	Yes	Yes	Yes	Yes
Cluster	Yes	Yes	Yes	Yes	Yes	Yes	Yes	Yes	Yes	Yes
N	16094	16094	16094	16094	16094	16094	16094	16094	16094	16094
r2_a										

注：*、** 和 *** 分别表示在 10%、5% 和 1% 水平上显著。

表 5-19　　稳健性检验——分位数回归（第 75 百分位数）

变量	$NCSKEW_{i,t+1}$					$DUVOL_{i,t+1}$				
	（1）	（2）	（3）	（4）	（5）	（6）	（7）	（8）	（9）	（10）
Risk	0.047***					0.036***				
	（2.83）					（2.62）				
$Risk_1$		0.397***					0.283***			
		（2.71）					（2.65）			
$Risk_2$			0.274**					0.180*		
			（2.26）					（1.72）		
$Risk_3$				0.158**					0.160**	
				（2.08）					（2.44）	
$Risk_4$					0.054					0.058**
					（1.61）					（2.20）
$NCSKEW_{i,t}$	0.061***	0.061***	0.061***	0.060***	0.062***	0.041***	0.040***	0.039***	0.040***	0.039***
	（6.82）	（6.78）	（7.10）	（6.87）	（7.01）	（5.63）	（5.64）	（5.37）	（5.57）	（5.60）
Size	−0.016**	−0.015**	−0.014**	−0.015**	−0.015**	−0.023***	−0.022***	−0.023***	−0.021***	−0.022***
	（−2.22）	（−2.04）	（−2.11）	（−2.15）	（−2.11）	（−3.95）	（−3.75）	（−3.88）	（−3.65）	（−3.69）
Lev	−0.025	−0.010	−0.023	−0.031	−0.004	−0.028	−0.020	−0.027	−0.034	−0.020
	（−0.64）	（−0.26）	（−0.61）	（−0.80）	（−0.11）	（−0.87）	（−0.62）	（−0.85）	（−1.06）	（−0.63）
ROA	0.420***	0.395***	0.370***	0.413***	0.393***	0.349***	0.320***	0.315***	0.350***	0.291***
	（3.28）	（3.10）	（2.98）	（3.30）	（3.12）	（3.34）	（3.06）	（2.99）	（3.38）	（2.77）

续表

变量	$NCSKEW_{i,t+1}$					$DUVOL_{i,t+1}$				
	(1)	(2)	(3)	(4)	(5)	(6)	(7)	(8)	(9)	(10)
BM	−0.204***	−0.205***	−0.201***	−0.205***	−0.200***	−0.096***	−0.097***	−0.089***	−0.098***	−0.101***
	(−5.23)	(−5.27)	(−5.39)	(−5.36)	(−5.35)	(−3.01)	(−3.05)	(−2.78)	(−3.12)	(−3.20)
*Top*1	−0.011	−0.005	−0.013	−0.011	−0.013	−0.028	−0.019	−0.024	−0.033	−0.023
	(−0.29)	(−0.14)	(−0.36)	(−0.29)	(−0.37)	(−0.92)	(−0.61)	(−0.79)	(−1.06)	(−0.77)
Ret	0.489**	0.551**	0.506**	0.528**	0.528**	0.635***	0.728***	0.735***	0.637***	0.660***
	(2.08)	(2.31)	(2.34)	(2.49)	(2.30)	(2.85)	(3.12)	(3.37)	(2.80)	(2.95)
Sigma	3.327**	3.634**	3.511**	3.564***	3.723***	3.950***	4.552***	4.691***	4.003***	4.149***
	(2.26)	(2.44)	(2.53)	(2.60)	(2.58)	(3.02)	(3.42)	(3.67)	(3.04)	(3.17)
Hsl	−0.003	−0.002	−0.002	−0.003	−0.002	−0.002	−0.002	−0.002	−0.002	−0.002
	(−1.38)	(−0.97)	(−1.24)	(−1.35)	(−1.23)	(−1.15)	(−1.26)	(−1.32)	(−1.17)	(−1.36)
_cons	0.761***	0.693***	0.684***	0.738***	0.689***	0.814***	0.769***	0.769***	0.776***	0.791***
	(4.81)	(4.30)	(4.58)	(4.72)	(4.45)	(6.19)	(5.65)	(5.57)	(5.95)	(5.79)
Year_FE	Yes	Yes	Yes	Yes	Yes	Yes	Yes	Yes	Yes	Yes
Ind_FE	Yes	Yes	Yes	Yes	Yes	Yes	Yes	Yes	Yes	Yes
Cluster	Yes	Yes	Yes	Yes	Yes	Yes	Yes	Yes	Yes	Yes
N	16094	16094	16094	16094	16094	16094	16094	16094	16094	16094
r2_a										

注：*、**和***分别表示在10%、5%和1%水平上显著。

在采取更换被解释变量、更换样本年份、分位数回归等稳健性检验方法后，投资决策、筹资决策、资产配置决策、财务报告决策四个维度公司风险承担及公司风险承担水平综合指标均与股价崩盘风险显著正相关，同实证检验结果保持一致，本书的实证结论仍旧稳健。

5.7　内生性检验

为了避免可能存在的遗漏变量产生的内生性问题对本书结论造成影响，本书采用处理效应模型、倾向得分匹配检验是否存在内生性问题。表5-20报告了处理效应模型的回归结果，Stage2在原回归模型基础上加入*imr*，回归结果显示*Risk*与$NCSKEW_{i,\ t+1}$仍然存在显著的正相关关系，表明内生性问题没有影响本书的研究结论。

表 5-20　　处理效应模型

变量	（1）	（2）
	Stage1	Stage2
$NCSKEW_{i,\ t+1}$		.
		（.）
imr		0.012
		（1.254）
Risk		0.041**
		（1.967）
$NCSKEW_{i,\ t}$		0.065***
		（7.653）
Size	-0.064***	-0.009
	（-5.992）	（-1.204）
Lev	0.789***	-0.023
	（12.420）	（-0.572）
ROA		0.742***
		（5.963）
Ret		1.118***
		（4.611）

续表

变量	(1)	(2)
	Stage1	Stage2
Sigma		7.867*** (5.282)
BM		−0.234*** (−6.065)
*Top*1	0.148** (2.181)	0.009 (0.240)
Hsl		−0.003 (−1.538)
Dummy	. (.)	
growth	0.346*** (11.849)	
bdRisk	0.226*** (3.277)	
dual	−0.103*** (−3.952)	
indep	0.470** (2.140)	
Constant	0.388 (1.486)	0.159 (0.980)
Observations	16065	16065
F	.	44.17
Adjusted R-squared		0.086

注：小括号内为t值，*、** 和 *** 分别表示在10%、5%和1%水平上显著。

除通过处理效应模型进行内生性检验之外，本书采用了倾向得分匹配进行内生性检验，将公司风险承担水平（*Risk*）按照是否大于年度行业均值分为样本处理组和控制组两组，生成哑变量，大于年度行业均值的样本组得分为1，小于年度行业均值的样本组得分为0。将哑变量作为被解释变量进行Logistic回归，计算每一个观测值的倾向得分。再将公司风险承担水平低组的样本与公司风险承担水平高组的样本按照倾向得分匹配，进行多元回归分析。表5-21显示了倾向得分匹配前后股价崩盘风险的差异。倾向得分匹配前股价崩盘风险（*NCSKEW*）所对应的T值为4.20，倾向得分匹配后股价崩盘风险（*NCSKEW*）所对应的T值为2.70，均在1%水平上显著，表明在倾向得分匹配前后不同公司风险承担水平（*Risk*）下股价崩盘风险（*NCSKEW*）存在显著差异。

表5-21　倾向得分匹配前后NCSKEW的差异

变量	样本	处理组	控制组	差异	标准误	T值
NCSKEW	Unmatched	-0.287	-0.334	0.0461	0.0110	4.20
	ATT	-0.287	-0.330	0.0421	0.0156	2.70

表5-22报告了平行假设检验的结果。公司规模（*Risk*）、资产负债率（*Lev*）等变量为影响公司风险承担水平的因素。从表中的p值可以看出，匹配前公司规模（*Risk*）、资产负债率（*Lev*）、总资产收益率（*ROA*）、成长性（*growth*）、两职合一（*dual*）均存在显著差异，而第一大股东持股（*Top*1）、独立董事占比（*indep*）不存在显著差异。倾向得分匹配后公司规模（*Risk*）、资产负债率（*Lev*）、总资产收益率（*ROA*）、两职合一（*dual*）、成长性（*growth*）、第一大股东持股比例（*Top*1）、独立董事占比（*indep*）均小于5，p值并不显著，表明在倾向得分匹配后各变量不存在明显差异。

表5-22　平行假设检验

变量	匹配前	均值		偏误变化		t检验		V(T)/V(C)
	匹配后	处理组	控制组	偏误比例%	偏误降低比例	t值	p>|t|	
Risk	U	22.216	22.277	-4.7		-2.96	0.003	0.87*
	M	22.216	22.181	2.7	42.6	1.74	0.082	0.95*
Lev	U	0.484	0.477	3.5		2.24	0.025	0.85*
	M	0.484	0.483	0.1	97.6	0.05	0.956	0.92*
ROA	U	0.0363	0.0447	-15.8		-10.03	0.000	1.38*
	M	0.0363	0.0369	-1.2	92.4	-0.77	0.440	1.53*

续表

变量	匹配前	均值		偏误变化		t检验		V(T)/V(C)
	匹配后	处理组	控制组	偏误比例%	偏误降低比例	t值	p>|t|	
growth	U	0.2138	0.143	18.3		11.60	0.000	1.16*
	M	0.2138	0.215	−0.3	98.1	−0.20	0.841	0.78*
*Top*1	U	0.391	0.388	1.8		1.14	0.253	0.98
	M	0.391	0.388	2.0	−12.1	1.29	0.198	1.00
dual	U	1.790	1.816	−6.4		−4.08	0.000	1.10*
	M	1.790	1.787	0.7	89.3	0.43	0.670	0.99
indep	U	0.369	0.370	−1.7		−1.08	0.282	0.95*
	M	0.369	0.369	−0.1	96.1	−0.04	0.967	0.96

注：*、** 和 *** 分别表示在 10%、5% 和 1% 的统计性水平上显著。

从表5-23可以看出，倾向得分匹配后公司风险承担（*Risk*）与股价崩盘风险（*NCSKEW*）在1%水平上显著正相关，股价崩盘风险（*NCSKEW*）对未来的股价崩盘风险有显著的正向预测功能，其他结论与主回归结论基本一致。这说明在通过倾向得分匹配法控制内生性后，本书的研究结论没有发生改变。

表 5-23　倾向得分匹配后公司风险承担与股价崩盘风险的多元回归

$NCSKEW_{i,t+1}$	系数	稳健性标准误	t值	P>|t|	95%置信区间	
Risk	0.0564	0.0175	3.22	0.001	0.022	0.091
$NCSKEW_{i,t}$	0.0674	0.010	6.97	0.000	0.0484	0.086
Size	−0.0188	0.008	−2.28	0.023	−0.035	−0.003
Lev	−0.023	0.0464	−0.50	0.616	−0.114	0.068
ROA	0.8169	0.143	5.71	0.000	0.536	1.100
Ret	1.066	0.274	3.89	0.000	0.529	1.603
Sigma	7.589	1.690	4.49	0.000	4.275	10.903
BM	−0.183	0.0452	−4.06	0.000	−0.272	−0.095
*Top*1	0.0043	0.0438	0.10	0.922	−0.082	0.090
Hsl	−0.003	0.002	−1.54	0.123	−0.007	0.0009
_cons	0.356	0.181	1.97	0.049	0.001	0.711
R^2	0.090					
F-value	34.05					
N	12077					

为了解决反向因果关系的内生性问题对本书结论造成影响，本书采用滞后自变量回归解决内生性问题。表5-24报告了滞后自变量回归的结果，回归结果表明，*Risk*滞后一期与$NCSKEW_{i,\ t+1}$仍然存在显著的正相关关系，表明内生性问题没有影响本书的研究结论。

表 5-24　　滞后自变量回归

	$NCSKEW_{i,\ t+1}$		$DUVOL_{i,\ t+1}$	
	回归系数	t值	回归系数	t值
Risk_1	0.037**	2.17	0.017*	1.90
$NCSKEW_{i,\ t}$	0.069***	7.02	0.044***	6.91
Size	-0.005	-0.61	-0.015***	-2.80
Lev	-0.003	-0.06	-0.014	-0.48
ROA	0.674***	4.81	0.400***	4.18
BM	-0.289***	-6.75	-0.159***	-5.50
*Top*1	-0.034	-0.77	-0.017	-0.60
Ret	1.073***	3.81	0.672***	3.61
Sigma	7.927***	4.75	4.825***	4.36
Hsl	-0.005**	-2.17	-0.003**	-2.30
Year_FE	Yes		Yes	
Ind_*FE*	Yes		Yes	
Cluster	Yes		Yes	
N	12797		12797	
r2_a	0.069		0.070	

注：*、** 和 *** 分别表示在10%、5%和1%水平上显著。

5.8 本章小结

第3章提出了本书的概念模型，投资、融资、资产配置、财务报告决策公司风险承担以及公司风险承担水平能够正向影响股价崩盘风险，管理层隐瞒坏消息的动机与能力在公司风险承担与股价崩盘风险间起中介作用，管理层能力和机构投资者持股对公司风险承担与股价崩盘风险的关系起负向调节作用，产品市场竞争和投资者情绪起正向调节作用。为了验证上述假设，本章以我国2007~2019年A股上市公司为研究样本进行实证检验。

首先，对本书所需要的样本数据进行描述性统计与相关性分析，为公司风险承担对股价崩盘风险的正相关关系提供初步证据。采用多元线性回归实证检验投资、融资、资产配置与财务报告决策公司风险承担以及以单项指标为基础计算的公司风险承担水平对股价崩盘风险的影响，本书的实证结果表明，基于行为视角的公司风险承担指标均与股价崩盘风险显著正相关，其中资产配置决策公司风险承担对股价崩盘风险的影响最大，财务报告决策公司风险承担对股价崩盘风险的影响最小。

其次，采用中介效应检验对公司风险承担影响股价崩盘风险的路径进行验证，发现高管薪酬绩效敏感性与信息不透明程度对公司风险承担与股价崩盘风险间起部分中介作用，即管理层的捂盘行为从高管隐瞒坏消息的动机和能力两个方面对公司风险承担与股价崩盘风险的关系进行影响。

最后，本书采用更换被解释变量、样本年份、分位数回归等方式进行稳健性检验，采用处理效应模型、倾向得分匹配检验进行内生性检验，实证检验的结果表明，本书的研究结论稳健，并且控制内生性问题后，本书的研究结论没有发生改变。

| 第6章 |

结果讨论

本书根据信息不对称理论、信号传递理论、坏消息窖藏理论、管理层风险规避理论等，分析公司风险承担通过管理层隐瞒坏消息的动机与能力对股价崩盘风险产生影响。基于行为视角，从投资、融资、资产配置、财务报告四个维度，分析不同维度的公司风险承担水平对股价崩盘风险的影响。

第5章对公司风险承担对股价崩盘风险的影响、作用路径等概念模型进行实证检验，实证结果表明，公司风险承担显著正向影响股价崩盘风险，管理层隐瞒坏消息的动机（高管薪酬绩效敏感性）与能力（信息不透明度）对公司风险承担与股价崩盘风险间具有部分中介作用，管理层能力、机构投资者持股负向调节公司风险承担与股价崩盘风险间关系，而产品市场竞争、投资者情绪正向调节公司风险承担与股价崩盘风险间关系。本章将在第5章实证检验的基础上，进一步对研究结果进行讨论。

6.1 公司风险承担对股价崩盘风险的影响分析

在假设H1至H5中，本书基于行为视角分别提出投资、融资、资产配置、财务报告决策四个维度以及公司风险承担综合指标对股价崩盘风险的影响。从第5章的实证检验结果可以看出，假设H1至H5均得到了证实。

假设H1分析了投资决策公司风险承担对股价崩盘风险的影响，认为投资决策作为公司面临的诸多风险中最重要的一项，严重影响公司未来现金流量，对公司运营、发展，甚至存亡具有深远影响，非效率投资等投资活动增加坏消息发生的概率，自利动机的管理层的不对称信息披露行为，使坏消息不断窖藏，从而增大股价崩盘风险。从表5-3可知，以负收益偏态系数、上下波动比例为被解释变量时，投资决策公司风险承担均显著正向影响股价崩盘风险，假设H1得到证实。本书的研究结论与Habib和Hasan（2017）[313]、李伟和米欣谊（2021）[314]的研究结论一致。Habib和Hasan（2017）[313]的研究发现，管理层的自利可能产生次优投资决策，导致过度投资或投资不足，会促使管理者隐瞒坏消息，而这正是股价崩盘的催化剂。李伟和米欣谊（2021）[314]指出，管理层为了自身利益，倾向于过度投资来维持公司的高成长性，同时为了隐瞒过度投资的真实意图选择隐瞒，造成坏消息不断积累，当坏消息积累到阈值时集中爆发，引发股价崩盘。本书认为假设H1得到证实，可能的原因是：（1）过度投资和投资不足等次优投资决策增大了坏消息发生的概率，是管理层隐瞒坏消息的前提；（2）过度投资和投资不足等次优投资决策可能导致负净现值，管理层出于薪酬契约、在职消费、声誉、构建帝国等机会主义动机，有动机向外界隐瞒投资决策中非效率投资导致的负面信息，信息不对称程度进一步加大，当坏消息无法再隐瞒时股价崩盘。

假设H2分析了融资决策公司风险承担与股价崩盘风险的关系，认为债务融资的公司治理作用受到债务水平高低的影响，当债务水平过高时，公司面临较高的财务风险，很可能会无法偿付到期债务和利息，增大了坏消息发生的概率，机会主义动机的管理层选择隐瞒坏消息，导致股价崩盘发生。从表5-4可以看出，以负收益偏态系数、上下波动比例为被解释变量时，融资决策公司风险承担与股价崩盘风险均呈现显著的正相关关系，假设H2得到证实。本书的研究结论与万敏（2021）[315]的研究结论一致。万敏（2021）[315]指出，企业的债务规模增大使企业面临大额的债务本息，随着资金流动性的下降，企业的正常经营会受到影响，为了维持现金流的稳定性，企业陷入了继续融资的恶性循环中，盈利能力不断恶化下，公司股票被大量抛售，股价下跌乃至崩盘。本书中假设H2得到证实，可能的原因是：（1）债务融资的公司治理作用受到债务水平高低的影响，当债务水平过高时，公司面临较高的财务风险，很可能会无法偿付到期债务和利息，增大了坏消息发生的概率，使管理层隐瞒坏消息有可能发生；（2）自利动机的管理层倾向于隐瞒坏消息，导致坏消息不断积累，积累至阈值时集中爆发，股价崩盘发生。

假设H3分析了资产配置决策公司风险承担与股价崩盘风险的关系，认为股东与管理层之间的代理问题导致管理层具有追求投资规模、过度投资的倾向，从而公司固定资产、无形资产等变现能力较弱的非流动资产配置水平过高，使企业流动性减弱，面临较高的财务风险与经营风险，管理层寄希望于未来业绩改善来弥补决策失误，负面信息被不断积累，达到阈值时股价崩盘。除此之外，形成无形资产的研发过程可能会造成更加不透明的信息环境，为管理层囤积坏消息提供便利，这反过来又会增加股价暴跌的风险。从表5–5可以看出，分别以负收益偏态系数和上下波动比例为被解释变量时，资产配置决策公司风险承担均与股价崩盘风险呈显著正相关关系，本书的假设H3得到验证。其可能的原因是：（1）固定资产和无形资产等变现能力较弱的非流动资产的过高配置导致公司流动性减弱，难以应付财务风险和经营风险，发生坏消息的可能性增大；（2）无形资产配置过高与更为模糊的信息环境相关，为管理层隐瞒坏消息提供了便利。

假设H4分析了财务报告决策公司风险承担与股价崩盘风险的关系，认为从管理层隐瞒坏消息的机会和方法来看，低质量的财务报告都增加了信息不透明程度，管理层隐瞒坏消息的可能性增大，未来股价崩盘风险增大。从表5–6可以看出，以负收益偏态系数、上下波动比例为被解释变量时，财务报告决策公司风险承担与股价崩盘风险均显著正相关，假设H4得到证实。本书的研究结论与李鸿浩（2017）[273]、Kim等（2014）[65]的研究结论一致。李鸿浩（2017）[273]指出，财务报告质量低导致投资者无法解读公司的真实财务状况，增大了信息不对称程度，从而引发股价异常波动，股价崩盘风险增大。Kim等（2014）[65]的研究认为，出于机会主义动机的管理层通过复杂、可读性差的财务报告来达到使坏消息长期隐藏的目的。本书认为假设H4得到证实，可能的原因是：财务报告决策能够影响财务报告质量，提供复杂、可读性差的财务报告为管理层隐藏坏消息提供机会，坏消息在公司内部不断积累至集中爆发时，股价崩盘。

假设H5分析了基于行为视角的公司风险承担综合指标与股价崩盘风险间的关系，认为公司风险承担水平越高，意味着发生坏消息的可能性越高，在这种情况下，具有防御动机和自利动机的管理层隐瞒坏消息的动机也就越强。除此之外，公司风险承担往往与更模糊的信息环境相关，信息不透明程度增大，管理层隐瞒坏消息的机会增多。从表5-7可以看出，以负收益偏态系数、上下波动比例为被解释变量时，公司风险承担综合指标与股价崩盘风险在1%水平上显著正相关，本书的研究假设H5得到证实。本书的研究结论与田高良等（2020）[63]、孙艳梅等（2018）[61]的研究结论一致。孙艳梅等（2018）[61]以单一指标衡量公司风险承担，初步揭示公司风险承担与股价崩盘风险的正相关关系。田高良等（2020）[63]基于投资视角，发现公司风险承担与股价崩盘风险显著正相关，而管理层对坏消息的隐瞒在两者关系中起中介作用。本书认为假设H5得到证实，可能的原因是：（1）公司风险承担增加了坏消息的发生概率，管理层出于防御动机和自利动机的考虑，其隐瞒坏消息的动机就越强；（2）公司风险承担行为带来了更为模糊的信息环境，增大了信息不对称程度，为管理层隐瞒坏消息提供了机会。

6.2 高管薪酬绩效敏感性与信息不透明度的中介效应分析

在假设H6和H7中，本书基于坏消息窖藏理论，提出了高管薪酬绩效敏感性与信息不透明度在公司风险承担与股价崩盘风险间的中介作用。从第5章的实证检验结果可以看出，假设H6和H7均得到了证实。

假设H6分析了高管薪酬绩效敏感性在公司风险承担与股价崩盘风险间的中介作用，认为从管理层隐匿坏消息的动机来看，公司风险承担增加了坏消息发生的概率，管理层出于防御动机和自利动机，其隐匿坏消息的动机增强。而管理层薪酬绩效敏感性代表了管理层薪酬与公司绩效的相关程度，管理薪酬绩效敏感性越高表明管理层隐藏坏消息的动机越强。从表5-8可以看出，以负收益偏态系数、上下波动比例为被解释变量时，管理层薪酬绩效敏感性在公司风险承担与股价崩盘风险间均起部分中介作用，假设H6得到验证。本书认为假设H6得到证实，可能的原因是：（1）从管理层防御动机来看，公司风险承担带来了更多坏消息的发生，管理层为了维护现有职位，具有防御动机，倾向于隐瞒坏消息，因此公司风险承担水平越高，公司隐瞒或推迟公布坏消息的可能性就越大，防御动机的管理隐瞒坏消息的动机就越强；（2）从管理层自利动机来看，为了使公司高管与股东目标函数一致，公司往往制定与公司业绩挂钩的高管薪酬契约，在高管薪酬契约与公司业绩挂钩的情况下，管理层出于自身利益最大化的目的，倾向于维持公司业绩，自利动机下的公司高管隐瞒坏消息的动机增强。

假设H7分析了信息不透明度在公司风险承担与股价崩盘风险间的中介作用，认为公司风险承担带来了更为模糊的信息环境，增大了信息不对称程度，管理层隐瞒坏消息更为便利。信息不透明度反映了公司的信息不对称程度，信息不透明程度越高表明管理层隐藏坏消息能力越强。从表5-9可以看出，以负收益偏态系数、上下波动比例为被解释变量时，信息不透明度在公司风险承担与股价崩盘风险间均起部分中介作用，假设H7得到验证。本书的研究结论与田高良等（2020）[63]的研究结论相符，田高良等（2020）[63]的研究发现管理层对负面消息的隐藏是公司风险承担与股价崩盘风险间的内在传导机制。本书认为假设H7得到证实，可能的原因是：较高的公司风险承担水平说明公司对投资机会的把握能力较强，较少放弃高风险—收益的项目，随之而来的是更高的资本性支出、更高的创新积极性和更多的研发投入，而这些投资行为带来了更糟糕的信息环境，增加了信息不对称程度，为管理层隐匿坏消息提供了便利。

6.3 管理层能力等变量的调节效应分析

在假设H8至H11中，本书提出了管理层能力、产品市场竞争、机构投资者持股与投资者情绪在公司风险承担与股价崩盘风险间的调节作用。假设H8至H11均得到支持。

假设H8分析了管理层能力在公司风险承担与股价崩盘风险间的调节作用，认为当管理层能力较强时公司承担风险产生坏结果和坏消息的可能性降低，公司风险承担强化股价崩盘风险的直接作用机制随之削弱。从表

5–10可以看出，以负收益偏态系数、上下波动比例为被解释变量时，管理层能力在公司风险承担与股价崩盘风险间均起负向调节作用，本书的假设H8得到验证。本书的研究结论与崔云和董延安（2019）[286]的研究结论相符。崔云和董延安（2019）[286]的实证结果表明，管理层能力越高，股价崩盘风险越低，认为管理层能力也是一种信号，能够建立良好的形象，为公司在特殊事件发生时起保险作用，也能够改善公司治理，降低坏消息发生的概率。本书认为假设H8得到证实，可能的原因是：（1）管理层能力强的公司，更能够投资于净现值为正项目，坏消息发生的概率降低，公司风险承担与股价崩盘风险间的正相关关系从根源上被削弱；（2）更有能力的管理者出于维护自身声誉的目的，隐瞒坏消息的动机更弱；（3）更有能力的管理者与更透明、更及时的财务信息披露相关，抑制了坏消息的囤积。因此，公司风险承担强化股价崩盘风险的直接作用机制随之削弱。

假设H9分析了产品市场竞争在公司风险承担与股价崩盘风险间的调节作用，认为处于竞争较为激烈的市场环境中的公司，其风险承担行为导致发生坏结果、坏消息的可能性更大，且其信息环境较差，公司风险承担与股价崩盘风险间的正相关关系得到了正向强化。从表5–11可以看出，以负收益偏态系数、上下波动比例为被解释变量时，产品市场竞争在公司风险承担与股价崩盘风险间起正向调节作用，本书的假设H9得到验证。本书的研究结论与Li和Zhan（2019）[295]的研究结论一致。Si和Zhan（2019）[295]的研究发现来自产品市场的竞争压力加剧了管理层隐瞒负面信息的动机，面临更多威胁的公司更容易发生股价崩盘。本研究认为假设H9得到证实，可能的原因是：（1）处于竞争激励的市场环境中的公司，其风险承担行为发生坏消息的可能性增大，而坏消息的产生与积累与股价崩盘风险紧密相连；（2）产品市场竞争侵蚀了企业的盈利能力、增加了管理层的离职率，从而加剧了管理层职业生涯担忧。为了应对更为激烈的市场竞争，管理层有更强烈的动机隐瞒坏消息；（3）面对竞争威胁的公司往往不愿过多进行信息披露，以摆脱产品市场和资本市场的双重压力，从而带来糟糕的信息环境，为坏消息的不断积累提供了条件。因此，产品市场竞争程度强化了公司风险承担与股价崩盘风险间的正相关关系。

假设H10分析了机构投资者持股在公司风险承担与股价崩盘风险间的调节作用，认为机构投资者持股能够减少坏消息发生的概率、收集信息与监督管理层，及建立良好的信息环境，降低信息不对称程度，因此机构投资者负向调节公司风险承担对股价崩盘风险的正向影响。从表5-12可以看出，以负收益偏态系数、上下波动比例为被解释变量时，机构投资者持股在公司风险承担与股价崩盘风险间起负向调节作用，本书的假设H10得到验证。本书的研究结论与张肖飞（2018）[316]的研究结论一致。张肖飞（2018）[316]认为机构投资者是“积极监督者”，在防范股价崩盘风险方面发挥积极作用。本书认为假设H10得到证实，可能的原因是：（1）拥有大量股权的机构投资者与公司的目标取向一致，机构投资者具有发挥其专业优势与信息优势为公司决策提供支持的倾向，有助于提高公司决策质量，公司投资决策失败的可能性降低，发生坏消息的概率降低；（2）来自机构投资者的监督迫使公司管理层更及时、更详细地披露信息，提高了信息透明度，降低了管理层的信息机会主义行为。除此之外，由于机构投资者具有良好管理技能、专业以及信息优势，机构投资者更有能力发现包括盈余管理和虚假报告在内的管理层机会主义行为。因此，机构投资者持股在公司风险承担与股价崩盘风险间起负向调节作用。

假设H11分析了投资者情绪在公司风险承担与股价崩盘风险间的调节作用，认为投资者情绪高涨期，投资者过度乐观的认知偏差导致股价泡沫，投资者的看跌情绪与分析师非理性导致公司信息不透明程度增大，为管理层隐匿坏消息提供便利，从而投资者情绪增强了公司风险承担与股价崩盘风险间的正向影响。从表5-13可以看出，以负收益偏态系数、上下波动比例为被解释变量时，投资者情绪在公司风险承担与股价崩盘风险间起正向调节作用，本书的假设H11得到验证。本书的研究结论与郝芳静等（2020）[317]、Fu等（2021）[318]的研究结论一致。郝芳静等（2020）[317]的研究发现投资者情绪加大了股价崩盘风险；Fu等（2021）[318]认为投资者情绪高涨时期，公司层面的负面信息更容易被隐瞒，从而导致股价崩盘风险更大。本书认为假设H11得到证实，可能的原因是：（1）在股票市场整体情绪高涨时，投资者整体积极乐观，公司价值被高估，导致股票价格被不断推高，偏离自身价值，产生了股价泡沫，而一旦股价泡沫破灭，投资者又产生“杀跌”情绪，股价进一步下跌，引发股价崩盘；（2）投资者情绪高涨期，股价中没有包含悲观投资者的预期，看跌信息被隐藏并累积；（3）投资者情绪高涨期，分析师非理性表现为过度乐观，所涉及的公司负面信息无法及时披露给外部投资者，公司信息透明度降低，管理层更容易隐瞒坏消息。因此，投资者情绪正向强化了公司风险承担与股价崩盘风险间的正相关关系。

第7章

研究结论与研究展望

在第5章，根据理论概念模型与研究假设，对公司风险承担与股价崩盘风险之间的关系进行了实证检验，并验证了公司风险承担影响股价崩盘风险的理论逻辑路径，以及管理层能力、产品市场竞争、机构投资者持股、投资者情绪等变量对两者关系的调节作用，得出本书的研究结论。本章的主要内容包括：首先，本章对前述实证检验结果进行简要说明；其次，总结本书的创新之处；再次，对上市公司风险承担行为、管理层激励机制、监管部门对上市公司的监管等提出对策建议；最后，反思本书的不足，对未来的研究进行展望。

7.1 主要研究结论

本书关注股价崩盘风险的“坏消息源”——公司风险承担，探究公司风险承担与股价崩盘风险的关系、两者间的作用路径。首先，对公司风险承担、股价崩盘风险的概念重新进行界定。通过文献梳理，发现股价崩盘风险的相关文献普遍存在将股价崩盘风险混同于股价崩盘的问题，认为股价崩盘是在没有明显重大消息发生的情况下，股票市场指数或者个股价格在短期内突然大幅度下降的现象；而股价崩盘风险是市场指数或者个股价格发生崩盘的可能性。公司风险承担的相关文献则多从投资角度定义公司风险承担，但是除了投资决策外，公司在经营过程中的融资、资产配置、财务报告披露等多种决策行为都会引起不同性质与方向的风险。将这些不同来源的风险混为一谈，不利于形成对公司风险承担的统一认知、形成一致的研究结论。因此，本书基于行为视角，认为公司风险承担是为了抓住市场机会获得高额回报，公司所做出的投资、融资、资产配置与财务报告决策等决策行为引起的风险。其次，对公司风险承担与股价崩盘风险间的理论逻辑路径进行分析。管理层隐瞒坏消息是股价崩盘风险的导火索。本书发现，公司风险承担通过管理层隐瞒坏消息的动机与能力来影响股价崩盘风险。根据理论分析，本书构建了“公司风险承担——坏消息产生的概率增大——管理层隐瞒坏消息的动机增强——坏消息不断积累并集中爆发——股价崩盘风险增大”和“公司风险承担——更为模糊的信息环境——管理层隐瞒坏消息的能力增强——坏消息不断积累并集中爆发——股价崩盘风险增大”的理论逻辑路径。最后，探讨管理层能力等变量对公司风险承担与股价崩盘风险关系的调节作用。理论分析认为，公司风险承担能够正向影响股价崩盘风险，但是两者关系可能受到其他调节变量的影响。本书探究管理层能力、产品市场竞争等变量在公司风险承担与股价崩盘风险间的调节作用，其中管理层能力、产品市场竞争等变量分别代表了公司内部管理、外部市场环境、公司外部监督与股市环境。经过上述的理论分析与研究设计，采用实证研究的方法对研究假设进行验证，得到如下研究结论。

（1）公司风险承担对股价崩盘风险的影响。

基于行为视角，本书从投资、融资、资产配置、财务报告决策四个维度衡量公司风险承担，以负收益偏态系数（*NCSKEW*）和上下波动比例（*DUVOL*）衡量股价崩盘风险，对公司风险承担与股价崩盘风险的关系进行实证检验，并构建“公司风险承担——坏消息产生的概率增大——管理层隐瞒坏消息的动机增强——坏消息不断积累并集中爆发——股价崩盘风险增大”和“公司风险承担——更为模糊的信息环境——管理层隐瞒坏消息的能力增强——坏消息不断积累并集中爆发——股价崩盘风险增大”的理论逻辑路径，检验管理层薪酬绩效敏感性、信息不透明度在公司风险承担与股价崩盘风险间的中介作用。研究发现，投资、融资、资产配置、财务报告决策公司风险承担以及公司风险承担综合指标均与股价崩盘风险显著正相关，表明公司经营决策中超出自身承受能力的风险承担行为会导致股价崩盘。其中，公司风险承担的四个维度指标中，资产配置公司风险承担对股价崩盘风险的影响最大，财务报告决策公司风险承担对股价崩盘风险的影响最小，显著性水平也最低，这一发现对以往研究认为投资决策是公司风险承担的最大来源这一观点进行补充。这可能是因为资产配置决策同时衔接了融资决策与投资决策，一旦公司配置了大量的固定资产，就会导致流动性变差。一方面需要进行大量融资以满足公司正常运营；另一方面会因为资金短缺，造成正净现值项目被放弃，降低企业价值。同时，流动性变差导致现金流短缺，面临更高的财务风险。因此，与投资决策相比，融资决策对股价崩盘风险的影响更大。而财务报告决策对股价崩盘风险影响较小，可能是因为法制不健全等原因导致企业因财务报告而导致的诉讼较少发生。

（2）管理层薪酬绩效敏感性在公司风险承担与股价崩盘风险间的中介作用。

公司风险承担综合指标与管理层薪酬绩效敏感性的回归系数为0.019，并在1%水平上显著相关。这表明公司风险承担与管理层薪酬绩效敏感性呈显著的正相关关系，也就是说，公司风险承担水平越高，管理层薪酬绩效敏感性越强。管理层风险规避理论认为，由于管理层的个人财富和声誉等都与公司紧密相连，不能够通过投资组合的方式分散风险，出于对下行结果的极度厌恶，管理层往往会避免承担过高的风险，具有明显的风险规避倾向。当公司风险承担水平较高时，管理层需要更高的绩效水平来弥补其风险厌恶。公司风险承担水平越高，管理层薪酬绩效敏感性越强。实证结果表明，中介变量管理层薪酬绩效敏感性在公司风险承担综合指标与股价崩盘风险间起部分中介作用。这也就是说，公司风险承担水平越高，风险厌恶的管理层对薪酬—绩效更为敏感，为了达到预期的薪酬水平，管理层希望能够维持公司绩效水平，因此，当坏消息发生时，为了防止公司绩效水平下滑导致的管理层薪酬下降，管理层倾向于隐瞒或推迟坏消息的公布，这成为股价崩盘的导火索。

（3）信息不透明度在公司风险承担与股价崩盘风险间的中介作用。

公司风险承担综合指标与信息不透明度的回归系数为0.004，并在1%水平上显著。这表明公司风险承担综合指标能够显著正向影响信息不透明度，也就是说，公司风险承担水平越高，公司的信息不透明度越高。坏消息窖藏理论认为，公司管理层出于薪酬激励、职业安全等机会主义动机，倾向于隐藏或者推迟坏消息的公布，以操纵投资者信念，从而降低因公司业绩不佳导致其薪酬下降、声誉受损以及被解雇的可能性。公司风险承担越高，公司发生坏消息的概率越大。随着坏消息发生的可能性增大，自利动机的管理层隐瞒或推迟公布坏消息的概率增大，而管理层主要通过对财务报告进行过度修饰或者直接掩盖不好的财务指标来隐瞒或者推迟公布坏消息，这直接导致公司信息不透明度增大。实证结果表明，中介变量信息不透明度在公司风险承担综合指标与股价崩盘风险间起部分中介作用。这就说明公司风险承担水平越高，坏消息发生的可能性越大，管理层为了隐瞒或推迟坏消息的公布导致信息透明度降低，坏消息不断积累，当积累至阈值时，股价崩盘发生。

（4）管理层能力等变量在公司风险承担与股价崩盘风险间的调节作用。

管理层能力削弱了公司风险承担与股价崩盘风险间的正相关关系，管理层能力越强的公司，公司风险承担对股价崩盘风险的正向影响越弱，表明当管理层能力较强时公司承担风险产生坏结果和坏消息的可能性降低，公司风险承担强化股价崩盘风险的直接作用机制随之削弱。产品市场竞争强化了公司风险承担对股价崩盘风险的正向影响，当产品市场竞争越激烈的公司，公司风险承担对股价崩盘风险的正向影响越强，表明处于竞争较为激烈的市场环境中的公司，其风险承担行为导致发生坏结果、坏消息的可能性更大，且其信息环境较差，公司风险承担与股价崩盘风险间的正相关关系得到了正向强化。机构投资者持股在公司风险承担与股价崩盘风险间起负向调节作用，表明机构投资者起到了“积极监督者”的作用，减少坏消息发生的概率、收集信息与监督管理层，及建立良好的信息环境，降低信息不对称程度，因此机构投资者持股负向影响公司风险承担与股价崩盘风险的关系。投资者情绪在公司风险承担与股价崩盘风险间起正向调节作用，表明投资者情绪高涨期，投资者对公司管理层隐瞒坏消息不甚敏感，投资者的看跌情绪与分析师非理性导致公司信息不透明程度增大，为管理层隐匿坏消息提供便利，从而投资者情绪增强公司风险承担与股价崩盘风险间的正向影响。

7.2 研究创新点

本书探究公司风险承担与股价崩盘风险的关系，厘清公司风险承担与股价崩盘风险间的作用路径，检验管理层能力、产品市场竞争、机构投资者持股与投资者情绪等变量在公司风险承担与股价崩盘风险间的调节作用。概括来说，本书的创新点体现在以下几个方面。

（1）基于行为视角，从投资、融资、资产配置与财务报告决策四个维度衡量公司风险承担，构建公司风险承担指标体系，更直接、更全面、更具体地衡量公司风险承担水平。现有研究对公司风险承担的衡量指标比较多样，主要包括以业绩波动、行为指标、生存指标和态度指标。由于选取的公司风险承担衡量指标的多样化对实证研究结论造成影响，导致形成的研究结论并不一致。同时，这些指标都从单一维度衡量公司风险承担水平，包含过多噪音，在刻画股价崩盘风险的相关度、准确度、综合性方面有所欠缺，因此，仅采用单一维度公司风险承担指标不能全面衡量公司风险承担水平。已有文献从投资决策角度来定义公司风险承担。然而在经营过程中，公司会进行包括投资、融资、资产配置、财务报告披露等在内的多种决策行为，这些决策行为也会引致不同性质、不同方向的风险。将这些不同来源的风险混为一谈，或仅从投资决策视角探讨公司风险承担，可能会将不同性质与方向的风险相互抵销或中和，不利于形成对公司风险承担的统一认知、形成一致的研究结论。本书基于行为视角，从公司具体财务行为出发，从投资、融资、资产配置与财务报告决策四个维度衡量公司风险承担，构建公司风险承担指标体系。

（2）关注股价崩盘风险的“坏消息源”——公司风险承担。近年来，涌现了大量股价崩盘风险的相关文献，但是鲜有文献关注股价崩盘风险的“坏消息源”——公司风险承担。公司股价崩盘风险的直接原因或表面原因是高管隐藏“坏消息”的集中爆发，但“坏消息”的形成或多或少同公司风险承担密切相关。已有研究表明，公司风险承担增多了潜在坏信息“本源”的数量，加剧了公司信息不透明程度、增多了管理层操纵坏信息的机会，进而更可能导致大量坏信息短期内集中爆发，导致股价崩盘。本书从风险产生的本源探究股价崩盘风险的影响因素，认为公司风险承担是股价崩盘风险的“源头活水”，该学术观点和已有学术观点共同构成了有关公司股价崩盘风险影响因素的逻辑严谨的学术思想体系，有助于更好地防范和化解股价崩盘风险。

（3）构建公司风险承担影响股价崩盘风险的路径“公司风险承担——管理层隐藏坏消息的动机、能力——股价崩盘风险”，验证管理层薪酬绩效敏感性与信息不透明度在公司风险承担与股价崩盘风险间的中介作用。近年来，涌现了大量股价崩盘风险的相关文献，但是鲜有文献关注股价崩盘风险的“坏消息源”——公司风险承担。少部分文献研究公司风险承担对股价崩盘风险的影响，尚未对公司风险承担影响股价崩盘风险的路径形成统一结论。因此，本书基于行为视角，在对公司风险承担重新界定的基础上，构建了“公司风险承担——管理层隐藏坏消息的动机、能力——股价崩盘风险”的理论逻辑路径，通过中介效应检验，实证检验公司风险承担是否通过上述路径影响股价崩盘风险。

7.3 管理启示

本书的研究启示主要体现在以下几个方面。

第一，提高上市公司风险承担行为有效性是促进资本市场稳定健康发展的重要举措。本书证明公司风险承担行为通过影响管理层薪酬绩效敏感性和公司信息透明度加剧了股价崩盘风险，并且较高的管理层能力、机构投资者持股的治理和监督机制以及公司信息透明度等因素有助于提高公司风险承担行为有效性，缓解公司风险承担行为对股价崩盘风险的影响。上市公司作为资本市场基础资产的供给方，增加上市公司风险承担行为有效性能够促进资本市场健康发展。

第二，管理层激励机制设计不应孤立考虑，而应该与公司在投资、融资等方面的风险承担水平相匹配。本书实证结果表明，高管薪酬绩效敏感性在公司风险承担与股价崩盘风险间起部分中介作用。以往研究认为高管薪酬与绩效挂钩能缓解高管与股东间的代理冲突，然而高管出于薪酬最大化目的，短视化倾向明显，为了提升短期业绩，可能会采取隐藏坏消息的行为。如果高风险承担水平的公司把高管薪酬同公司短期绩效密切挂钩，则公司高管具有很强的动机隐藏同高风险承担相关的坏消息，这无形中会放大公司风险承担的负面影响。因此，高风险承担水平的公司必须设计更加合理的管理层绩效评价和考核制度，并使之与公司风险承担水平相匹配，这样既可以更好地发挥公司风险承担的积极作用，还可以更好地起到管理层激励效果。

第三，发展机构投资者有利于提高上市公司决策效率并促进资本市场稳定健康发展。本书证明，机构通过发挥其在公司风险承担决策中的监督和咨询作用，提高了上市公司风险承担质量，并通过发挥自身在价格发现中的信息优势，进而间接降低了股价崩盘风险。因此，发展机构投资者有利于促进资本市场稳定健康发展。

第四，加大对高竞争强度行业公司的上市及后续风险承担行为和信息披露监管。过度的产品市场竞争可能会降低公司信息透明度而不利于资本市场发展。本书研究证明，产品市场竞争不仅可能增大了公司风险承担行为失败的概率，还可能增强管理层隐藏坏消息的机会，最终加剧了公司风险承担对股价崩盘风险的正向影响。因此，严格限制高度竞争行业公司上市并加强对此类公司风险承担行为及信息披露行为的有效监管，不仅有利于提高市场资源配置效率，还利于资本市场健康稳定发展。

第五，把高风险承担水平的公司尤其是公司高管同时面临短期绩效考核压力的公司作为信息披露的重点监管对象。一方面，高风险承担水平的公司产生坏消息的概率更高；另一方面，公司高管尤其是面临短期绩效激励的高管更有动机通过选择性披露好消息、隐藏坏消息甚至是财务造假等手段达到提高公司短期业绩的目的，这种误导或者欺诈市场的行为，加剧了股价崩盘风险。因此，为提高监管效率，更好地发挥信息在价格发现中的作用，监管部门应该把高风险承担水平的公司尤其是高管面临短期绩效考核压力的公司的信息披露作为一项重点监管内容。

7.4 研究局限与展望

7.4.1 研究局限

本书对公司分析承担影响因素及经济后果的文献、股价崩盘风险影响因素的研究以及公司风险承担衡量方法的研究进行了全面的梳理，识别了现有研究的不足及研究机会，厘清了公司风险承担影响股价崩盘风险的理论逻辑路径，并提出了相关的研究假设，进行了有针对性的实证检验，获取了支持研究假设的证据。本书对公司风险管理与市值管理、政府监管部门提高监管效率与针对性、强化投资者教育，具有重要启示作用。但是，本书仍存在以下不足之处：

（1）公司风险承担的衡量方法。已有研究多采用ROA波动率等单一维度的公司风险承担衡量指标，仅能反映公司风险承担的某些方面，因此，本书基于行为视角，从投资、融资、资产配置、财务报告决策四个维度衡量公司风险承担，并以此为基础构建公司风险承担综合指标，这一指标体系能更直接、更相关、更综合地反映公司风险承担水平。然而，这些指标并没有清理其他截面因素的影响，导致这些指标含有一定“噪音”成分。

（2）公司风险承担影响股价崩盘风险的逻辑路径。本书通过理论分析，认为公司风险承担影响股价崩盘风险的作用路径是管理层隐藏坏消息的动机与能力，中介效应检验也支持了上述假设。然而，公司风险承担对股价崩盘风险的影响还可能通过其他路径，本书的理论分析并没有考虑公司风险承担影响股价崩盘风险的其他可能的潜在机制，导致该理论体系仍然具有一定的拓展空间。并且，本书在中介效应实证检验过程中采用了温忠麟和叶宝娟（2014）[311]中介效应检验程序，并没有考虑其他可能的影响渠道，这可能导致机制研究不够充分。

（3）公司风险承担与股价崩盘风险的调节变量。本书在调节效应检验的过程中，从公司内部管理、外部市场环境、公司外部监督与股市环境等方面，重点考虑了管理者能力、产品市场竞争、机构投资者持股、投资者情绪等因素的调节作用。但是，仍然有很多变量能够影响公司风险承担与股价崩盘风险的关系，如公司治理、激励机制、监管环境、市场摩擦等，本书对这些影响因素的潜在调节作用并没有充分考虑。

7.4.2 未来研究展望

近几年来，已经有少量文献开始探究公司风险承担对股价崩盘风险的影响，但是该领域研究尚未形成统一认知。本书在公司治理框架下，从行为视角理论分析并实证检验了公司风险承担对股价崩盘风险的影响，未来可从以下几个方面开展更为深入的研究与讨论。

（1）公司风险承担可采用更贴合企业实际的指标来衡量。首先，现有公司风险承担指标多从单一维度衡量，不能全面衡量公司风险承担水平，不同视角下的公司风险承担测度指标不同，不利于得出统一的研究结论；其次，现有研究多用股价波动率或者会计绩效波动率衡量公司风险承担，这些方法虽然简单易行，但指标本身含有很多噪音成本，且指标比较抽象而难以同公司具体行为联系起来；最后，我国资本市场发展并不成熟，具有鲜明特征，现有的公司风险承担指标多是沿用国外的相关研究，并不一定适合我国资本市场。因此，在现有公司风险承担测度指标的基础上，结合我国资本市场特征，构建全面反映公司风险承担水平的测度指标至关重要。考虑到投资决策并非孤立存在，未来研究可从投资、融资等公司财务行为多维度构建公司风险承担综合指标。

（2）其他公司风险承担行为对股价崩盘风险的影响。本书重点探究了公司投资、融资、资产配置及财务报告决策公司风险承担水平对股价崩盘风险的影响。随着社会的发展，公司在税收筹划、环保投资、社会责任承担等方面的风险承担行为也对公司产生重要影响，这些风险承担行为如何影响股价崩盘风险尚未被探究，未来可以在这些方面进行拓展研究。

（3）由于现有文献对公司风险承担的内涵定义并不统一，导致公司风险承担的衡量方法众多，因此公司风险承担对股价崩盘风险影响的作用机理尚未达成共识。本书通过理论分析和实证验证，发现管理层隐藏坏消息的动机与能力在公司风险承担与股价崩盘风险间起中介作用。然而，公司风险承担影响股价崩盘风险可能还会通过其他路径。未来研究可在对公司风险承担合理界定的基础上，探究公司风险承担影响股价崩盘风险的其他潜在路径。

（4）公司间的内外部环境存在较大差异，很可能会影响公司风险承担与股价崩盘风险间关系。本书仅验证了管理层能力、产品市场竞争、机构投资者持股与投资者情绪等变量在公司风险承担与股价崩盘风险间的调节作用。未来研究可进行更充分的调节效应检验。综合考虑公司风险承担、公司信息披露治理、公司治理、监管环境、投资者理性程度等因素，检验影响公司信息传递质量、信息解读能力等具体因素对公司风险承担与股价崩盘风险关系的调节作用。

参考文献

[1] Lumpkin G T, Dess G G. Clarifying the Entrepreneurial Orientation Construct and Linking It to Performance [J]. Academy of Management Review, 1996, 21 (01): 135–172.

[2] Bromiley P. Testing a Causal Model of Corporate Risk Taking and Performance [J]. Academy of Management Journal, 1991, 34 (1): 37–59.

[3] Nguyen P. Corporate Governance and Risk–Taking: Evidence from Japanese Firms [J]. Pacific–Basin Finance Journal, 2011, 19 (03): 278–297.

[4] 余明桂，李文贵，潘红波. 民营化，产权保护与企业风险承担 [J]. 经济研究, 2013 (09): 112–124.

[5] John K, Litov L, Yeung B. Corporate Governance and Risk–Taking [J]. Journal of Finance, 2008, 63 (4): 1679–1728.

[6] Acemoglu D, Zilibotti F. Setting Standards: Information Accumulation in Development[J]. Journal of Economic Growth, 1997, 4(1): 5–38.

[7] Faccio M, Marchica M–T, Mura R. Large Shareholder Diversification and Corporate Risk–Taking [J]. Review of Financial Studies, 2011, 24 (11): 3601–3641.

[8] Jin L, Myers S C. R2 around the World: New Theory and New Tests [J]. Journal of Financial Economics, 2006, 79 (2): 257–292.

[9] Hutton A P, Marcus A J, Tehranian H. Opaque Financial Report, R2, and Crash Risk [J]. Journal of Financial Economics, 2009, 94 (1): 67–86.

[10] Kim J B, Li Y, Zhang L. Corporate Tax Avoidance and Stock Price Crash Risk: Firm–Level Analysis [J]. Journal of Financial Economics, 2011a, 100 (3): 639–662.

[11] 谢盛纹，廖佳. 财务重述、管理层权力与股价崩盘风险：来自中国证券市场的经验证据 [J]. 财经理论与实践，2017，38 (01)：80-87.

[12] 王文姣，傅超，傅代国. 并购商誉是否为股价崩盘的事前信号?——基于会计功能和金融安全视角 [J]. 财经研究，2017，43 (09)：76-87.

[13] Jia N. Corporate Innovation Strategy and Stock Price Crash Risk [J]. Journal of Corporate Finance，2018a，53：155-173.

[14] Kim J-B，Zhang L. Accounting Conservatism and Stock Price Crash Risk：Firm-Level Evidence [J]. Contemporary Accounting Research，2016，33 (1)：412-441.

[15] Kim J B，Li L，Lu L Y，et al. Financial Statement Comparability and Expected Crash Risk [J]. Journal of Accounting & Economics，2016，61 (2-3)：294-312.

[16] Defond M L，Hung M，Li S，et al. Does Mandatory IFRS Adoption Affect Crash Risk? [J]. Accounting Review，2015，90 (1)：265-299.

[17] Hsu A W-H，Wu G S-H. The Fair Value of Investment Property and Stock Price Crash Risk [J]. Asia-Pacific Journal of Accounting & Economics，2019，26 (1-2)：38-63.

[18] Benmelech E，Kandel E，Veronesi P. Stock-Based Compensation and CEO (Dis) Incentives [J]. Quarterly Journal of Economics，2010，125 (4)：1769-1820.

[19] Ben-Nasr H，Ghouma H. Employee Welfare and Stock Price Crash Risk [J]. Journal of Corporate Finance，2018，48：700-725.

[20] Xu N，Li X，Yuan Q，et al. Excess Perks and Stock Price Crash Risk：Evidence from China [J]. Journal of Corporate Finance，2014，25：419-434.

[21] 汪顺. 反腐败治理下的在职消费与股价崩盘风险：隐性激励还是代理成本? [D]. 安徽财经大学，2017.

[22] 梁权熙，曾海舰. 独立董事制度改革、独立董事的独立性与股价崩盘风险 [J]. 管理世界，2016 (03)：144-159.

[23] Zhou J, Kim J B, Yeung I. Material Weakness in Internal Control and Stock Price Crash Risk: Evidence from SOX Section 404 Disclosure [J]. working paper, 2013.

[24] An H, Zhang T. Stock Price Synchronicity, Crash Risk, and Institutional Investors [J]. Journal of Corporate Finance, 2013, 21: 1–15.

[25] 王化成，曹丰，叶康涛. 监督还是掏空：大股东持股比例与股价崩盘风险 [J]. 管理世界, 2015 (02): 45–57+187.

[26] Xu N, Jiang X, Chan K C, et al. Analyst Coverage, Optimism, and Stock Price Crash Risk: Evidence from China [J]. Pacific–Basin Finance Journal, 2013, 25: 217–239.

[27] Aman H. An Analysis of the Impact of Media Coverage on Stock Price Crashes and Jumps: Evidence from Japan [J]. Pacific Basin Finance Journal, 2013, 24 (3): 22–38.

[28] 袁军，潘慧峰. 企业政治关联与股价崩盘风险 [J]. 系统工程, 2018, 36 (07): 1–8.

[29] 权小锋，吴世农，尹洪英. 企业社会责任与股价崩盘风险：“价值利器”或“自利工具”？[J]. 经济研究, 2015, 50 (11): 49–64.

[30] 刘宝华，罗宏，周微等. 社会信任与股价崩盘风险 [J]. 财贸经济, 2016 (09): 53–66.

[31] Callen J L, Fang X. Religion and Stock Price Crash Risk [J]. Journal of Financial and Quantitative Analysis, 2015, 50 (1–2): 169–195.

[32] Jebran K, Chen S, Ye Y, et al. Confucianism and Stock Price Crash Risk: Evidence from China [J]. The North American Journal of Economics and Finance, 2019, 50: 1–17.

[33] Li Y, Zeng Y. The Impact of Top Executive Gender on Asset Prices: Evidence from Stock Price Crash Risk [J]. Journal of Corporate Finance, 2019, 58: 528–550.

[34] 郑建明，孙诗璐，靳小锋. 盈余质量、CEO背景特征与股价崩盘风险 [J]. 财经问题研究, 2018 (12): 82–89.

［35］Kim J B，Zheng W，Zhang L. CEO Overconfidence and Stock Price Crash Risk［J］. Contemporary Accounting Research，2016a，33（4）：1331–1749.

［36］许年行，江轩宇，伊志宏等. 分析师利益冲突、乐观偏差与股价崩盘风险［J］. 经济研究，2012（07）：128–141.

［37］陈国进，张贻军. 异质信念、卖空限制与我国股市的暴跌现象研究［J］. 金融研究，2009（04）：80–91.

［38］李昊洋，程小可，郑立东. 投资者情绪对股价崩盘风险的影响研究［J］. 软科学，2017，31（07）：98–102.

［39］杨威，宋敏，冯科. 并购商誉、投资者过度反应与股价泡沫及崩盘［J］. 中国工业经济，2018（06）：156–173.

［40］褚剑，方军雄. 中国式融资融券制度安排与股价崩盘风险的恶化［J］. 经济研究，2016（05）：143–158.

［41］宋光辉，董永琦，肖万，许林. 股价崩盘风险与收入差距——股价异常波动经济后果的分析［J］. 预测，2018，37（01）：62–67.

［42］杨棉之，谢婷婷，孙晓莉. 股价崩盘风险与公司资本成本——基于中国A股上市公司的经验证据［J］. 现代财经（天津财经大学学报），2015（12）：41–51.

［43］胡松明，邓衢，江婕等. 股价崩盘风险与企业资本成本——基于公司价值和破产风险的中介效应检验［J］. 金融论坛，2019（09）：69–80.

［44］潘俊，袁璐，王禹. 股价崩盘风险影响债券契约条款设计吗？［J］. 金融评论，2019，11（05）：67–79+117.

［45］An Z，Li D，Yu J. Firm Crash Risk，Information Environment，and Speed of Leverage Adjustment［J］. Journal of Corporate Finance，2015，31：132–151.

［46］白旻，王仁祥. 股价崩盘风险，信息环境与企业现金调整［J］. 审计与经济研究，2018，33（05）：118–127.

［47］褚剑，方军雄. 公司股价崩盘风险影响审计费用吗？［J］. 外国经济与管理，2017，39（09）：83–97.

［48］谢盛纹，陈黄悦. 股价崩盘风险、审计意见与审计师变更——来自中国上市公司的经验证据［J］. 现代财经（天津财经学院学报），2017（12）：3–19.

［49］王爱群，李静波，萧朝兴等. 股价崩盘风险与分析师关注："趋之若鹜"还是"退避三舍"［J］. 上海财经大学学报：哲学社会科学版，2019，21（05）：65–84.

［50］于传荣，方军雄，杨棉之. 上市公司高管因股价崩盘风险受到惩罚了吗？［J］. 经济管理，2017（12）：138–158.

［51］Harper J，Johnson G，Sun L. Stock Price Crash Risk and CEO Power：Firm–Level Analysis［J］. Research in International Business and Finance，2020，51：101094.

［52］Fisher I N，Hall G R. Risk and Corporate Rate of Return［J］. Econometrica，1967，36（3）：518–22.

［53］王栋，吴德胜. 股权激励与风险承担——来自中国上市公司的证据［J］. 南开管理评论，2016（03）：157–167.

［54］Wright P，Ferris S P，Sarin A，et al. Impact Of Corporate Insider，Blockholder，And Institutional Equity Ownership On Firm Risk Taking［J］. The Academy of Management Journal，1996，39（2）：441–458.

［55］李海霞. CEO权力、风险承担与公司成长性——基于我国上市公司的实证研究［J］. 管理评论，2017（10）：198–210.

［56］李文贵，余明桂. 所有权性质、市场化进程与企业风险承担［J］. 中国工业经济，2012（12）：115–127.

［57］Dong Z，Wang C，Xie F. Do Executive Stock Options Induce Excessive Risk Taking?［J］. Journal of Banking & Finance，2010，34（10）：2518–2529.

［58］苏坤. CEO背景特征对公司风险承担的影响研究［J］. 当代经济管理，2016，38（11）：18–25.

［59］王阳，郑春艳. 上市公司风险承担对股价波动的影响研究［J］. 价格理论与实践，2012（03）：57–58.

［60］Wang C J. Board Size and Firm Risk-Taking［J］. Review of Quantitative Finance & Accounting, 2012, 38（4）: 519-542.

［61］孙艳梅，方梦然，郭敏. 企业风险承担行为与股价崩盘风险研究［J］. 安徽师范大学学报（人文社会科学版）, 2018, 46（04）: 134-143.

［62］孙艳梅，郭敏，方梦然. 企业创新投资、风险承担与股价崩盘风险［J］. 科研管理, 2019, 40（12）: 144-154.

［63］田高良，封华，赵晶等. 险中求胜还是只轮不返：风险承担对股价崩盘的影响［J］. 管理科学, 2020, 33（02）: 127-143.

［64］王菁华，茅宁. 企业风险承担研究述评及展望［J］. 外国经济与管理, 2015, 37（12）: 44-58.

［65］Kim J B, Zhang L. Financial Reporting Opacity and Expected Crash Risk: Evidence from Implied Volatility Smirks［J］. Contemporary Accounting Research, 2014, 31（3）: 851-875.

［66］陈国进，张贻军，王磊. 股市崩盘现象研究评述［J］. 经济学动态, 2008（11）: 116-120.

［67］Hong H, Stein J C. Differences of Opinion, Short-Sales Constraints, and Market Crashes［J］. Review of Financial Studies, 2003, 16（2）: 487-525.

［68］刘圣尧，李怡宗，杨云红. 中国股市的崩盘系统性风险与投资者行为偏好［J］. 金融研究, 2016（02）: 55-70.

［69］Black F. Studies of Stock Price Volatility Changes［J］. Proceedings of the 1976 meetings of the business and economics statistics section, American statistical association, 1976, 81: 177-181.

［70］Schwert G W. Why does Stock Market Volatility Change over Time?［J］. Journal of Finance, 1989, 44（5）: 1115-1153.

［71］Bekaert G, Wu G. Asymmetric Volatility and Risk in Equity Markets［J］. Review of Financial Studies, 2000, 13（1）: 1-42.

［72］Pindyck R S. Uncertainty in the Theory of Renewable Resource Markets［J］. The Review of Economic Studies, 1984, 51（2）: 289-303.

[73] French K R, Schwert G W, Stambaugh R F. Expected Stock Returns and Volatility [J]. Journal of Financial Economics, 1987, 19 (1): 3–29.

[74] Campbell J Y, Hentschel L. No News is Good News [J]. Journal of Financial Economics, 1992, 31 (3): 281–318.

[75] Poterba J M, Summers L H. Mean Reversion in Stock Prices: Evidence and Implications[J]. Journal of Financial Economics, 1987, 22(1): 27–59.

[76] Gennotte G, Leland H. Market Liquidity, Hedging, and Crashes [J]. American Economic Review, 1990, 80 (5): 999–1021.

[77] Caplin A, Leahy J. Business as Usual, Market Crashes, and Wisdom after the Fact [J]. American Economic Review, 1994, 84 (3): 548–565.

[78] Romer D. Rational Asset–Price Movements without News [J]. American Economic Review, 1993, 83 (5): 1112–1130.

[79] Blanchard O J, Watson M W. Bubbles, Rational Expectations and Financial Markets [J]. Crises in the Economic and Financial Structure, 1982: 295–315.

[80] Shiller R J. Comovements in Stock Prices and Comovements in Dividends [J]. Journal of Finance, 1989, 44 (3): 719–730.

[81] Chen J, Hong H, Stein J. Forecasting Crashes: Trading Volume, Past Returns, and Conditional Skewness in Stock Prices [J]. Journal of Financial Economics, 2001, 61 (3): 345–381.

[82] Hong H, Stein J C. A Unified Theory of Underreaction, Momentum Trading, and Overreaction in Asset Markets [J]. Journal of Finance, 1999, 54 (6): 2143–2184.

[83] Kothari S P, Shu S, Wysocki P D. Do Managers Withhold Bad News? [J]. Journal of Accounting Research, 2009, 47 (1): 241–276.

[84] Hirshleifer D, Cao H H, Coval J D. Sidelined Investors, Trading–Generated News, and Security Returns [J]. Review of Financial Studies, 2002, 15 (2): 615–648.

［85］Piotroski J D, Wong T J, Zhang T. Political Incentives to Suppress Negative Information: Evidence from Chinese Listed Firms［J］. Journal of Accounting Research, 2015, 53（2）: 405–459.

［86］周爱民，遥远．真实盈余管理、监督压力与股价崩盘风险［J］．上海金融，2018（07）：1–6.

［87］江轩宇．税收征管、税收激进与股价崩盘风险［J］．南开管理评论，2013，16（05）：152–160.

［88］周铭山，张倩倩，杨丹．创业板上市公司创新投入与市场表现：基于公司内外部的视角［J］．经济研究，2017，52（11）：135–149.

［89］Bleck A, Liu X. Market Transparency and the Accounting Regime［J］. Journal of Accounting Research, 2007, 45（2）: p.229–256.

［90］Hsu A W–H, Wu G S–H. The Fair Value of Investment Property and Stock Price Crash Risk［J］. Asia–Pacific Journal of Accounting & Economics, 2019, 26（1–2）: 38–63.

［91］肖土盛，宋顺林，李路．信息披露质量与股价崩盘风险：分析师预测的中介作用［J］．财经研究，2017，43（02）：110–121.

［92］黄宏斌，牟韶红，李然．上市公司自媒体信息披露与股价崩盘风险——信息效应抑或情绪效应？［J］．财经论丛，2019（05）：53–63.

［93］傅颀，乐婷，徐静．有效激励还是以权谋私：超额高管薪酬与股价崩盘风险——基于不同产权性质的实证研究［J］．财经论丛，2017（09）：74–82.

［94］Kim J B, Li Y, Zhang L. CFOs versus CEOs: Equity Incentives and Crashes［J］. Journal of Financial Economics, 2011b, 101（3）: 713–730.

［95］Bolton P, Xiong W, Scheinkman J. Executive Compensation and Short–Termist Behavior in Speculative Markets［J］. Review of Economic Studies, 2006, 73（3）: 577–610.

［96］何孝星，叶展．股权激励、代理冲突与股价崩盘风险——基于中国资本市场的经验证据［J］．吉林大学社会科学学报，2017，57（05）：15–25+202.

［97］任莉莉，张瑞君．上市公司股权激励与股价崩盘风险关系研究［J］．财会通讯，2019（21）：3-6.

［98］程新生，刘建梅，陈靖涵．才能信号抑或薪酬辩护：超额薪酬与战略信息披露［J］．金融研究，2015（12）：146-161.

［99］苏冬蔚，倪博．转融券制度、卖空约束与股价变动［J］．经济研究，2018，53（03）：110-125.

［100］Lazear E P，Rosen S. Rank Order Tournaments as an Optimum Labor Contract［J］. Journal of Political Economy，1981，89（5）：841-864.

［101］Zhang H，Huang H，Habibb A. The Effect of Tournament Incentives on Financial Restatements：Evidence From China［J］. International Journal of Accounting，2018，53（2）：118-135.

［102］Chen D，Kim J-B，Zhen L O，et al. China' s Closed Pyramidal Managerial Labor Market and the Stock Price Crash Risk［J］. Accounting Review，2017，93（3）：105-131.

［103］Bryan D B，Mason T W. Executive Tournament Incentives and Audit Fees［J］. Advances in Accounting，2017：30-45.

［104］Park K E. Pay Disparities within Top Management Teams and Earning Management［J］. Journal of Accounting & Public Policy，2017，36（1）：59-81.

［105］Jia N. Tournament Incentives and Stock Price Crash Risk［J］. Accounting Horizons，2018b，32（3）：101-121.

［106］Kim J-B，Luo L，Xie H. Dividend Payments and Stock Price Crash Risk［J］. working paper，2015.

［107］Andreou P，Antoniou C，Horton J，et al. Corporate Governance and Firm-Specific Stock Price Crashes［J］. European Financial Mangement，2016，22（5）：916-956.

［108］叶康涛，曹丰，王化成．内部控制信息披露能够降低股价崩盘风险吗？［J］．金融研究，2015（02）：192-206.

［109］Chen J，Chan K C，Dong W，et al. Internal Control and Stock Price

Crash Risk：Evidence from China［J］. European Accounting Review，2017，26（1）：125–152.

［110］刘秋平. 机构投资者能否发生稳定器作用——基于个股暴跌风险的实证检验［J］. 现代财经（天津财经大学学报），2015，35（03）：27–37.

［111］许年行，于上尧，伊志宏. 机构投资者羊群行为与股价崩盘风险［J］. 管理世界，2013（07）：31–43.

［112］代昀昊，唐齐鸣，刘莎莎. 机构投资者、信息不对称与股价暴跌风险［J］. 投资研究，2015，34（01）：50–64.

［113］曹丰，鲁冰，李争光等. 机构投资者降低了股价崩盘风险吗？［J］. 会计研究，2015（11）：55–61，97.

［114］Wu C M，Hu J L. Can CSR Reduce Stock Price Crash Risk? Evidence from China's Energy Industry［J］. Energy Policy，2019，128：505–518.

［115］Kim Y，Li H，Li S. Corporate Social Responsibility and Stock Price Crash Risk［J］. Journal of Banking & Finance，2014，43（1）：1–13.

［116］Easley D，O'hara M. Information and the Cost of Capital［J］. Journal of Finance，2004，59（4）：1553–1583.

［117］熊家财. 产权性质、股票流动性与股价崩盘风险［J］. 当代经济科学，2015，37（01）：67–77，126–127.

［118］Chauhan Y，Kumar S，Pathak R. Stock Liquidity and Stock Prices Crash-Risk：Evidence from India［J］. The North American Journal of Economics and Finance，2017，41：70–81.

［119］罗进辉，杜兴强. 媒体报道、制度环境与股价崩盘风险［J］. 会计研究，2014（09）：53–59，97.

［120］Zhao R. Quantifying the Correlation of Media Coverage and Stock Price Crash Risk：A Panel Study from China［J］. Physica A：Statal Mechanics and its Applications，2020，537：122–129.

［121］Li X，Chan K C. Communist Party Control and Stock Price Crash Risk：Evidence from China［J］. Economics Letters，2016，141：5–7.

［122］张俊生，汤晓建，李广众. 预防性监管能够抑制股价崩盘风险吗?——基于交易所年报问询函的研究［J］. 管理科学学报，2018，21（10）：112–126.

［123］胡国柳，宛晴. 董事高管责任保险能否抑制股价崩盘风险——基于中国A股上市公司的经验数据［J］. 财经理论与实践，2015，36（06）：38–43.

［124］张宏亮，王靖宇. 公司层面的投资者保护能降低股价崩盘风险吗?［J］. 会计研究，2018（10）：80–87.

［125］林乐，郑登津. 退市监管与股价崩盘风险［J］. 中国工业经济，2016（12）：58–74.

［126］Li X，Wang S S，Wang X. Trust and Stock Price Crash Risk：Evidence from China［J］. Journal of Banking and Finance，2017，76：74–91.

［127］Cao C，Xia C，C.Chan K. Social Trust and Stock Price Crash Risk：Evidence from China［J］. International Review of Economics and Finance，2016，46：148–165.

［128］Li W，Cai G. Religion and Stock Price Crash Risk：Evidence from China［J］. China Journal of Accounting Research，2016，9（3）：235–250.

［129］Hambrick D C，Mason P A. Upper Echelons：The Organization as a Reflection of Its Top Managers［J］. Academy of Management Review，1984，9（2）：193–206.

［130］Demerjian P R，Lev B，Lewis M F，et al. Managerial Ability and Earnings Quality［J］. Accounting Review，2013，88（2）：463–498.

［131］李小荣，刘行. CEO vs CFO：性别与股价崩盘风险［J］. 世界经济，2012，35（12）：102–129.

［132］王德宏，文雯，宋建波. 董事海外背景能否降低股价崩盘风险?——来自中国A股上市公司的经验证据［J］. 金融评论，2018，10(03)：52–69，123–124.

［133］Kyaw K，Olugbode M，Petracci B. Does Gender Diverse Board Mean less Earnings Management?［J］. Finance Research Letters，2015，14：

135–141.

[134] Wahid A S. The Effects and the Mechanisms of Board Gender Diversity: Evidence from Financial Manipulation [J]. Journal of Business Ethics, 2019, 159 (3): 705–725.

[135] Cumming D, Leung T Y, Rui O. Gender Diversity and Securities Fraud [J]. Academy of Management Journal, 2015, 58 (5): 1572–1593.

[136] Krishnan G V, Parsons L M. Getting to the Bottom Line: An Exploration of Gender and Earnings Quality [J]. Journal of Business Ethics, 2008, 78 (1–2): 65–76.

[137] Gul F A, Srinidhi B, Ng A C. Does Board Gender Diversity Improve the Informativeness of Stock Prices? [J]. Journal of Accounting & Economics, 2011, 51 (3): 314–338.

[138] Abad D, Lucas–Pérez M, Minguez–Vera A, et al. Does Gender Diversity on Corporate Boards Reduce Information Asymmetry in Equity Markets? [J]. Brq Business Research Quarterly, 2017, 20 (3): 192–205.

[139] Huang H W, Rose–Green E, Lee C C. CEO Age and Financial Reporting Quality [J]. Accounting Horizons, 2012, 26 (4): 725–740.

[140] Li N, Wahid A S. Director Tenure Diversity and Board Monitoring Effectiveness [J]. Contemporary Accounting Research, 2018, 35 (3): 1363–1394.

[141] Easterwood J C, Nutt S R. Inefficiency in Analysts' Earnings Forecasts: Systematic Misreaction or Systematic Optimism? [J]. The Journal of Finance, 1999, 54 (5): 1777–1797.

[142] 叶康涛，刘芳，李帆. 股指成份股调整与股价崩盘风险：基于一项准自然实验的证据 [J]. 金融研究，2018 (03): 172–189.

[143] 李颖，伊志宏. 女性分析师更能预测股价崩盘风险吗？[J]. 经济与管理研究，2017, 38 (06): 124–136.

[144] Brunnermeier M K, Abreu D. Bubbles and Crashes [J]. Econometrica, 2003, 71 (1): 173–204.

［145］丁慧，吕长江，陈运佳. 投资者信息能力：意见分歧与股价崩盘风险——来自社交媒体“上证e互动”的证据［J］. 管理世界，2018，34（09）：161-171.

［146］唐斯圆，李丹. 普通投资者关注度与股价崩盘风险——基于自媒体的研究［J］. 投资研究，2018，37（04）：38-56.

［147］唐松，吴秋君，温德尔等. 卖空机制、股价信息含量与暴跌风险——基于融资融券交易的经验证据［J］. 财经研究，2016，42（08）：74-84.

［148］潘凌云，董竹. 卖空机制提升了股价信息含量吗？［J］. 金融理论与实践，2020（07）：76-81.

［149］Lv D，Wu W. Margin-Trading Volatility and Stock Price Crash Risk［J］. Pacific-Basin Finance Journal，2019，56：179-196.

［150］董永琦，宋光辉，许林等. 股价崩盘风险：众人厄难还是几人欢喜几人愁？［J］. 系统工程，2017，35（11）：37-47.

［151］喻灵. 股价崩盘风险与权益资本成本——来自中国上市公司的经验证据［J］. 会计研究，2017（10）：78-85，97.

［152］王宜峰，王淑慧，刘雨婷. 股价崩盘风险、融资约束与企业投资［J］. 投资研究，2018，37（10）：103-121.

［153］Bargeron L，Lehn K，Zutter C. Sarbanes-Oxley and Corporate Risk-Taking［J］. Journal of Accounting & Economics，2010，49（1-2）：34-52.

［154］Hilary G，Hui，Et Al. Does Religion Matter in Corporate Decision Making in America?［J］. Journal of Financial Economics，2009，93（3）：455-473.

［155］Sanders W G. Behavioral Responses of CEOs to Stock Ownership and Stock Option Pay［J］. Academy of Management Journal，2001，44（3）：477-492.

［156］Smith C W，Stulz R M. The Determinants of Firms’ Hedging Policies［J］. Journal of Financial and Quantitative Analysis，1985，20（4）：391-405.

［157］S.Armstrong C, Vashishtha R. Executive Stock Options, Differential Risk-Taking Incentives, and Firm Value［J］. Journal of Financial Economics, 2012, 104（1）: 70-88.

［158］Cheng Q, Warfield T D. Equity Incentives and Earnings Management［J］. Accounting Review, 2005, 80（2）: 441-476.

［159］吴育辉，吴世农. 企业高管自利行为及其影响因素研究——基于我国上市公司股权激励草案的证据［J］. 管理世界，2010（05）: 141-149.

［160］Kini O, Williams R. Tournament incentives, firm risk, and corporate policies［J］. Social Science Electronic Publishing, 2012, 103（2）: 350-376.

［161］Goel A M, Thakor A V. Overconfidence, CEO Selection, and Corporate Governance［J］. The Journal of Finance, 2008, 63（6）: 2737-2784.

［162］张瑞君，李小荣，许年行. 货币薪酬能激励高管承担风险吗［J］. 经济理论与经济管理，2013（08）: 84-100.

［163］Sundaram R K, Yermack D. Pay Me Later: Inside Debt and Its Role in Managerial Compensation［J］. Journal of Finance, 2007, 62（4）: 1551-1588.

［164］Cassell C A, Huang S X, Sanchez J M, et al. Seeking Safety: The Relation between CEO inside Debt Holdings and the Riskiness of Firm Investment and Financial Policies［J］. Journal of Financial Economics, 2012, 103（3）: 588-610.

［165］Colonnello S, Curatola G, Hoang N G. Direct and Indirect Risk-Taking Incentives of Inside Debt［J］. Journal of Corporate Finance, 2017, 45（8）: 428-466.

［166］Paligorova T. Corporate Risk Taking and Ownership Structure［J］. Working Paper, 2010.

［167］Attig N, Cleary S, Ghoul S E, et al. Institutional Investment Horizons and the Cost of Equity Capital［J］. Financial Management, 2013,

42（2）：441–477.

［168］解维敏，唐清泉．公司治理与风险承担——来自中国上市公司的经验证据［J］．财经问题研究，2013（01）：91–97.

［169］王振山，石大林．股权结构与公司风险承担间的动态关系——基于动态内生性的经验研究［J］．金融经济学研究，2014，29（03）：44–56.

［170］Koerniadi H，Krishnamurti C，Tourani–Rad A. Corporate Governance and Risk–Taking in New Zealand［J］．Australian Journal of Management，2014，39（2）：227–245.

［171］Nenova T. The Value of Corporate Voting Rights and Control：A Cross–Country Analysis［J］．Journal of Financial Economics，2004，68（3）：325–351.

［172］Mishra D R. Multiple Large Shareholders and Corporate Risk Taking：Evidence from East Asia［J］．Corporate Governance An International Review，2011，19（6）：507–528.

［173］冯晓晴，文雯．多个大股东与企业风险承担［J］．中南财经政法大学学报，2020（02）：25–36.

［174］Anderson R C，Reeb D M. Founding–Family Ownership and Firm Performance：Evidence from the S&P 500［J］．Journal of Finance，2003，58（3）：1301–1328.

［175］Boubakri N，Cosset J C，Saffar W. The Role of State and Foreign Owners in Corporate Risk–Taking：Evidence from Privatization［J］．Journal of Financial Economics，2013，108（3）：641–658.

［176］朱玉杰，倪骁然．机构投资者持股与企业风险承担［J］．投资研究，2014，33（08）：85–98.

［177］张先治，柳志南．公司战略、产权性质与风险承担［J］．中南财经政法大学学报，2017（05）：23–31+159.

［178］马宁，王雷．企业生命周期、竞争战略与风险承担［J］．当代财经，2018（05）：70–80.

［179］马宁．董事会规模、多元化战略与企业风险承担［J］．财经理

论与实践，2018，39（04）：73–79.

［180］Habib A，Hasan M M，Cahan S. Firm Life Cycle，Corporate Risk-Taking and Investor Sentiment［J］. Accounting & Finance，2015，57（2）：465–497.

［181］Shahzad F，Lu J，Fareed Z. Does Firm Life Cycle Impact Corporate Risk Taking and Performance?［J］. Journal of Multinational Financial Management，2019，51：23–44.

［182］Dey A. The Chilling Effect of Sarbanes-Oxley：A Discussion of Sarbanes-Oxley and Corporate Risk-Taking［J］. Journal of Accounting & Economics，2010，49（1–2）：53–57.

［183］吴宁，李靠队，李国栋. 内部控制、市场化进程与企业风险承担［J］. 商业研究，2015（07）：144–149.

［184］王永海，石青梅. 内部控制规范体系对公司风险承受是否具有抑制效应？——中国版“萨班斯”法案强制实施的风险后果分析［J］. 审计研究，2016（03）：90–97.

［185］张敏，童丽静，许浩然. 社会网络与企业风险承担——基于我国上市公司的经验证据［J］. 管理世界，2015（11）：161–175.

［186］Dbouk W，Fang Y，Liu L，et al. Do Social Networks Encourage Risk-Taking? Evidence from Bank CEOs［J］. Journal of Financial Stability，2019，46：1–40.

［187］Huang Y S，Wang C J. Corporate Governance and Risk-Taking of Chinese Firms：The Role of Board Size［J］. International Review of Economics & Finance，2015，37（37）：96–113.

［188］Nakano M，Nguyen P. Board Size and Corporate Risk Taking：Further Evidence from Japan［J］. Corporate Governance An International Review，2012，20（4）：369–387.

［189］Jiraporn P，Lee S M. How do Independent Directors Influence Corporate Risk-Taking? Evidence from a Quasi-Natural Experiment［J］. International Review of Finance，2018，18（3）：507–519.

[190] Ongsakul V, Jiraporn P. How do Independent Directors View Powerful Executive Risk-Taking Incentives? A Quasi-Natural Experiment [J]. Finance Research Letters, 2019, 31: 463-470.

[191] 郑晓倩. 董事会特征与企业风险承担实证研究 [J]. 金融经济学研究, 2015, 30 (03): 107-118.

[192] 于东智, 谷立日. 公司融资与治理模式的比较研究 [J]. 山东社会科学, 2002 (05): 15-18.

[193] Huang J, J.Kisgen D. Gender and Corporate Finance: Are Male Executives Overconfident Relative to Female Executives? [J]. Journal of Financial Economics, 2013, 108 (3): 822-839.

[194] Faccio M, Marchica M T, Mura R. CEO Gender, Corporate Risk-Taking, and the Efficiency of Capital Allocation [J]. Journal of Corporate Finance, 2016, 39: 193-209.

[195] Khaw L H, Jing L, Tripe D, et al. Gender Diversity, State Control, and Corporate Risk-Taking: Evidence from China [J]. Pacific-Basin Finance Journal, 2016, 39 (39): 141-158.

[196] Harjoto M, Laksmana I. The Impact of Corporate Social Responsibility on Risk Taking and Firm Value [J]. Journal of Business Ethics, 2018, 151 (2): 353-373.

[197] 孙玥璠, 陈爽, 张永冀. 高管团队异质性、群体断裂带与企业风险承担 [J]. 管理评论, 2019, 31 (08): 157-168.

[198] Lui A, Lo C, Ngai E. Does Mandated RFID Affect firm Risk? The Moderating Role of Top Management Team Heterogeneity [J]. International Journal of Production Economics, 2019, 210: 84-96.

[199] 谢伟峰. CEO年龄与公司风险承担——来自上市公司的经验证据 [J]. 财会通讯, 2016 (11): 33-35.

[200] Bantel K A, Jackson S E. Top Management and Innovations in Banking: Does the Composition of the Top Team Make a Difference? [J]. Strategic Management Journal, 2010, 10 (S1): 107-124.

[201] Prendergast C, Stole L. Impetuous Youngsters and Jaded Old-Timers: Acquiring a Reputation for Learning [J]. Journal of Political Economy, 1996, 104 (6): 1105-1134.

[202] Pansiri J. The Influence of Managers' Characteristics and Perceptions in Strategic Alliance Practice [J]. Management Decision, 2005, 43 (9): 1097-1113.

[203] Wang Y, Zhou W, Chang K C. Effect of Decision Makers' Education Level on their Corporate Risk Taking [J]. Social Behavior & Personality An International Journal, 2013, 41 (7): 1225-1229.

[204] Faccio M. Politically Connected Firms [J]. American Economic Review, 2006, 96 (1): 369-386.

[205] 戴娟萍，郑贤龙. 政治关联会影响企业风险承担吗?——来自民营上市公司的经验证据 [J]. 财经论丛，2015 (10): 67-76.

[206] 马红. CEO权力、政治关联与企业风险承担的实证研究 [J]. 西安电子科技大学学报（社会科学版），2018，28 (02): 1-18.

[207] 李海霞，王振山. CEO权力与公司风险承担——基于投资者保护的调节效应研究 [J]. 经济管理，2015，37 (08): 76-87.

[208] 何威风，刘巍，黄凯莉. 管理者能力与企业风险承担 [J]. 中国软科学，2016 (05): 107-118.

[209] Cain M D, Mckeon S B. CEO Personal Risk-Taking and Corporate Policies [J]. Journal of Financial and Quantitative Analysis, 2016, 51 (1): 139-164.

[210] 赵丽娟，张敦力. CEO社会资本与企业风险承担——基于委托代理和资源获取的理论视角 [J]. 山西财经大学学报，2019，41 (02): 80-92.

[211] Kahneman D, Tversky A. Prospect Theory of Decisions Under Risk [J]. Econometrica, 1979, 47 (2): 263-291.

[212] Malmendier U M, Tate G. Who Makes Acquisitions? CEO Overconfidence and the Market's Reaction [J]. Research Papers, 2008, 89 (1):

20–43.

［213］Li J, Tang R. CEO Hubris and Firm Risk Taking in China: The Moderating Role of Managerial Discretion［J］. Academy of Management Journal, 2010, 53（1）: 45–68.

［214］余明桂，李文贵，潘红波. 管理者过度自信与企业风险承担［J］. 金融研究，2013（01）: 149–163.

［215］Graham J, Harvey C, Puri M. Managerial Attitudes and Corporate Actions［J］. Journal of Financial Economics, 2013, 109（1）: 103–121.

［216］Mclean R D, Zhao M. The Business Cycle, Investor Sentiment, and Costly External Finance［J］. Journal of Finance, 2014, 69（3）: 1377–1409.

［217］张龑，程六兵，王竹泉. 担保网络、经济周期与企业风险承担——基于我国上市公司的经验证据［J］. 山西财经大学学报，2019，41（12）: 62–79.

［218］李雪，冯政. 宽松货币政策下我国企业的风险承担［J］. 财经科学，2015（09）: 25–34.

［219］Chen M, Wu J, Jeon B N, et al. Monetary Policy and Bank Risk-Taking: Evidence from Emerging Economies［J］. Emerging Markets Review, 2017, 31: 116–140.

［220］Bruno V, Shin H S. Globalization of Corporate Risk Taking［J］. Journal of International Business Studies, 2014, 45（7）: 800–820.

［221］胡育蓉，朱恩涛，龚金泉. 货币政策立场如何影响企业风险承担——传导机制与实证检验［J］. 经济科学，2014（01）: 39–55.

［222］周彬蕊，刘锡良，张琳. 货币政策冲击、金融市场化改革与企业风险承担［J］. 世界经济，2017，40（10）: 93–118.

［223］金雪军，徐凯翔. 金融危机、货币政策与企业贷款行为——基于企业风险承担的微观视角研究［J］. 浙江大学学报（人文社会科学版），2018，48（03）: 114–132.

［224］张前程. 银根紧缩、财务柔性与企业风险承担［J］. 当代财经，

2016（11）：45–56.

［225］林朝颖，黄志刚，石德金. 货币政策对企业风险管理的影响研究［J］. 财经论丛，2014（06）：38–45.

［226］何鑫萍，戴亦一，翁若宇. 传统宗教、市场化进程与企业风险承担［J］. 山西财经大学学报，2017，39（03）：74–84.

［227］于洪涛. 企业风险承担、所有权、市场化与倒U型绩效［J］. 东北财经大学学报，2019（06）：47–55.

［228］Chava S，Roberts M R. How Does Financing Impact Investment? The Role of Debt Covenants［J］. The Journal of Finance，2008，63（5）：2085–2121.

［229］Acharya V V，Amihud Y，Litov L P. Creditor Rights and Corporate Risk–Taking［J］. Journal of Financial Economics Amsterdam，2011，102（1）：150–166.

［230］Porta R L，Lopez–De–Silanes F，Shleifer A，et al. Law and Finance［J］. Journal of Political Economy，1998，106（6）：1113–1155.

［231］Claessens S，Djankov S，Lang L. The Separation of Ownership and Control in East Asian Corporations［J］. Social Science Electronic Publishing，2000，58（1–2）：81–112.

［232］Cohen D A，Dey A，Lys T Z. Corporate Governance Reform and Executive Incentives：Implications for Investments and Risk Taking［J］. Contemporary Accounting Research，2013，30（4）：1296–1332.

［233］Griffin D W，Li K，Yue H，et al. How Does Culture Influence Corporate Risk–Taking?［J］. Journal of Corporate Finance，2012，23（4）：1–22.

［234］Licht A N，Goldschmidt C，Schwartz S H. Culture，Law，and Finance：Cultural Dimensions of Corporate Governance Laws［J］. Journal of International Financial Markets，2020：101264.

［235］Griffin D W，Li K，Yue H，et al. Cultural Values and Corporate Risk–Taking［J］. working paper，2008.

［236］Griffin D，Guedhami O，Kwok C，et al. National Culture：The

Missing Country-Level Determinant of Corporate Governance [J]. Journal of International Business Studies, 2017, 48: 740-762.

[237] Esteban J M D, Farinha J, García-Gómez C-D. Are Religion and Culture Relevant for Corporate Risk-Taking? International evidence [J]. Business Research Quarterly, 2019, 22 (1): 36-55.

[238] 金智，徐慧，马永强. 儒家文化与公司风险承担 [J]. 世界经济, 2017, 40 (11): 170-192.

[239] 叶德珠，胡梦珂. 宗教传统、法治化进程与企业风险承担 [J]. 财经问题研究, 2017 (05): 95-103.

[240] 王菁华，茅宁. 宗教与企业风险承担行为研究述评与展望 [J]. 南方经济, 2019 (08): 114-130.

[241] Solow R M. A Contribution to the Theory of Economic Growth [J]. Quarterly Journal of Economics, 1956 (1): 65-94.

[242] Charness G, Gneezy U. Strong Evidence for Gender Differences in Risk Taking [J]. Journal of Economic Behavior & Organization, 2012, 83 (1): 50-58.

[243] 盛明泉，车鑫. 基于战略管理视角的公司风险承担与资本结构动态调整研究 [J]. 管理学报, 2016, 13 (11): 1635-1640.

[244] 苏坤. 管理层权力、产权性质与公司风险承担 [J]. 当代经济管理, 2017, 39 (04): 15-20.

[245] 王菁华，茅宁，王杉. 宗教传统会促进企业风险承担吗?——基于组织成熟度的调节作用检验 [J]. 商业经济与管理, 2017 (09): 34-45.

[246] 刘鑫，薛有志，严子淳. 公司风险承担决定因素研究——基于两权分离和股权制衡的分析 [J]. 经济与管理研究, 2014 (02): 47-55.

[247] Coles J L, Daniel N D, Naveen L. Managerial Incentives and Risk-Taking [J]. Journal of Financial Economics, 2006, 79 (2): 431-468.

[248] Chen D, Zheng Y. CEO Tenure and Risk-Taking [J]. Global Business and Finance Review, 2014, 19 (1): 1-20.

[249] Vural-Yavas C. Corporate Risk-Taking in Developed Countries:

The Influence of Economic Policy Uncertainty and Macroeconomic Conditions [J]. Journal of Multinational Financial Management, 2020, 54: 100616.

[250] Dasgupta S, Lin Y, Yamada T, et al. Employee Inside Debt and Firm Risk-Taking: Evidence from Employee Deposit Programs in Japan [J]. Review of Corporate Finance Studies, 2019, 8 (2): 302-347.

[251] Adams R B, Almeida H, Ferreira D. Powerful CEOs and their Impact on Corporate Performance [J]. Review of Financial Studies, 2005, 18 (4): 1403-1432.

[252] Cheng S. Board Size and the Variability of Corporate Performance [J]. Journal of Financial Economics, 2008, 87 (1): 157-176.

[253] 权小锋, 吴世农. CEO权力强度、信息披露质量与公司业绩的波动性——基于深交所上市公司的实证研究 [J]. 南开管理评论, 2010, 13 (04): 142-153.

[254] Panta H. Does Social Capital Influence Corporate Risk-Taking? [J]. Journal of Behavioral and Experimental Finance, 2020, 26: 100301.

[255] 赵桂芹, 仲赛末. 监管压力、监管宽容与财险公司风险承担 [J]. 财经研究, 2019, 45 (07): 112-124.

[256] 史金艳, 秦基超, 宋蕾. 基金异质、风险偏好与创业板公司风险承担: 行为金融视角 [J]. 现代财经 (天津财经大学学报), 2015, 35(12): 29-40.

[257] Bova F, Kolev K, Thomas J K, et al. Non-Executive Employee Ownership and Corporate Risk [J]. Accounting Review, 2015, 90 (1): 115-145.

[258] Sanders W M G, Hambrick D C. Swinging for the Fences: The Effects of CEO Stock Options on Company Risk Taking and Performance [J]. Academy of Management Journal, 2007, 50 (5): 1055-1078.

[259] 李迎春. 剩余薪酬、投资者偏好与公司风险承担 [J]. 山东社会科学, 2012 (07): 148-150+134.

[260] Litvak K. Defensive Management: Does the Sarbanes-Oxley Act

Discourage Corporate Risk–Taking? [J]. University of Illinois Law Review, 2014 (5): 1663–1696.

[261] Ding S, Jia C, Qu B, et al. Corporate Risk–Taking: Exploring the Effects of Government Affiliation and Executives' Incentives [J]. Journal of Business Research, 2015, 68 (6): 1196–1204.

[262] Imhof M J, Seavey S E. Corporate Risk–Taking, Firm Value and High Levels of Managerial Earnings Forecasts [J]. Advances in Accounting Incorporating Advances in International Accounting, 2014, 30 (2): 328–337.

[263] Greve H R. A Behavioral Theory of R&D Expenditures and Innovations: Evidence from Shipbuilding [J]. Academy of Management Journal, 2003, 46 (6): 685–702.

[264] Xu M, Zhang C. Bankruptcy Prediction: The Case of Japanese Listed Companies [J]. Review of Accounting Studies, 2009, 14 (4): 534–558.

[265] Esteban J M D, Farinha J, García–Gómez C–D. The Role of Institutional Investors in Propagating the 2007 Financial Crisis in Southern Europe [J]. Research in International Business and Finance, 2016, 38: 439–454.

[266] Laeven L, Levine R. Bank Governance, Regulation and Risk Taking [J]. Journal of Financial Economics, 2009, 93 (2): 259–275.

[267] Peltomäki J, Sihvonen J, Swidler S, et al. Age, Gender, and Risk–Taking: Evidence from the S&P 1500 Executives and Market–Based Measures of Firm Risk [J]. Journal of Business Finance and Accounting, 2021: 2547516.

[268] Tian X, Wang T Y. Tolerance for Failure and Corporate Innovation [J]. Review of Financial Studies, 2014, 27 (1): 211–255.

[269] Hirshleifer D, Thakor A V. Corporate Control through Board Dismissals and Takeovers [J]. Journal of Economics & Management Strategy, 2010, 7 (4): 489–520.

[270] Balachandran B, Duong H N, Luong H, et al. Does Takeover Activity Affect Stock Price Crash Risk? Evidence from international M&A laws

[J]. Journal of Corporate Finance, 2020, 64: 101697.

[271] Jensen M C, Meckling W H. Theory of the Firm: Managerial Behaviour, Agency Costs and Ownership Structure [J]. Journal of Financial Economics, 1976, 3 (4): 305-360.

[272] 谢雅璐. 制度变迁、股权再融资与股价崩盘风险 [J]. 投资研究, 2015, 34 (11): 22-41.

[273] 李鸿浩. 财务报告质量与股价崩盘风险 [D]. 安徽大学, 2017.

[274] Barney J B. Firm Resources and Sustained Competitive Advantage [J]. Advances in Strategic Management, 1991, 17 (1): 3-10.

[275] Kahn C, Winton A. Ownership Structure, Speculation, and Shareholder Intervention [J]. Journal of Finance, 1998, 53 (1): 99-129.

[276] 韩宏稳, 唐清泉, 黎文飞. 并购商誉减值、信息不对称与股价崩盘风险 [J]. 证券市场导报, 2019 (03): 59-70.

[277] 万东灿. 中小企业融资质量与市值波动: 基于股价崩盘风险的视角 [J]. 当代财经, 2019 (02): 132-141.

[278] Petkova R a P. When Is a New Thing a Good Thing? Technological Change, Product Form Design, and Perceptions of Value for Product Innovations [J]. Organization Science, 2007, 18 (2): 217-232.

[279] Khurana I K, Pereira R, Zhang E X. Is Real Earnings Smoothing Harmful? Evidence from Firm-Specific Stock Price Crash Risk [J]. Contemporary Accounting Research, 2018, 35 (1): 558-587.

[280] 谢盛纹, 陶然. 年报预约披露推迟、分析师关注与股价崩盘风险 [J]. 会计与经济研究, 2017, 31 (01): 3-19.

[281] 卢煜, 曲晓辉. 商誉减值的盈余管理动机——基于中国A股上市公司的经验证据 [J]. 山西财经大学学报, 2016, 38 (07): 87-99.

[282] Bertrand M, Schoar A. Managing with Style: The Effect of Managers on Firm Policies [J]. Quarterly Journal of Economics, 2003, 118 (4): 1169-1208.

[283] Dejong D, Ling Z. Managers: Their Effects on Accruals and Firm

Policies [J]. Journal of Business Finance & Accounting, 2013, 40 (1–2): 82–114.

[284] Kaplan S N, Klebanov M M, Sorensen M. Which CEO Characteristics and Abilities Matter? [J]. Journal of Finance, 2012, 67 (3): 973–1007.

[285] 姚立杰，周颖. 管理层能力、创新水平与创新效率 [J]. 会计研究，2018 (06): 70–77.

[286] 崔云，董延安. 管理层能力与股价崩盘风险——基于盈余管理中介效应的检验 [J]. 财经理论与实践，2019，40 (05): 47–54.

[287] Chemmanur T J, Paeglis I, Simonyan K. Management Quality, Financial and Investment Policies, and Asymmetric Information [J]. Journal of Financial and Quantitative Analysis, 2009, 44 (5): 1045–1079.

[288] 周松，冉渝. 管理层能力能够降低股价崩盘风险吗 [J]. 财会月刊，2019 (02): 22–31.

[289] Trueman B. Why do Managers Voluntarily Release Earnings Forecasts? [J]. Journal of Accounting and Economics, 1986, 8 (1): 53–71.

[290] 周兰，张玥. 管理者能力与股价崩盘风险 [J]. 系统工程，2019，37 (04): 117–128.

[291] Hou K, Robinson D T. Industry Concentration and Average Stock Returns [J]. Journal of Finance, 2006, 61 (4): 1927–1956.

[292] Sharma V. Stock Returns and Product Market Competition: Beyond Industry Concentration [J]. Review of Quantitative Finance and Accounting, 2011, 37 (3): 283–299.

[293] Gaspar J–M, Massa M. Idiosyncratic Volatility and Product Market Competition [J]. Journal of Business, 2006, 79 (6): 3125–3152.

[294] Irvine P J, Pontiff J. Idiosyncratic Return Volatility, Cash Flows, and Product Market Competition [J]. Review of Financial Studies, 2009, 22 (3): 1149–1177.

[295] Li S, Zhan X. Product Market Threats and Stock Crash Risk [J]. Management Science, 2019, 65 (9): 4011–4031.

[296] Verrecchia R E. Discretionary Disclosure [J]. Journal of Accounting and Economics, 1983, 5: 179–194.

[297] Dedman E, Lennox C. Perceived Competition, Profitability and the Withholding of Information about Sales and the Cost of Sales [J]. Journal of Accounting & Economics, 2009, 48 (2–3): 210–230.

[298] Ellis J A, Fee C E, Thomas S. Proprietary Costs and the Disclosure of Information about Customers [J]. Journal of Accounting Research, 2012, 50 (3): 685–727.

[299] Verrecchia R E, Weber J. Redacted Disclosure [J]. Journal of Accounting Research, 2006, 44 (4): 791–814.

[300] Bagnoli M, Watts S G. Selling to Socially Responsible Consumers: Competition and the Private Provision of Public Goods [J]. Journal of Economics & Management Strategy, 2003, 12 (3): 419–445.

[301] Monks R a G. Relationship Investing [J]. Corporate Governance: An International Review, 1994, 2 (2): 58–76.

[302] Shleifer A, Vishny R W. A Survey of Corporate Governance [J]. Journal of Finance, 1997, 52 (2): 737–783.

[303] Guercio D D, Hawkins J. The Motivation and Impact of Pension Fund Activism [J]. Journal of Financial Economics, 1999, 52 (3): 293–340.

[304] Shin J Y, Seo J. Less Pay and More Sensitivity? Institutional Investor Heterogeneity and CEO Pay[J]. Journal of Management, 2011, 37(6): 1719–1746.

[305] Tee C M, Yee A S V, Chong A L. Institutional Investors' Monitoring and Stock Price Crash Risk: Evidence from Politically Connected Firms [J]. Review of Pacific Basin Financial Markets and Policies, 2018, 21 (4): 50–67.

[306] Case K E, Shiller R J. The Efficiency of the Market for Single-Family Homes [J]. The American Economic Review, 1989, 79 (1): 125–137.

[307] Long J D, Shleifer A, Summers L H, et al. Noise Trader Risk in Financial Markets [J]. Scholarly Articles, 1990, 98 (4): 703–738.

[308] Bhattacharya U, Daouk H, Welker M. The World Price of Earnings Opacity [J]. Accounting Review, 2003, 78 (3): 641–678.

[309] Lang M, Lins K V, Maffett M. Transparency, Liquidity, and Valuation: International Evidence on When Transparency Matters Most [J]. Journal of Accounting Research, 2012, 50 (3): 729–774.

[310] 曹越，胡新玉，陈文瑞等. 客户关系型交易、高管薪酬业绩敏感性与非效率投资 [J]. 管理评论, 2020, 32 (08): 166–178.

[311] 温忠麟，叶宝娟. 中介效应分析：方法和模型发展 [J]. 心理科学进展, 2014, 22 (05): 731–745.

[312] 杨棉之，张园园. 会计稳健性、机构投资者异质性与股价崩盘风险——来自中国A股上市公司的经验证据 [J]. 审计与经济研究, 2016, 31 (05): 61–71.

[313] Habib A, Hasan M M. Managerial Ability, Investment Efficiency and Stock Price Crash Risk [J]. Research in International Business and Finance, 2017, 42: 262–274.

[314] 李伟，米欣谊. 投资过度与股价崩盘风险的关系研究——基于媒体报道的调节效应 [J]. 会计之友, 2020, No.632 (08): 106–111.

[315] 万敏. CEO权力强度、过度负债与国有企业股价崩盘风险 [J]. 财会通讯, 2021 (10): 29–34.

[316] 张肖飞. 资产误定价、机构投资者与股价崩盘风险 [J]. 经济经纬, 2018, 35 (02): 143–150.

[317] 郝芳静，孙健，谢远涛. 险资介入、投资者情绪与股价崩盘风险 [J]. 金融论坛, 2020, 25 (06): 61–70.

[318] Fu J, Wu X, Liu Y, et al. Firm-Specific Investor Sentiment and Stock Price Crash Risk [J]. Finance Research Letters, 2021, 38: 1–11.